领袖影像背后的故事

曹前发　王颖　◎编著

中国画报出版社·北京

图书在版编目（CIP）数据

毛泽东 / 曹前发, 王颖编著. -- 北京：中国画报出版社, 2023.5（2024.7重印）
（领袖影像背后的故事）
ISBN 978-7-5146-2141-9

Ⅰ. ①毛… Ⅱ. ①曹… ②王… Ⅲ. ①毛泽东（1893-1976）—生平事迹—画册 Ⅳ. ①A752-64

中国版本图书馆CIP数据核字(2022)第072819号

领袖影像背后的故事

毛泽东

曹前发　王颖　编著

出 版 人：方允仲
责任编辑：刘晓雪
封面设计：王薯聿
内文排版：罗家洋
责任印制：焦　洋

出版发行：中国画报出版社
地　　址：中国北京市海淀区车公庄西路33号　邮编：100048
发 行 部：010-88417418　010-68414683（传真）
总编室兼传真：010-88417359　版权部：010-88417359

开　　本：16开（787mm×1092mm）
印　　张：26
字　　数：350千字
版　　次：2023年5月第1版　2024年7月第3次印刷
印　　刷：北京汇瑞嘉合文化发展有限公司
书　　号：ISBN 978-7-5146-2141-9
定　　价：98.00元

从历史照片中追寻伟人足音
—— 读《领袖影像背后的故事：毛泽东》

张素华

重大历史题材和重要历史人物的照片是无声的、静止的影像，但它实际记录的是汹涌澎湃的社会历史运动的瞬间，是动和静的完美统一；多年后翻看的时候，它不仅能给我们带来鲜活的回忆、情绪和思考，而且使我们能够倾听历史的涛声。曹前发和王颖两位作者编著的《领袖影像背后的故事：毛泽东》一书，就是这样一部以照片讲述历史的精彩样板。

曹前发和王颖两位作者，均系在中共党史和领袖人物思想生平研究领域深耕多年的专家，也是我多年的同事。他们历经三年的构思、撰写、修改和打磨，在毛泽东诞辰130周年之际，终于将这部真实再现历史的温情之作奉献到读者面前。

通读之后，我认为本书有这样几个鲜明的特点。

首先，以珍贵的历史照片和科学的历史观统摄全书。毛泽东是近代以来中国伟大的爱国者和民族英雄，是党的第一代中央领导集体的核心，是领导中国人民彻底改变自己命运和国家面貌的一代伟人。毛泽东属于中国，也属于世界。他不仅赢得了全党全国各族人民爱戴和敬仰，而且赢得了世界上一切向往进步的人们敬佩。毛泽东的革命实践和光辉业绩已经载入中华民族史册。他的名字、他的思想、他的风范，将永远鼓舞我们继续前进。

以往我们对一代领袖毛泽东的了解，更多来自于手稿、记录稿、文件、报纸、期刊、回忆等文字史料。而本书不仅选取毛泽东不同历史时期有代表性的照片，生动呈现历史瞬间原貌，挖掘照片背后的丰富信息和感人故事，而且坚持历史唯物主义的根本思想方法，沿着照片所展现的历史事件线索，分析事件所隐含的非凡历史意义，以照片引出故事、以故事解读照片，寓道理于娓娓道来的故事之中，图文并茂、引人入胜，使读者跨越时空的距离，真切触摸到伟人的人生经历、生活细节、心理状态、精神风貌和光辉思想……

比如，1942年，吴印咸在延安拍下毛泽东穿着打补丁的衣服给干部作报告的照片。吴印咸回忆说："在窑洞前一块坡地上，毛主席和往常一样，穿着边区自纺自织的粗布衣裳，膝盖上还打了补丁，神采奕奕。干部们席地而坐，边听边记录。"最朴素的衣着与最饱满的精神状态、最艰苦的环境与最伟大的真理，同时呈现在照片的方寸之间，形成强烈的情感张力。据说这是毛泽东本人最满意的照片之一，他认为："这幅照片最好，最能表现时代。"

1952年，毛泽东在中南海家中接见一身农民打扮的延安时期劳动模范杨步浩。两人并排坐在沙发上，靠得很近，毛泽东左手夹烟，右手拿着一张满是折痕的纸，认真在读，杨步浩探头过来，伸手指点。杨步浩后来的回忆也让人忍俊不禁："主席和我亲热地坐在一起，问我，身体好不好？我高兴地说，好！这在这时，对面一个人呼啦一下给照了一张相……主席还问：你带的有材料没有？我说有。马上从怀里掏出来给主席看。材料是我们乡长写的，我们乡长文化水平低，写的材料一马二虎的看不清,我就给主席指行行。这时,呼啦一下又给照一张相。"

1958年,毛泽东在中南海观看第一辆国产"东风"牌小轿车。毛泽东绕着轿车看了又看,询问了轿车的生产情况和技术性能,以及护送轿车的技术人员和司机的姓名,最后还兴致勃勃地和在场的林伯渠一起坐上"东风"轿车,绕着怀仁堂行驶了两圈。下车时,毛泽东满面笑容,兴奋地说:"坐了我们自己制造的小汽车了!"照片在瞬间定格,只有深知旧中国落后挨打的教训和新中国汽车工业起步的艰难历程,我们才能真正理解毛泽东那一刻的激动心情。

还有毛泽东在延安与老乡在街头交谈的照片、为去世战友抬棺的照片、转战陕北途中骑马的照片、开国大典时在天安门城楼上讲话的照片,在飞机上学英语的照片、在演练场举枪瞄准的照片、与亲人在一起的照片……一幅幅历史照片忠实记录下多个瞬间的毛泽东,他的衣着、神情、动作等等,值得我们细细体会;而照片拍摄背景的介绍、关于毛泽东当时一言一行的叙述,摄影师、当事人的回忆,以及毛泽东自己的评说等,又使平面的照片变得立体,带我们走进历史的情境中。

其次,较好地处理了"大"与"小"、"情"与"理"的关系。以最原始、鲜活、具体的照片为切入点,刻画毛泽东工作、生活的小细节,讲述毛泽东的个人故事,反映他的生平、精神和思想。本书对毛泽东的个人生活没有做琐碎细节的拼盘,而是把它们穿插在毛泽东的革命生涯当中,植入他领导党和国家事业发展的历程当中,着眼于大视野、大格局、大情怀,"以小见大",具体、深入、实在。

在全面占有真实照片和文献档案资料的基础上,两位作者作为长期研究毛泽东思想生平的专家,带着深厚的感情和理性的思考,不仅展现了在重大历史关头毛泽东作为严肃政治家的伟岸形象和深刻思想,也展现了毛泽东还是与儿子闲谈的慈爱父亲、是充满活力的体育爱好者、是广学博览的读书人、是亲民爱民的领袖……本书既以理服人,让人在理性思考中获得精神指引,又以情动人,使人在情绪感染中获得情感升华,在情感升华中切实领略毛泽东天下为公的家国情怀、实事求是的思想作风、一切为了群众一切依靠群众的坚定人民立场、"两个务必"的工作作风。

最后,本书反映了党史学界最新研究成果。 1949年,徐肖冰在北平香山拍下毛泽东读南京解放消息的照片留下经典影像。"凉亭外是暮春时节的草木葱茏、鸟语花香的精致小景,纳凉者思考的却是千军万马挥师渡江、亿万民众翻身解放的历史大事件。报上的文字慷慨激昂、惊天动地,读报的人却气定神闲、不动声色。"因为照片拍得太好了,有人认为是"摆拍"的。徐肖冰否定了这种说法:"我们是搞新闻的,又是给领导拍照,哪里敢摆布!"这里,需要强调的是,本书作者在讲述本照片背后的故事时,吸收了最新的一个研究观点,更正了一个史实错误,就是提出毛泽东看的是天津出版的《进步日报》,而不是多年来人们一直以为的《人民日报》。

习近平总书记在党史学习教育动员大会上讲话指出:"要防止肤浅化和碎片化,学党史讲党史不能停留在讲故事、听故事层面,而要通过讲故事引导广大党员加深对党的历史理解和把握,加深对党的理论理解和认识。"《领袖影像背后的故事:

毛泽东》一书，就是通过讲好领袖故事引导广大党员传承红色基因、凝聚奋进力量的有益探索，是一部有感情、有立场、有分析、有文采的关于毛泽东的好书。我们可以从中聆听伟人毛泽东一路走来的足音，触摸他作为"人"的喜怒哀乐，还原他有血有肉、有情有义的形象，见证历史的真实。

总之，若读者想要更轻松更深入地了解毛泽东，这是一部可以一读的作品。

（张素华同志系中央党史和文献研究院研究员、毛泽东研究著名专家）

目　录

"恰同学少年" 001
"养育深恩，春晖朝霭。报之何时，精禽大海" 007
"我已成为一个马克思主义者了" 012
"你这一封信见地极当，我没有一个字不赞成" 017
"问苍茫大地，谁主沉浮" 022
"秋收时节暮云愁，霹雳一声暴动" 027
"犹记当时烽火里，九死一生如昨" 033
在逆境中坚持工作的"毛主席" 040
红星照耀中国 048
"红军不怕远征难" 054
和平解决西安事变 060
"抗日战争是持久战，最后胜利是中国的" 065
"我们共产党的政府是为人民服务的" 071
"主观主义、宗派主义和党八股，这三种东西，
　都是反马克思主义的" 076
"他的去世，是我们党的一大损失，我心里非常难过" 081
"文艺界那么多问题，他一抓就抓住了" 088

"我们共产党人，应该保持艰苦朴素的作风"..................094
"边区是好的"..................099
"对他的决心和精神，不可小视"..................105
"什么时候打败胡宗南，什么时候再过黄河"..................110
"天天发电报，就把敌人打败了"..................117
"夺取全国胜利，这只是万里长征走完了第一步"..................123
进京"赶考"的第一次公开亮相..................128
"人间正道是沧桑"..................133
"时间开始了！"..................142
搞一个"既好看，又好吃"的东西..................150
深情的拥抱..................157
"你是客，还是我来划吧！"..................173
"延安人民有什么要求和困难？"..................177
"要把黄河的事情办好！"..................183
"我们一定要建设强大的海军"..................191
在抗美援朝胜利后..................205
"没有志气，就不要来"..................210

"不能让他们当一辈子兵" 215

"人民不会忘记你的" 219

"你比五个师的力量大得多" 225

"不管风吹浪打,胜似闲庭信步" 231

"我们已经找到一条新路" 237

"世界是你们的" 246

"因为我爱他们,我就希望他们进步" 251

"要让学习占领工作以外的时间" 260

"坐了我们自己制造的小汽车了!" 266

与人民群众同劳动 272

终于见到想念的毛主席 277

"我们的心是连在一起的" 291

"喜看稻菽千重浪,遍地英雄下夕烟" 305

"笑的风要把人身撼动" 312

活到老,学到老 318

"敬爱的主席"与"亲爱的大姐" 324

"暮色苍茫看劲松,乱云飞渡仍从容" 332

"我跟鲁迅的心是相通的" 336
"向雷锋同志学习" 347
毛泽东唯一拿枪的照片 352
"我们的第一颗原子弹爆炸试验成功了!" 356
"这个人全面地赢得我的佩服" 364
难忘的"生日宴" 373
"我们要造就知识分子" 376
"这明明是一笔政治账嘛!" 383
"他的思想仍然像闪电一样敏捷" 388
"咱们是第三世界" 397

"恰同学少年"

——1918年3月毛泽东与湖南省立第一师范学校第八班同学的合影

这是1918年3月湖南省立第一师范学校第八班的同学们在毕业前不久照的合影,其中四排右二为毛泽东。照片中的毛泽东和同学们风华正茂,他们即将完成学业,走向社会,显示出一种英姿勃发、舍我其谁的锐气。

在毛泽东的成长过程中,湖南省立第一师范学校的影响是巨大的。1913年春,毛泽东考入湖南省立第四师范学校。第二年春,第四师范合并到第一师范,毛泽东编在预科第三班,后转入本科第八班。

第一师范创建于1903年,最初称湖南师范馆,前身是南

1918年3月,湖南省立第一师范学校第八班合影。四排右二为毛泽东

宋著名理学家张栻讲学的城南书院，同朱熹讲学的岳麓书院只有一江之隔。第一师范很强调人格和学识的全面培养，先后聘请了一批学识渊博、思想进步、品德高尚的教师，如杨昌济、徐特立、方维夏、王季范、黎锦熙等。与毛泽东差不多同时，一批追求进步的热血青年也纷纷考入第一师范，其中有蔡和森、张昆弟、陈章甫、罗学瓒、周世钊、李维汉、萧子升、萧子暲等。在当时的湖南，第一师范堪称培养新青年的摇篮。

当毛泽东进入第一师范时，中国正处于令人难熬和困惑的沉闷岁月。皇朝变成了共和，中国却并未由此获得新生。人们在革命前所预期的民族独立、民主和社会进步不仅没有到来，相反，在很短的时间里，日本强迫中国接受"二十一条"，袁世凯恢复帝制，张勋又演出复辟闹剧，各路军阀的割据混战愈演愈烈，思想界也掀起一股尊孔读经的逆流。

毛泽东当时还是个正在求学的学生，他对自己的定位就是心系社会，苦学砺志。毛泽东认为，要改造国家与社会，在学生时代"当以身心之修养、学问之研求为主，辅之政事时务"。为此，他与同学们约定"三不谈"，即不谈金钱，不谈男女间问题，不谈家庭琐事，而关心和谈论的应该是"大事"，提出"为人之学""为国人之学""为世界人之学"。毛泽东在一封信中表达了自己的志向："夁其躬而有益于国与群，仁人君子所欲为也。"

毛泽东常对人说，丈夫要为天下奇，即读奇书，交奇友，创奇事，做个奇男子。同学们给他起了个外号，叫"毛奇"。毛奇是普鲁士一个很有学问的将领。1917年6月，一师开展了一次人物互选活动，包括德、智、体三个方面近20个项目。

全校有400多名学生参加，当选者34人，毛泽东得票数最高。在德、智、体三个方面都有项目得票者，只有他一人。

毛泽东读书十分刻苦，他总是早起晚睡，借着晨曦和路灯，以炽热而顽强的精神学习。他研读的范围极广，除了规定要读的教科书以外，他还制订了一个主攻社会科学的自学计划，用5年多时间精读国内外书籍达几十种。如德国哲学家泡尔生写的《伦理学原理》，全书不过10万多字，他在书头和行间写的批注达1.4万多字。他还坚持写读书笔记，包括讲堂录、读书录、随感录、日记、抄本等，有一大网篮。毛泽东还有好学好问的习惯，经常向老师请教，与同学研讨。

毛泽东反对读死书，死读书，提出"不仅要读有字之书，而且要读无字之书"，即向社会、向民众学习。他经常利用课余和假日，邀集进步同学到附近工厂、农村进行调查访问，接近、了解、熟悉工农，取得联系工农的经验。1917年暑假，

1919年5月，湖南省立第一师范学校湘潭校友会合影。二排左三为毛泽东

他和萧子升游历了长沙、宁乡、安化、益阳、沅江5个县的不少乡镇,历时1个多月,走了900多里路,途中结交了农民、船工、财主、县长、老翰林各色人等,写了许多笔记。回到第一师范,同学们看了他的游学日记,称赞他"身无分文,心忧天下"。为了纪念这次旅行,他和萧子升还换上游学时的草鞋短褂,到照相馆拍了一张照片。可惜这张照片现在已经找不到了。这样的游学,毛泽东在校期间还进行过几次。

毛泽东还积极倡导体育运动,并身体力行。1917年4月,他在《新青年》上发表的《体育之研究》,提出"欲文明其精神,先自野蛮其体魄"的口号。毛泽东当时参加的体育项目很多,如体操、日光浴、风浴、冷水浴、游泳、登山、徒步等。其中他最喜欢的是游泳。他时常约二三好友到湘江里挥臂击水,还在学校组织了一个有近百人的游泳队,晚饭后到湘江里畅游一番。毛泽东后来回忆说:"那时初学,盛夏水涨,几死者数。一群人终于坚持,直到隆冬,犹在江中。当时有一篇诗,都忘记了,只记得两句:自信人生二百年,会当水击三千里。"

在第一师范读书期间,毛泽东一面"真心求学",一面"实意做事"。他一直是学友会领导成员,1917年10月学友会改选时,他担任总务兼教育研究部部长,主持学友会工作。学友会开展了许多课外活动,如成绩展览会、讲演会、辩论会、运动会等。毛泽东还组织三、四年级的同学办起了工人夜校。为了增加夜校工人学生的数量,毛泽东于1917年10月至1918年3月,先后三次广发招生广告,并到工人宿舍区和贫民区进行宣传。尽管由于种种原因,夜校持续的时间并不长,但毛泽东对此进行归纳思考，在《夜学日志首卷》《告夜学生》两篇文章中，对夜校的教学经验与管理经验进行了说明和介绍。

在毛泽东的周围，逐渐聚集起一批追求进步、志同道合的青年。他们经常在一起讨论治学为人、世界政治、改造社会的问题。正如毛泽东后来追忆的那样："恰同学少年，风华正茂；书生意气，挥斥方遒。指点江山，激扬文字，粪土当年万户侯。"

在讨论中，毛泽东等深感有必要组织一个团体，当他和蔡和森、萧子升提出这个建议时，立即得到大家的响应。1918年4月14日，新民学会在岳麓山下的刘家台蔡和森家里正式成立。到会的有13人，加上没有到会的，最初的会员有20多人。经过讨论，通过了会章，以"新民"为会名，以"革新学术，砥砺品行，改良人心风俗"为宗旨。

新民学会成立后，多数会员已经从学校毕业或即将毕业。大家不愿"堆积"在湖南一地，想散至中国乃至世界各处去学习和考察，决心"向外发展"。1918年4月，罗章龙准备去日本留学。大家在长沙平浪宫聚餐，为他壮行。毛泽东写下一首《七古·送纵宇一郎东行》相赠：

> 云开衡岳积阴止，天马凤凰春树里。
> 年少峥嵘屈贾才，山川奇气曾钟此。
> 君行吾为发浩歌，鲲鹏击浪从兹始。
> 洞庭湘水涨连天，艨艟巨舰直东指。
> 无端散出一天愁，幸被东风吹万里。
> 丈夫何事足萦怀，要将宇宙看秭米。
> 沧海横流安足虑，世事纷纭从君理。

1918年6月，湖南省立第一师范学校毕业班学生合影。后排左二为毛泽东

> 管却自家身与心，胸中日月常新美。
> 名世于今五百年，诸公碌碌皆馀子。
> 平浪宫前友谊多，崇明对马衣带水。
> 东瀛濯剑有书还，我返自崖君去矣。

这首诗不仅是为送别友人而写，更是自我砥砺之作。

毛泽东与第一师范第八班的同学拍下合影三个月后，1918年6月，他们从学校毕业了。毛泽东结束了5年半修学储能的师范生时代。这年他满25岁了。"鲲鹏"已经做好了搏击风浪的准备，即将踏上更为壮丽的革命征途。

一师的学习经历让毛泽东终生难忘。1936年，他同斯诺谈话时说："我在这里——湖南省立第一师范度过的生活中发生了很多事情，我的政治思想在这个时期开始形成。我也是在这里获得社会行动的初步经验的。"

"养育深恩,春晖朝霭。报之何时,精禽大海"

——1919年毛泽东、毛泽民、毛泽覃三兄弟与母亲的合影

这是现在所见的唯一一张毛泽东兄弟三人与母亲文素勤的合影,也是文素勤生前留下来的唯一照片。照片拍摄于1919年长沙。照片中,母亲端坐着,温柔而慈爱,但脸部明显可见病痛的阴影;26岁的毛泽东英俊挺拔;大弟毛泽民(左二)和正上小学的二弟毛泽覃(左一)还稚气未脱。

文素勤是一位普通的农村妇女,一生默默地操持家务,抚养孩子。她待人接物淳朴善良,极富同情心。灾荒年月,她常背着丈夫送米给讨荒的人,平时还虔诚地烧香拜佛,把"积德行善""因果报应"一类的信念灌输给孩子。尽管毛泽东后来并没有信奉佛教,但母亲的言传身教,使他从小就同情弱者,乐于助人。

毛泽东自幼孝敬母亲。1918年,文素勤患上疬子颈病,两位兄长文玉瑞、文玉

1919年春,毛泽东同母亲文素勤、弟弟毛泽民(左二)、毛泽覃(左一)在长沙合影

钦将她接回娘家。在长沙的毛泽东得知情况后，匆匆回乡探望在外婆家养病的母亲。可因筹备新民学会会员赴法勤工俭学的事，他又不得不赶回长沙。8月中旬，毛泽东从长沙写信给两位舅父说："家母在府上久住，并承照料疾病，感激不尽。"同时随信抄录了一副请人开来的药方，让舅父给母亲"如法诊治，谅可收功。如尚不愈之时，到秋收之后，拟由润连（泽民）护送来省，望二位大人助其成行也"。

在安排好母亲的事情后，毛泽东于8月15日与部分新民学会会员踏上去北京的行程。

1919年春，毛泽东在北京接到母亲病情加重的家书后，途经上海，于4月6日返回长沙。此时，母亲已由毛泽民接至长沙就医治疗。毛泽东在母亲身旁细心照顾，以尽人子之责。4月28日，毛泽东再次写信给两位舅舅，信中说：

> 家母久寓尊府，备蒙照拂，至深感激。病状现已有转机，喉蛾十愈七八，痔子尚未见效，来源本甚深远，固非多日不能奏效也。甥在京中北京大学担任职员一席，闻家母病势危重，不得不赶回服侍。于阳（历）三月十二号动身，十四号到上海，因事句留二十天，四月六号始由沪到省。亲侍汤药，未尝废离，足纾廑念。

信中拳拳之心，溢于言表。

文素勤在长沙治病期间，毛泽东和弟弟毛泽民、毛泽覃一起搀扶着母亲到照相馆，留下了难得的，也是最后的一张合影。

后来文素勤病情稍缓，回韶山继续休养，不料却于这年

10月5日不幸去世,时年52岁。

当时,毛泽东正在长沙忙于"驱张运动",得到母亲病危的特急家信,像是晴天霹雳,马上带着小弟泽覃,连夜奔回韶山。可是,当他们赶到上屋场时,母亲已经入棺两天了。泽民告诉他:母亲临终时,还在呼喊他们兄弟的名字。

守在母亲的灵前,毛泽东难以抑制对母亲的思念,种种依恋、痛惜和不舍最终化为一篇催人泪下的《祭母文》。他追述母亲勤俭持家、爱抚子女、和睦邻里等优良品德:

吾母高风,首推博爱。远近亲疏,一皆覆载。恺恻慈祥,感动庶汇。爱力所及,原本真诚。不作诳言,不存欺心。整饬成性,一丝不诡。手泽所经,皆有条理。头脑精密,劈理分情。事无遗算,物无遁形。洁净之风,传遍戚里。不染一尘,身心表里。五德荦荦,乃其大端。合其人格,如在上焉。

在这篇短文最后,毛泽东把对母亲的依恋和感恩之情倾泻于笔端:

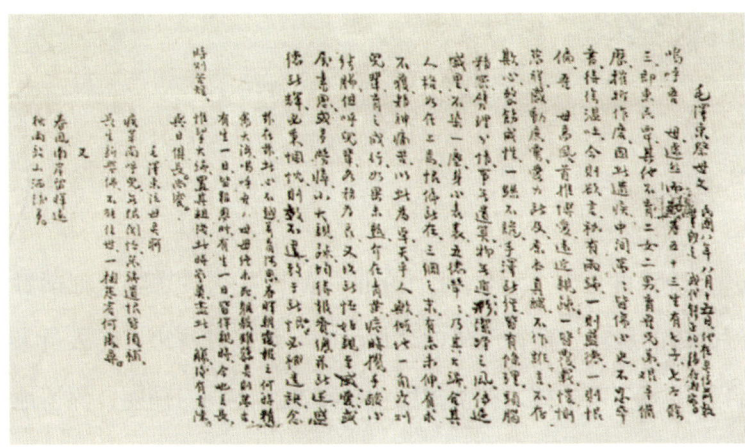

1919年10月5日,毛泽东母亲不幸去世,终年52岁。毛泽东悲痛欲绝,哭撰《祭母文》以表心迹。这是其表兄文运昌保存的抄件

养育深恩，春晖朝霭。报之何时，精禽大海。呜呼吾母！母终未死。躯壳虽隳，灵则万古。有生一日，皆报恩时。有生一日，皆伴亲时。

这是一篇念颂母亲的绝唱。毛泽东将自己的痛苦、悲伤、思念、悔恨、感恩之心表达得淋漓尽致。写好《祭母文》后，他又写了两副挽联：

疾革尚呼儿，无限关怀，万端遗恨皆须补；
长生新学佛，不能住世，一掬慈容何处寻？

春风南岸留晖远，
秋雨韶山洒泪多。

不久，毛泽东在给同学、好友邹蕴真的信中高度赞扬母亲的品德。他说：世界上有三种人，损人利己的，利己而不损人的，可以损己以利人的，自己的母亲便属于第三种人。

后来，毛泽东在陕北接受美国记者埃德加·斯诺采访时还满怀深情地回忆自己的母亲：

我母亲是个心地善良的妇女，为人慷慨厚道，随时愿意接济别人。她可怜穷人，他们在荒年前来讨饭的时候，她常常给他们饭吃。

1959年6月25日，毛泽东回到韶山。次日拂晓，他踏着湿漉漉的晨露，前往父母的墓地吊唁。他接过身边工作人员采自路边的一束松枝，神情肃穆，敬献在墓前，三鞠躬，深情地

"养育深恩,春晖朝霭。报之何时,精禽大海"

1959年,毛泽东在故乡湖南韶山冲象鼻山为父母扫墓

说:"前人辛苦,后人幸福。"下山后,他来到故居,在堂屋中看到父母的遗像,其中母亲的遗像就是40年前在长沙所照的。他自言自语道:"如果是现在,他们就不会死了。"回到招待所,毛泽东对同行的罗瑞卿说:"我们共产党人是彻底的唯物主义者,不迷信什么鬼神。但生我者父母,教我者党、同志、老师、朋友,还得承认。我下次来,还要去看看他们两位。"

"我已成为一个马克思主义者了"

——1920年5月8日毛泽东与新民学会部分会员在上海半淞园的合影

这是1920年5月8日新民学会部分会员在上海半淞园的合影。左七为毛泽东。照片中的毛泽东衣着整洁,风度翩翩,实际上他当时的生活非常清苦。然而,上海这段岁月是他一生中"关键性的时期",有着重要的收获。

1920年4月11日,作为"驱张"代表团成员的毛泽东,从北京起程赴上海。他此行的目的有三:一是继续请愿联络,彻底把作恶多端的督军张敬尧赶出湖南;二是同彭璜率领的驱张代表团会合,商讨"驱张"以后的湖南建设问题,进一步开展"湖南改造促成会"的工作;三是为将赴法勤工俭学的新民学会会员陈赞周、萧子暲等六人送行。

这是毛泽东第二次到上海。1919年3月他从北京第一次

1920年5月8日,新民学会部分会员在上海半淞园合影。左七为毛泽东

到上海的窘迫情景还印在脑海中。他后来向斯诺回忆起这段旅程时说：

> 我只有到天津的车票，到天津后不知道怎么再往前走。可是，正如俗语所说的，"天无绝人之路"，很幸运，一位同学从北京孔德学校得到了一些钱，他借了十元给我，使我能够买一张到浦口的车票。
>
> 可是我到达浦口的时候又不名一文了，而且没有车票。没有人可以借一点钱给我；我不知道怎样才能离开浦口。更糟糕的是我仅有的一双鞋又给贼偷去了。嗳呀！怎么办呢？可是"天无绝人之路"，我的运气不坏，在火车站外，我遇见了从湖南来的一个老朋友，他成了我的"救命菩萨"。他借钱给我买了一双鞋，还足够买一张到上海去的车票。

一年后，毛泽东再到上海，则相对顺利。途中，他还在天津、济南、泰山、曲阜、南京等处参观游览，于1920年5月5日到达上海。5月8日，毛泽东同新民学会会员彭璜、李思安等，为欢送即将赴法国的陈赞周、萧子暲等六位会员，在半淞园开送别会。

半淞园是当年上海一处有名的私家园林。有资料记载：半淞园位于黄浦江江边码头附近，园内有听潮楼、留月台、鉴影亭、迎帆阁、江上草堂、群芳圃、又一村、水风亭等，长廊曲折环水……这里贴近黄浦江，故将江水引入园中，以水为主景，并应唐代大诗人杜甫"焉得并州快剪刀，剪取吴淞半江水"的诗句，取园名"半淞"。

毛泽东等人入园后先是驾舟游湖，后又登高望远，淞江半水，绿草碧波，望之不尽，心旷神怡。

游览之后，他们来到一个有石凳石桌的亭子，围坐在一起讨论新民学会会务问题。讨论中，大家得出的主要结论是："学会态度：潜在切实，不务虚荣，不出风头"。"润之主张……会友各个向各方面去创造各样的事"。大家还议定了介绍新会员的四个条件：纯洁、诚恳、奋斗、服从真理。"这日的送别会，完全变成一个讨论会了。天晚，继之以灯。但各人还觉得有许多话没有说完。"

中间休息时，参加送别会的毛泽东、彭璜、陈赞周、萧子暲、熊光楚、劳君展、周敦祥、刘明俨、陈纯粹、欧阳泽、李思安、魏璧等12人在蒙蒙细雨中合影留念。

5月11日，毛泽东和在沪会友送别了陈赞周等6人。毛泽东还想试一试他一度醉心的工读互助生活，和彭璜、张文亮几个人在民厚南里租了几间房子，实验过互助工读团的生活。他们共同做工，共同读书，有饭同吃，有衣同穿。毛泽东担任

1918年4月，毛泽东、蔡和森等在湖南组织了新民学会。图为部分会员1919年11月16日在长沙的合影。第五排左四为毛泽东

洗衣服和送报纸的工作。他们每人每月仅有3元零用钱，常吃蚕豆煮饭和白菜豆腐，生活很清苦。

毛泽东在这里每天都要阅读各地的报刊和书籍。他还邀请十多位旅沪青年，成立了"自修学社"，共同学习各种理论著作和外语。6月7日，毛泽东写信给北京的黎锦熙老师，信中谈及南下见闻和自己追求革命的决心，说他准备浏览在沪"新出的报、杂志、丛书及各种译本，寻获东方及世界学术思想之大纲要目"。

尽管物质生活艰难，但没有挡住毛泽东"以天下为己任"的脚步。他一方面继续开展"驱张"宣传；一方面积极探讨湖南的改造问题。毛泽东同彭璜等几经讨论，草拟了《湖南人民自决会宣言》，在上海的《天问》周刊及《时事新报》上发表。6月11日，湘人痛恨的张敬尧被逐出长沙，湖南政局发生重大变化。14日，毛泽东将原先写好的《湖南改造促成会发起宣言》发表于上海《申报》。这个月内，毛泽东还接连在

上海霞飞路老渔阳里2号（今上海南昌路100弄2号）《新青年》编辑部旧址。毛泽东曾多次来这里拜访陈独秀

上海《时事新报》上发表《湖南人再进一步》《湘人为人格而战》《湖南改造促成会复曾毅书》等文章，阐明他的主张。在这些文章里，毛泽东"设计"着湖南的未来——成立湖南人民自决会，推进湖南人民自治。还提出了在驱逐张敬尧后改造湖南的方针策略——废督裁兵，实现民治；指明中国的出路，必须推倒帝国主义的走狗——南北军阀的统治。毛泽东指出"社会之腐朽、民族之颓败，非有绝大努力，给他个连根拔起，不足以言摧陷廓清，这样的责任乃全国人民的责任""湖南的事应由全体湖南人民自决之"。

毛泽东这次来上海，还曾多次去拜访陈独秀。陈独秀当时正同李达、李汉俊等筹组上海共产党早期组织。毛泽东向陈独秀谈了"湖南改造促成会"的一些计划。两人真诚相见，无话不说。陈独秀谈了自己的建党计划，毛泽东谈了自己对读过的马克思主义书籍的想法。在北京大学受李大钊演讲和文章的影响，毛泽东逐步接受马克思主义理论，在上海与陈独秀的多次谈话对于毛泽东确立对马克思主义的信仰起了重要推动作用。正如毛泽东与斯诺谈话中讲的："我第二次到上海的时候，曾经和陈独秀讨论我读过的马克思主义书籍，陈独秀谈他自己的信仰的那些话，在我一生中可能是关键性的这个时期，对我产生了深刻的印象。""我一旦接受了马克思主义是对历史的正确解释以后，我对马克思主义的信仰就没有动摇过。""到了1920年夏天，在理论上，而且在某种程度上我已成为一个马克思主义者了。"

1920年7月初，毛泽东离开上海返回长沙，开始了新的斗争。

"你这一封信见地极当,我没有一个字不赞成"
—— 建党初期毛泽东的照片

这是毛泽东在建党初期所拍的照片。其具体拍摄时间、地点已不可考,但是从这张照片,我们可以看到青年毛泽东筹备建党和参加中共一大时的形象。

毛泽东在建党初期的照片

毛泽东1920年7月从上海返回湖南后,着手办了两件大事。第一件大事,就是同易礼容等创办文化书社,致力于新文化,特别是马克思主义的宣传,把目光主要转向俄国。他在湖南《大公报》发表《文化书社缘起》,文中写道:"不但湖南,全中国一样没有新文化。全世界一样尚没有新文化。一枝新文化小花,发现在北冰洋岸的俄罗斯。"他已经开始把中国和世界的希望寄托在马克思主义指引下的俄国十月革命的榜样上。不久,湖南俄罗斯研究会在文化书社正式成立,毛泽东被推为干事。

第二件大事,就是湖南自治运动。一个多月时间里,毛泽东个人或与他人联名,在长沙《大公报》和上海的报纸上连续发表14篇文章,系统地提出实现湖南自治的具体主张。毛泽东设想了一个"湖南共和国"的方案:在这个国家里,废除军阀统治,建立以民为主的真政府。自办银行,自置实业,自搞教育,健全县、乡自治机关,成立工会、农会,保障人民集会、结社、言论、出版自由权利,等等。可以看出,这个设想是大胆的，但又是空想的。毛泽东为实现这个设想多方筹划奔走。10月10日，长沙近两万群众冒着大雨上街游行。到达督军府门前，彭璜等代表向谭延闿递交了毛泽东起草的《请愿书》，要求迅速召开人民制宪会议。谭延闿接下了《请愿书》，但却在事后对所提各项要求断然拒绝。11月下旬，取谭而代之的赵恒惕，更撕下"开明"的伪装。一场以和平请愿方式进行的自治运动，就这样不了了之。

这一活生生的事实，使毛泽东对自己的非暴力观点，重新加以考虑。

毛泽东沉思着，原来设想的路走不通了，必须另辟一条新路。他认为"要造成一种有势力的空气"，新民学会须"变为主义的结合才好。主义譬如一面旗子，旗子立起了，大家才有所指望，才知所趋赴"。

毛泽东提出：新民学会要开始"从事于根本改造之计划和组织，确立一个改造的基础，如蔡和森所主张的共产党"。

1920年12月底，萧子升从法国回国，带来蔡和森写给毛泽东的长信。信中详细阐述了成立共产党及其国际组织之必要，主张"明目张胆正式成立一个中国共产党"。毛泽东很快复一短信说："唯物史观是吾党哲学的根据"，"你这一封信见地极当，我没有一个字不赞成"，旗帜鲜明地表达了自己对马克思主义、共产主义的信仰。他说这是"山穷水尽诸路皆走不通了的"最后选择，表明他两年多来经历了一条多么曲折的心路历程啊！

上海共产党早期组织成立后，陈独秀立即给长沙的毛泽东写信，函约毛泽东在湖南建党，并寄了一些进步的书报给

中国共产党第一次全国代表大会在上海开会会址：望志路106号（今兴业路76号）

他。1920年11月，毛泽东、何叔衡、彭璜等6人在建党文件上签了名，创建了长沙共产党早期组织。与此同时，毛泽东还着手进行湖南社会主义青年团的组建工作，1921年1月13日正式成立，毛泽东任书记。成立时有团员16人，到7月发展到39人。

长沙共产党早期组织成立后，采取"事须秘密""潜在运动"的方式，常以群众团体和文化书社、俄罗斯研究会的名义从事马克思主义宣传活动。

1921年6月，毛泽东接到赴上海参加中国共产党第一次全国代表大会的通知。6月29日，他同何叔衡一道在长沙小西门码头，登上开往上海的小火轮，7月初到达上海。

参加这次会议的国内外7个共产党早期组织派出的12位代表，代表全国50多名党员。他们是李达、李汉俊、张国焘、刘仁静、毛泽东、何叔衡、董必武、陈潭秋、王尽美、邓恩铭、陈公博、周佛海。参加大会的还有陈独秀指派的代表包惠僧。共产国际代表马林和共产国际远东书记处代表尼克尔斯基

中共一大会场

出席了会议。

这是一次年轻人的会议。最年长的何叔衡不过45岁，最年轻的刘仁静只有19岁。15位与会者的平均年龄为28岁，正巧是毛泽东的年龄。他们或西装革履，或身着长袍，是清一色的知识分子。毛泽东在当时并不特别引人注目。

代表们以"北大暑期旅行团"的名义住在上海法租界的博文女校，会址设在不远处李汉俊的哥哥、同盟会元老李书城家里，门牌是贝勒路树德里3号。7月23日正式开会。7月30日晚，突遭暗探侦查，后转移到浙江嘉兴南湖，在游船上开了最后一天的会议。大会正式确定党的名称为中国共产党，并通过了党纲，选举了陈独秀为中央局书记。关于党成立后的中心任务，会议确定了要组织工会，领导工人运动。

毛泽东除担任记录外，只作过一次发言，介绍长沙共产党早期组织的情况。由于中共一大是秘密召开的，毛泽东没有留下任何照片，我们只能从与会者的描述中了解他的形象：包惠僧回忆说，毛泽东老成持重，沉默寡言，如果要说话，即是沉着而有力量。李达对毛泽东的印象是"很少发言，但他十分注意听取别人的发言"。张国焘把毛泽东描绘为："一位较活跃的白面书生，穿着一件长衫，也脱不掉湖南人的土气。但他的常识相当的丰富，对于马克思主义的了解并不比王尽美、邓

中共一大会议因遭法租界巡捕的搜查而中断。代表们分散转移到浙江嘉兴南湖，在一艘游船上结束了最后一次会议。图为该游船的复制品

恩铭等高明多少。他健谈好辩……"另一个早期共产党员写道：毛泽东"给了我一个奇异的印象。我从他身上发现了乡村青年的质朴——他穿着一双破的布鞋子，一件粗布大褂，在上海滩上，这样的人很难见到的。但我也在他身上发现了名士派的气味"。

南湖会议期间，毛泽东对同行好友萧子升说："如果我们努力奋斗，共产党在三五十年内就有可能统治中国。"萧子升当时认为，这简直是空口说白话。可历史终于证明了毛泽东预言的正确性。

"问苍茫大地，谁主沉浮"

——1925年毛泽东在广州的照片

1925年毛泽东在广州

这是1925年毛泽东在广州拍的一张照片。当时他32岁，已褪去学生的青涩，显现出一位青年政治家的成熟与稳重。他在自己的世界里沉思，似有一丝忧虑，却又流露出坚定、自信和执着。

毛泽东是1925年9月从长沙到广州的，临行前他伫立湘江边，填下那首著名的《沁园春·长沙》：

独立寒秋，湘江北去，橘子洲头。看万山红遍，层林尽染；漫江碧透，百舸争流。鹰击长空，鱼翔浅底，万类霜天竞自由。怅寥廓，问苍茫大地，谁主沉浮？

携来百侣曾游。忆往昔峥嵘岁月稠。恰同学少年，风华正茂；书生意气，挥斥方遒。指点江山，激扬文字，粪土当年万户侯。曾记否，到中流击水，浪遏飞舟？

学生时代的志向追求和激情活力仿佛就在昨天，而把梦想变为现实的抉择和斗争就在当下。毛泽东怀着"问苍茫大地，谁主沉浮"的历史使命感和责任感来到广州。

这时，广州成立了国民政府，主席汪精卫因政府事务繁忙不能兼理国民党宣传部部长职事，推荐毛泽东代理宣传部部长。毛泽东于10月到任后，厉行整顿和改造国民党的宣传工

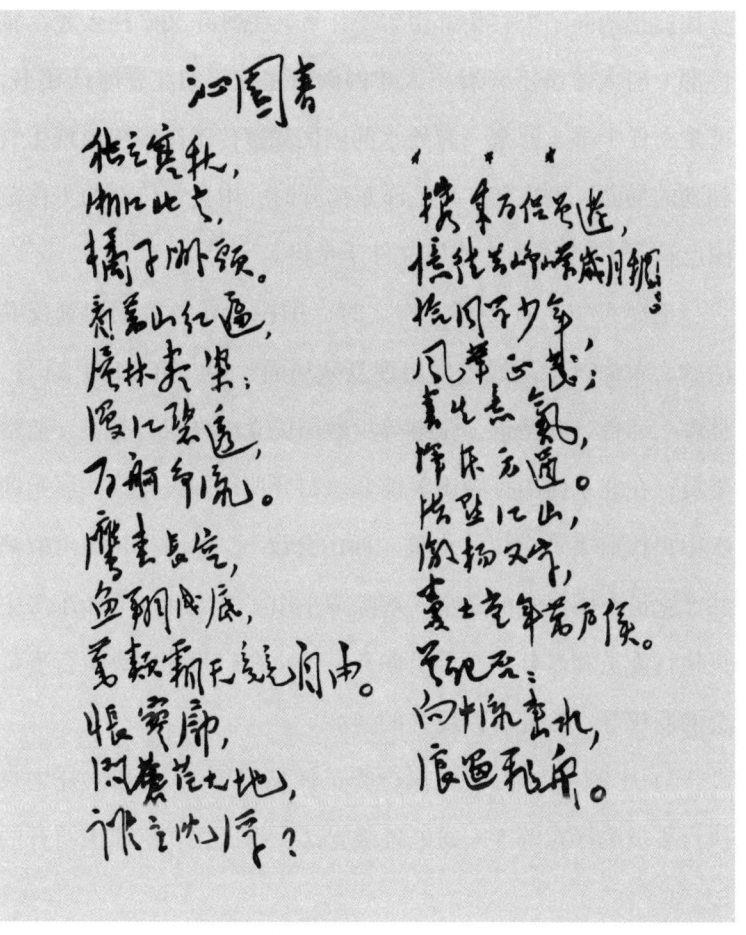

毛泽东《沁园春·长沙》手迹

作，使之革命化，使之走向全国，显示了他在宣传工作方面的卓越才华。

当时政局动荡造成交通不畅，国民党中央宣传部原来管辖的范围实际只及广东一省，同其他省市党部宣传部门没有联系。毛泽东以中央宣传部的名义向国民党中央建议，应在上海设立交通局，作为中央与各地党的机关联系的部门。这一建议被采纳，交通局由宣传部管理。毛泽东建立起一系列的工作制度，如通过报刊和交通工具向各省市宣传部布置宣传要点，要求他们定期向中央宣传部报告工作等。毛泽东又广招人才，宣传部一时人才济济，有"人才内阁"之称。如沈雁冰任秘书，萧楚女任干事。原来一潭死水的国民党宣传工作很快出现生气勃勃的局面。到次年5月毛泽东离开时，中央宣传部的工作范围已遍及12个省市，收发文件千余份。

毛泽东主持宣传部工作之时，国民党新老右派加紧反共活动，革命统一战线内部出现复杂局面。1925年11月23日，林森、邹鲁、叶楚伧、张继等少数国民党中央执行委员、监察委员，在北京西山孙中山灵前非法召开所谓国民党第一届第四次中央执监委员会议，史称"西山会议"。他们公开提出取消共产党员在国民党的党籍，解除谭平山、李大钊、毛泽东等中央执行委员和候补执行委员职务，停止在广州的中央执行委员会的职权等，掀起反苏反共的逆流。

11月27日，由中央执行委员汪精卫等10人和候补中央执行委员毛泽东等5人通电各级党部，指出在北京西山召开的

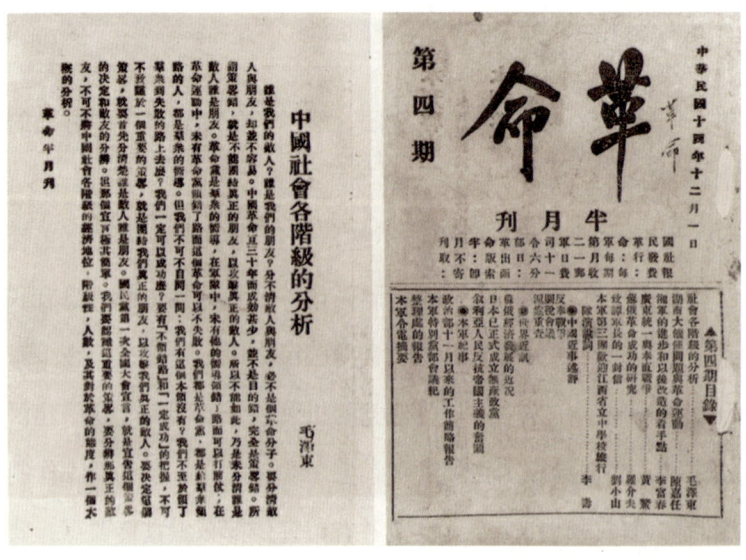

毛泽东在《革命》第四期上发表的《中国社会各阶级的分析》

所谓中央全会为非法会议。在国民党中央执行委员会第125次会议上，通过了由毛泽东起草的《中国国民党对全国及海外全体党员革命策略之通告》，一针见血地指出，西山会议派是在分裂国民党，是叛党行为。

在国民革命错综复杂的风风雨雨中，毛泽东始终保持清醒的头脑，采取恰当的态度，并在理论宣传上做出可贵的努力。1925年12月1日，毛泽东在国民革命军第二军司令部编印的《革命》第四期上发表了《中国社会各阶级的分析》。他运用马克思主义的阶级分析和阶级斗争原理，透辟地分析了中国社会主要阶级的经济状况、社会地位及政治态度，科学地回答了中国革命的敌我友问题。他指出：一切勾结帝国主义的军阀、官僚、买办阶级、大地主阶级以及附属于他们的一部分反动知识界，是我们的敌人。工业无产阶级是我们革命的领导力量。一切半无产阶级、小资产阶级，是我们的朋友。他特别提醒人们注意，中产阶级对中国革命具有动摇不定的矛盾态度。"其右翼可能是我们的敌人，其左翼可能是我们的朋友——但我们要时常提防他们，不要让他们扰乱了我们的阵线"。

在反击新老右派的斗争中，毛泽东于1925年12月以国民党中央宣传部的名义创办了《政治周报》。为什么要办《政治周报》？毛泽东在发刊词中讲得很清楚："为了革命。为什么要革命？为了使中华民族得到解放，为了实现人民的统治，为了使人民得到经济的幸福。"对于反革命的宣传，他说："我们现在不能再放任了。我们要开始向他们反攻。"怎样进行反攻？在方法上"并不多用辩论，只是忠实地报告我们革命工作的事实"。在他自己主编的四期《政治周报》上，毛泽东发表了十几篇文章，揭露一切反革命宣传的实质，是"以国民革命指为共产革命，以国民党指为共产党，以国民政府指为共产政府，以国民革命军指为共产军，无非承了帝国主义意旨，制造几个简单名词散布出来，企图打破国民革命中各阶级合作的联合战线"。

那时，许多人担忧，分裂出一个国民党右派，对国民革命是一个很大的不幸。毛泽东在《政治周报》上的许多文章，分析了产生这种现象的历史必然性。他的基本观点是：在革命和反革命两大阵营的决斗中，中间派不是倒向这边，就是倒向那边；划分左派和右派的标准，是看他对待帝国主义和军阀的态度，对待国共合作的态度，对待工农的态度；西山会议派就是资产阶级右翼的代表，事实上做了帝国主义所需要的工具。从国民党自身的历史和结构成分来看，国民党右派分裂出去"是一种必然的现象。我们虽不必以此为喜，却断不是什么不幸的事"，因为它"并不足以阻碍中国的国民革命"。

毛泽东认为，既然国民党右派已经在公开进行分裂活动，那就必须进行恰当而有力的反击，遏制这种活动，来维护国共合作。可是，中共中央总书记陈独秀担心同国民党新右派进行斗争会破坏国共关系，使广东革命局面陷于孤立以至于失败，主张以妥协退让的方法使国民革命阵营内的矛盾得到缓和。共产国际代表也支持陈独秀的意见。这样，妥协的意见在党内占了上风。1926年5月，国民党二届二中全会通过了蒋介石提出的排挤共产党员的所谓《整理党务案》，毛泽东等共产党员只得辞去在国民党中央的职务。毛泽东离开代理国民党中央宣传部部长的位置后，把主要精力转向了农民运动。

"秋收时节暮云愁,霹雳一声暴动"

——1937年5月9日毛泽东在延安和当年参加秋收起义的部分同志合影

1937年5月9日参加秋收起义的部分同志合影。二排左三为毛泽东

1937年5月2日至14日,中国共产党全国代表会议在延安中央大礼堂召开。会议期间,5月9日,毛泽东在驻地同参加秋收起义后成立的工农革命军第一军第一师尚存的部分同志拍了合影。

照片上有毛泽东亲笔题写的说明:"一九二七年秋收暴动成立工农革命军第一军第一师,至今尚存之人约数十人,此为一部分。一九三七年五月于延安城"。照片中前排左起:赖传珠、张宗逊、孙开楚、赖毅、谭冠三;后排左起:杨立三、陈伯钧、毛泽东、龙开富、周昆、谭希林、罗荣桓、谭政、刘型、杨梅生、胡友才，以及参加过井冈山斗争的贺子珍。

这张照片是在纪念中国工农红军诞生10周年的日子里拍下的，有着特殊的意义，是毛泽东生前一直很喜欢的照片，联结着他特别难忘的一段斗争岁月。

1927年春以后，随着蒋介石叛变革命，南京和武汉国民政府相继"清党"和"分共"，大批共产党员和革命群众被逮捕和杀害，国共合作全面破裂，大革命宣告失败。在危急关头，8月7日，中共中央在武汉召开紧急会议。会议着重批评了大革命后期以陈独秀为首的中央所犯的右倾机会主义错误。毛泽东在发言中总结大革命失败的教训，指出："以后要非常注意军事。须知政权是由枪杆子中取得的。"

1927年的毛泽东

八七会议开完后，主持中共中央工作的瞿秋白，向毛泽东征求意见，要他到上海中央机关去工作。毛泽东回答：我不愿跟你们去住高楼大厦，我要上山结交绿林朋友。之后，中央决定毛泽东以特派员身份到湖南领导秋收起义。

为了准备和组织秋收起义，毛泽东奔走于萍乡、醴陵、浏阳、铜鼓之间，一路风餐露宿，翻山越岭，备受艰辛。9月8日，他在从安源去铜鼓的途中，在浏阳张家坊村遇到团防局的清乡队盘查被扣留，在被押送去团防局处死的路上，毛泽东机智脱险，死里逃生。这段经历他后来曾向美国记者斯诺谈过：

我跑到一个高地，下面是一个水塘，周围长了很高的草，我在那里躲到日落。士兵们在追踪我，还强迫一些农民帮助他们搜寻。有好多次他们走得很近，有一两次我几乎可以用手接

秋收起义武装工农革命军第一军第一师的军旗

触到他们。尽管有五六次我已经放弃任何希望，认为自己一定会再次被抓住，可是不知怎么的，我没有被他们发现。最后，天近黄昏了，他们放弃了搜寻。我马上翻山越岭，彻夜赶路。我没有穿鞋，脚底擦伤得很厉害。路上我遇到一个友善的农民，他给我住处，后来又带领我到了邻县。我身边有七块钱，用这钱买了一双鞋、一把伞和一些食物。当我最后安全到达农民武装那里的时候，我的口袋里只剩下两个铜板了。

以毛泽东为书记的中共湖南省委前敌委员会，将参加起义的各路武装5000多人统一编为工农革命军第一师，于9月9日发动了湘赣边界秋收起义。起义军三个团分别打响战斗，向平江、浏阳、萍乡推进。毛泽东兴奋地填下了《西江月·秋收起义》：

军叫工农革命，旗号镰刀斧头。匡庐一带不停留，要向潇湘直进。地主重重压迫，农民个个同仇。秋收时节暮云愁，霹雳一声暴动。

浏阳文家市

但当时全国革命形势已走向低潮，反动军事力量在各处都大大超过革命力量。从湘赣边界来说，群众没有充分发动起来，本来薄弱的兵力又分散使用，各自为战，行动并不统一，进攻的目标却是湖南的中心城市长沙，很快遭到远比自己强大的反革命军队的抵抗，损失严重。毛泽东看到这种情况，果断地改变原有部署，下令各路起义部队停止进攻，退到浏阳文家市集中。这时，工农革命军第一师已由原来的5000多人锐减到1500多人。

9月19日，毛泽东在文家市主持召开前委会议，否定了"取浏阳直攻长沙"的主张，决定把起义军向南转移到敌人统治力量薄弱的农村山区，寻找落脚点，以保存革命力量，再图发展。毛泽东满怀信心地对官兵们说：我们当前力量还小，还不能去攻打敌人重兵把守的大城市，应当先到敌人统治薄弱的农村，去保存力量，发动农民革命。我们现在好比一块小石头，蒋介石反动派好比一口大水缸，但总有一天，我们这块小石头,一定要打烂蒋介石那口大水缸!这个讲话,大大鼓舞了刚刚受到严重挫折的起义军的士气。

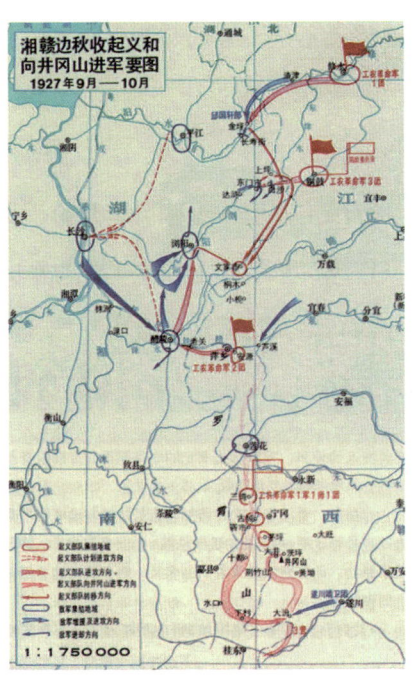

湘赣边秋收起义和向井冈山进军要图

起义军在文家市住了两夜,便沿湘赣边界南下。行军途中十分艰苦。毛泽东的脚被草鞋绳擦破,步履艰难。战士们临时捆了一副竹竿担架,要抬他走,他坚决不肯。同他一起行军的谭希林后来回忆:"他拒绝说,大家走我也走,大家休息我也休息,我走不赢就慢慢跟着走。他忍着痛,一边走一边同战士们亲切交谈。毛泽东同志这种艰苦奋斗的精神,使我们非常感动。"

当时的局势依然是严峻的。起义军转兵南下以来,一路艰苦战斗,总指挥卢德铭牺牲,伤员增加;连续行军,长途跋涉,有些人因为怕艰苦不辞而别;疟疾流行,病员增多,一些人掉了队。一些长官还存在打骂士兵的旧军队习气,党组织也不健全。在这支队伍里行进的赖毅回忆说:"那时,逃跑变成了公开的事,投机分子竟然互相询问:'你走不走?''你准备往哪儿去?'这真是一次严峻的考验。"

9月29日,起义军到达江西永新县三湾村,当晚毛泽东主持召开中共前敌委员会扩大会议,讨论部队现状及其解决措施,决定对部队实行整顿和改编,这就是著名的三湾改编。前委将已不足千人的部队由原来的一个师缩编为一个团；建立党的各级组织和党代表制度，党的支部建在连上，班、排有小组，连以上设党代表，营、团设党委；成立各级士兵委员会，实行民主制度。这些措施开始改变起义军中旧军队的习气和不良作风，从组织上确立了党对军队的领导，是建设无产阶级领导的新型人民军队的重要开端。

10月上旬，毛泽东率领起义军来到了井冈山下。先后和当地农民武装袁文才（共产党员）、王佐两部建立联系，又派党员军事干部到他们部队中帮助进行政治、军事训练，开始了创建井冈山革命根据地的斗争。

1937年毛泽东与参加秋收起义部分同志的合影，后来广为流传。新中国成立后，被许多报刊刊登，被许多博物馆、展览馆展出。照片中的不少人后来成为党和军队的高级干部，他们都是在毛泽东领导下，在最困难的情况下坚定跟党走，经历了血与火严峻考验的优秀共产党员。

"犹记当时烽火里,九死一生如昨"
——1938年毛泽东在延安和参加井冈山斗争的部分同志合影

1938年8月,参加井冈山革命斗争的部分同志来到毛泽东在延安凤凰山的住地和毛泽东一起合影。照片拍出来后,毛泽东兴致勃勃地在底片上亲笔写下了"井冈山的同志们"7个大字。照片中前排左起:宋裕和、谭冠三、谭政、滕代远、萧克、林彪、毛泽东、高自立、何长工、曾玉、欧阳毅;中排左起:胡友才、孙开楚、谢汉文、江华、朱良才、吴溉之、李寿轩、刘胜生、张际春、李克如、韩伟、龙开富、谭希林、刘型、陈伯钧、张令彬;后排左起:徐日文、曹里怀。他们中许多人当时在抗日军政大学任教或学习。

"井冈山的同志们"看似普通的7个字,却包含着高度的

1938年参加井冈山斗争的部分同志合影

赞誉和深厚的情谊。在井冈山,毛泽东和他的战友们以无畏的革命精神,战胜无数艰难困苦,创建了中国第一块农村革命根据地,点燃了工农武装割据的星星之火。

1927年秋收起义计划受挫后,毛泽东果断决定放弃攻打长沙,带领余下的工农革命军1500多人于10月上旬来到井冈山下。

井冈山,地处湘赣边界罗霄山脉中段,方圆4000多平方公里,地势险要,森林茂密,只有几条狭窄的小路通往山外,它进可以攻,退可以守,是一块理想的落脚点。

井冈山地区原先就有袁文才、王佐两支绿林式的农民武装,各有100多人、60支枪,在当地有着不小的影响。毛泽东向袁、王二人做了耐心的争取、团结、改造工作,使他们参加了革命军。起义部队克服种种困难,在井冈山站住了脚跟。

1928年3月初,中共湘南特委的代表周鲁来到井冈山,贯彻中央的"左"倾盲动政策,批判毛泽东是"右倾逃跑""枪杆子主义",并把中央开除毛泽东中央临时政治局候

袁文才(左)、王佐

补委员的决定误传为"开除党籍",取消中共前敌委员会,改组为不管地方只管军事的师委。这样,毛泽东一度成为"党外人士",只能担任工农革命军第一师师长。这对毛泽东自然是极为严重的打击,但他的革命意志没有一点动摇,积极地担当起师长的职务。他在队前向指战员讲话:军旅之事,未之学也,可是中国有句俗语,一个篱笆三个桩,一个好汉三个帮,大家群策群力,不愁打不好仗。

湘南特委代表命令毛泽东将部队开向湘南,配合湘南暴动。毛泽东把队伍带到湖南酃县中村后,停下来整训,搞土改试点。不久传来两个使人兴奋的消息:一是看到中共中央的文件,澄清了将毛泽东"开除党籍"的误传,毛泽东又可以在部队中发挥领导作用了;二是朱德、陈毅、王尔琢率领的南昌起义军余部在发动湘南暴动取得成功后遭到强敌追击,正向井冈山方向撤退。

毛泽东立刻率兵阻击国民党追击部队,掩护朱德部撤退。4月,朱德、陈毅率领南昌起义余部和湘南暴动农军同毛泽东部在宁冈砻市会师。随后,两支部队合编为工农革命军第四军(后改称红军第四军),朱德任军长,毛泽东任军委书记兼党代表。这年朱德42岁,毛泽东35岁,从此开始了他们密切合作的战斗生涯。杨得志当时是入伍不久的新兵,他后来回忆起会师庆祝大会的情景时说:

> 朱德同志讲完话,毛泽东同志才站起来,用浓重的湖南口音论述了两军会师的重大意义,指出光明的前途,特别强调要发动群众,依靠群众,建立和发展革命根据地。打着有力的

手势，讲了个孙悟空的故事，说我们要学习孙悟空的本领，上天入地，变化多端，大闹天宫，推翻反动统治和整个旧社会。那时，我是入伍几个月的新兵，还不能完全理解他话中的深刻含义，但他讲的故事和比喻我却印象极深。

当时井冈山的革命力量不过万人，而江西和湖南两省的敌人很强大，常常联合起来"进剿"红军。为了巩固和发展井冈山这块革命根据地，1928年5月，毛泽东和朱德在总结经验的基础上提出"敌进我退，敌驻我扰，敌疲我打，敌退我追"的游击战十六字诀。

在这一军事原则的指导下，毛泽东、朱德指挥红四军于5月至6月先后两次打退国民党军队对井冈山革命根据地的"进剿"。5月中旬，赣军5个团在第27师师长杨如轩率领下再占永新，向宁冈进攻。朱德、王尔琢率工农革命军第四军主力，采取调虎离山之计，在草市坳全歼赣军第79团，乘胜奔袭，在当天正午第二次收复永新城，杨如轩带伤逃回吉安。工农革命军缴获迫击炮7门、山炮2门，光洋20多担。6月下旬，赣军改以第九师师长杨池生部为主力，杨如轩为前线总指挥，以5个团占领永新。湘军吴尚部也出动3个团向鄘县、茶陵逼近，配

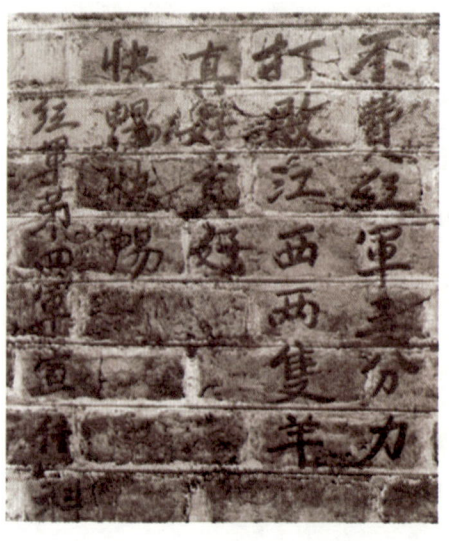

红军写在墙上的标语

合赣军的进攻。红四军以小部钳制湘军，集中主力打击赣军。6月23日，红四军在新、老七溪岭和龙源口歼灭赣军一个团，击溃两个团，缴枪千余支，第三次占领永新城。根据地军民兴高采烈，奔走相告："不费红军三分力，打败江西两只羊（杨）"。

龙源口大捷后，井冈山革命根据地进入全盛时期，工农武装割据区域的面积达7200多平方公里，人口50多万。

7月中旬，湘赣两省国民党军队向井冈山发动第一次"会剿"，红四军分两路反击。湖南省委巡视员一味坚持执行省委向湘南发展的命令，乘红28、29团占领湖南酃县、毛泽东等远在江西永新的机会，把大队拉向湘南。红四军这两个团到湘南后，攻打郴州先胜后败，第29团士兵成分主要是湘南宜章县的农民，便不听指挥，自行散回家乡。第28团撤到桂东。

毛泽东正在永新领导军民以游击战术牵制国民党军队11个团。8月得知红四军大队在湘南失败，他立刻决定以第31团第一营和第32团留守井冈山，自己率领第31团第三营到湘南迎接第28团回来。

国民党军队乘红四军主力远离的机会发动猛攻，侵占边界各县城和平原地区，焚烧房屋，屠杀人民，湘赣边界遭受严重摧残，史称"八月失败"。

留守井冈山的何挺颖、朱云卿等，指挥红军第31团第一营凭黄洋界天险抵抗国民党军队4个团的猛烈进攻，后来用仅有的1门迫击炮和3发炮弹，轰击敌后续梯队。敌人以为红四军主力已回井冈山，立刻命令部队撤退。毛泽东听到这个喜讯，挥毫填下了《西江月·井冈山》：

山下旌旗在望，

山头鼓角相闻。

敌军围困万千重，

我自岿然不动。

早已森严壁垒，

更加众志成城。

黄洋界上炮声隆，

报道敌军宵遁。

回师后，毛泽东、朱德率领红军开展恢复井冈山根据地的工作，取得三战皆捷的胜利，打破国民党军队的第二次"会剿"。

10月和11月，毛泽东相继撰写了《中国的红色政权为什么能够存在？》《井冈山的斗争》两部著作，总结创建井冈山革命根据地的经验，系统论证了中国的红色政权为什么能够发生、存在和发展的原因及条件，提出了"工农武装割据"的重要思想，回答了红旗到底打得多久的疑问，从而坚定了边界军民对敌斗争的必胜信心，为农村包围城市、武装夺取政权的革命道路的形成，奠定了坚实的基础。

12月，彭德怀、滕代远率领平江起义后成立的红五军主力700多人到达井冈山，与朱德、毛泽东领导的红四军会师。两支部队的会合，使井冈山地区的红军成为当时全国各根据地人数最多、战斗力最强的一支红军。

这年冬，毛泽东总结一年来井冈山根据地土地革命斗争的经验，起草了井冈山《土地法》，规定分配土地主要以人口

1936年毛泽东（二排右三）在陕北保安同参加井冈山斗争的部分同志合影

为标准，男女老少平均分配。12月，《土地法》正式颁布，受到了广大农民的热烈欢迎。

1929年1月，国民党军队调集湘赣两省6个旅约3万兵力，发动对井冈山的第三次"会剿"。当时的局势十分严峻，正如陈毅第二年给中央的报告中所说："在九月至一月，四月中红军经过空前的艰难，在隆冬之际，边界崇山中积雪不消，红军衣履饮食非常困难。又因敌人封锁，红军未能到远地游击，以致经济没有出路。"1月14日，毛泽东、朱德率领红四军主力3600多人从井冈山出发，向赣南进军。

井冈山的斗争使毛泽东终生难忘。他常对人说起，江西是他的第二故乡。1965年，毛泽东重上井冈山。阔别36年，故地重游，年逾古稀的毛泽东感慨万千，写下了"犹记当时烽火里，九死一生如昨"的词句。

在逆境中坚持工作的"毛主席"

——1931年11月7日毛泽东等中共苏区中央局委员合影

1931年11月7日，中华苏维埃第一次全国代表大会在江西瑞金叶坪村举行。这张照片就拍于当天，合影的7人均为出席大会的中共苏区中央局委员，右起：王稼祥、毛泽东、项英、邓发、朱德、任弼时、顾作霖。照片中的毛泽东神态自若，然而实际上，就在几天前，他受到了"左"倾教条主义者的严厉批判。

1931年11月1日至5日，中共中央代表团在瑞金主持召开中央苏区党组织第一次代表大会。这次会议通常称为赣南会

1931年1月15日，中共中央决定成立中共苏维埃区域中央局。图为苏区中央局委员于同年11月7日在瑞金合影。右起：王稼祥、毛泽东、项英、邓发、朱德、任弼时、顾作霖

议，毛泽东以苏区中央局代理书记身份出席会议。会议对根据地问题、军事问题、土地革命路线问题展开争论。毛泽东坚持认为，中央革命根据地从实践中形成的一整套路线和方针是正确的，符合根据地实际的；几个中心县委书记也举出大量事实来支持毛泽东的看法。而会议却把毛泽东的正确主张指责为"狭隘的经验论""富农路线"和"极严重的一贯右倾机会主义"，强调要"集中火力反对右倾"。会议根据临时中央的指示，设立中央革命军事委员会，取消红一方面军总司令和总政委的名义。这样，就把毛泽东排除在中央苏区红军中的领导之外。从这次会议开始，毛泽东的处境日渐困难。

11月7日，中华苏维埃第一次全国代表大会在瑞金叶坪村隆重开幕。这次会议是在全国各根据地和红军不断发展的形势下召开的，出席大会的代表分别来自中央苏区，闽西、赣东北、湘赣、湘鄂西、琼崖等苏区，红军部队，以及设在国民党统治区的全国总工会、全国海员总工会，共610人。当天上午，举行了盛大的阅兵典礼。下午苏区中央局代理书记项英致开幕词。晚上，毛泽东和代表们一起参加提灯庆祝晚会。毛泽

1931年11月7日至20日，中华苏维埃第一次全国代表大会在瑞金召开。这是瑞金中华苏维埃政府大礼堂

东还亲笔为这次大会题词："苏维埃是工农劳苦群众自己管理自己生活的机关，是革命战争的组织者与领导者。"

会议期间，7位中共苏区中央局委员合影留念。照片中没有苏区中央局书记周恩来，因为他当时还在上海临时中央工作。

大会制定了《中华苏维埃共和国宪法大纲》，通过了《中华苏维埃共和国土地法》《中华苏维埃共和国劳动法》《中华苏维埃共和国经济政策》等法令，选出毛泽东、周恩来、朱德、项英、张国焘等63人组成中央执行委员会，宣告中华苏维埃共和国成立。大会在20日闭幕，由毛泽东致闭幕词。

11月27日，在中华苏维埃共和国中央执行委员会第一次会议上，毛泽东当选中央执行委员会主席，项英、张国焘为副主席。会议还选举毛泽东任人民委员会主席。中华苏维埃临时中央政府正式组成。

虽然成了人们尊敬称呼的"毛主席"，可是毛泽东的处境并没有好转。

1932年10月，苏区中央局在宁都召开全体会议。会议在临时中央的"左"倾错误的影响下，指责毛泽东对"夺取中心城市"方针的"消极怠工"，是"纯粹防御路线"，把他提出的"诱敌深入"方针，指责为"守株待兔""专去等待敌人进攻的右倾主要危险"。会后，毛泽东被撤销红一方面军总政治委员职务，调回后方专做政府工作。此后两年多，毛泽东的处境更加艰难。1965年8月5日，毛泽东回忆起这段经历时说：

他们迷信国际路线，迷信打大城市，迷信外国的政治、军事、组织、文化的那一套政策。我们反对那一套过"左"政策。我们有一些马克思主义,可是我们被孤立。我这个菩萨,过去还灵,后头就不灵了。他们把我这个木菩萨浸到粪坑里,再拿出来,搞得臭得很。那时候,不但一个人也不上门,连一个鬼也不上门。我的任务是吃饭、睡觉和拉屎。还好,我的脑袋没有被砍掉。

说主要任务是"吃饭、睡觉和拉屎",显然是一种自我调侃。事实上,在这段时间内,毛泽东虽然被剥夺了对红军的领导权,但还是以中华苏维埃临时中央政府主席身份积极努力地为党工作。

毛泽东花很大精力领导中央苏区的经济建设。1933年3月,毛泽东签发命令指出:"过去苏区对于国民经济问题异常忽视,应该予以迅速改变。"为了广泛动员群众开展较大规模的经济建设,中央政府先后召开南部十七县经济建设大会和北部十一县经济建设大会,这在苏区的历史上是空前的。毛泽东

叶坪的中共苏区中央局旧址

亲自领导大会的召开，并尖锐批评声称战争忙"没有闲工夫去做经济建设工作"、要等战争胜利了"才能进行经济建设"等错误认识，强调"要使人民经济一天一天发展起来，大大改良群众生活，大大增加我们的财政收入，把革命战争和经济建设的物质基础确切地建立起来"。这两次大会的召开为苏区经济建设吹响了号角。中央苏区出现了蓬蓬勃勃的群众性生产建设热潮。1933年全苏区农业生产平均增产一成半，红军给养有了保证。1934年，农业生产也是大丰收。

毛泽东还力抓中央苏区的政权建设。1933年6月8日，中央执行委员会发布《关于召集第二次全苏大会的决议》，规定召开第二次全苏大会以前应改选各级地方苏维埃。7月21日，中央执行委员会又作出《关于重新划分行政区域的决议》，强调：苏维埃政府"须尽量接近群众，为群众谋一切利益。因此，不论乡、区、县、省、区域都不应过大"。行政区域划分完毕后，立刻开始进行选举。为了发动选举运动，9月6日，毛泽东在瑞金主持召开中央苏区南部十八县选举运动大会并作报告，系统阐述选举的原则和方法，充分体现了民主精神。这样，中央苏区的选举运动便热烈地开展起来。11月中下旬，毛泽东还率领中央政府检查团先后到江西兴国县长冈乡、福建上杭县才溪乡这两个点进行实地调查，总结典型经验，以推动全局工作。随后写出了《兴国长冈乡的苏维埃工作》和《上杭才溪乡的苏维埃工作》两篇调查报告，并作为"乡苏工作的模范"材料印发给第二次全苏大会。在第二次全苏大会上，毛泽东对苏维埃政权建设的经验作了详细的总结。1934年4月，毛泽东在典型调查的基础上，综合其他地方苏维埃的情况，写

1933年6月26日,毛泽东在瑞金叶坪召开的中央革命根据地八县贫农团代表会议上讲话

出《乡苏怎样工作》一文,强调要废除一切强迫命令的方法。他指出,只有决定,没有检查,是官僚主义的领导,它同强迫命令主义是一样有害的。

毛泽东领导开展中央苏区的查田运动。当时,临时中央在中央苏区推行"左"的土地政策,致使查田运动中出现了一些偏向,主要是侵犯中农利益和把富农当地主对待。1933年6月25日至7月1日,毛泽东在叶坪召开八县贫农团代表会,作《查田运动的群众工作》的报告。他强调对划分阶级要采取十分慎重的态度,严格区分中农和富农、富农和地主。他指出:联合中农是土地革命中最中心的策略。中农的向背,关系土地革命的成败。10月间,临时中央政府批准并公布毛泽东所写的《怎样分析农村阶级》和他主持制定的《关于土地斗争中一些问题的决定》,使在查田运动中错划的阶级成分基本上得到纠正。

临时中央政府成立后，在中央苏区发现了好几起贪污腐败案，如谢步升案、左祥云案等。毛泽东在严厉查处惩罚的同时，深切感到有制定法规的必要。1933年12月15日，毛泽东领导制定并签署公布了《关于惩治贪污浪费行为——中央执行委员会第26号训令》，用正式立法的形式，对贪污腐败方面的犯罪，予以法律上的认定，进行规范和约束。这是中国共产党历史上最早的反贪立法。在毛泽东领导下，中央苏区反腐惩贪，令行禁止，取得了显著成效，在苏区干部中好作风蔚然成风。

毛泽东时刻关注着第五次反"围剿"战局的发展，不断提出军事建议。从第五次反"围剿"的准备阶段时起，毛泽东就不同意"两个拳头打人"和后来的"御敌于国门之外"的错误方针，认为应该诱敌深入，集中红军主力，在运动中加以歼灭。福建事变后，毛泽东又向中央建议：以红军主力冲破国民党军队的围攻线，突进到以浙江为中心的苏浙皖赣地区去，将

毛泽东和警卫员在瑞金。
左二起：吴光荣、陈昌奉、戴田福

战略防御转变为战略进攻，威胁敌之根本重地，粉碎其向江西根据地的进攻，并援助福建人民政府。可惜这些建议没有被临时中央所采纳。1934年9月中旬，毛泽东到赣南于都搞调查研究。他刚到于都，就接到周恩来的长途电话，要他着重了解于都方向的敌情和地形。毛泽东立刻召开各种会议调查，详细了解敌人的动向。9月20日，毛泽东给周恩来发了一份关于于都敌情和地形的急电。这个电报为中央开始长征时下决心从于都方向突围起了重要作用。

此外，毛泽东还利用这段时间，认真读了两年马列主义经典著作。多年以后，毛泽东曾感慨地回忆说：

一九三二年（秋）开始，我没有工作，就从漳州以及其他地方搜集来的书籍中，把有关马恩列斯的书通通找了出来，不全不够的就向一些同志借。我就埋头读马列著作，差不多整天看，读了这本，又看那本，有时还交替着看，扎扎实实下功夫，硬是读了两年书。……后来写成的《矛盾论》《实践论》，就是在这两年读马列著作中形成的。

不消沉，不懈怠，积极工作，努力学习，这就是毛泽东在受到排挤、身处逆境时的态度。

红星照耀中国

——1936年毛泽东在陕北保安的照片

1936年毛泽东接受埃德加·斯诺采访时的照片

这幅美国记者埃德加·斯诺为毛泽东拍摄的照片非常著名。它不仅在1936年11月的巴黎《密勒氏评论报》上，配以《中国共产党领导人毛泽东访问记》一文发表，让全世界第一次看到清晰的毛泽东形象，之后还在许多场合和书籍资料中频频出现。照片中，毛泽东戴着军帽，脸庞清瘦，但神情坚毅。照片的背景就是毛泽东在陕北保安（今志丹）居住的窑洞。

红一方面军长征到达陕北后，为巩固发展陕甘革命根据地，毛泽东于1936年先后指挥了东征和西征。就在西征战役期间，国民党军乘虚袭击瓦窑堡，中共中央党政军领导机关不得不撤出，毛泽东于7月11日到达保安。在保安，毛泽东多次接受埃德加·斯诺的采访，并拍下这幅照片。

埃德加·斯诺是美国著名进步记者和作家，1905年出生于美国密苏里州堪萨斯城的一个贫困家庭里。他当过农民、铁路工人和印刷学徒，大学毕业后从事新闻工作。1928年，当中国大革命陷入低潮的时候，他来到上海担任《密勒氏评论报》助理编辑和《芝加哥论坛报》记者，遍访了中国主要城市和东北等地。"九一八事变"时，斯诺正在上海，以后又目睹了1932年淞沪抗战和1933年热河抗战，结识了鲁迅、宋庆龄等一批民主进步人士。1933年至1938年，他在北平燕京大学任教，并有两年时间住在燕大校园里。

1936年是中国国内局势大转变的关键性的一年。斯诺带着当时无法理解的关于革命与战争的无数问题，6月间由

毛泽东与埃德加·斯诺在陕北

北平出发，经过西安，冒着生命危险，进入陕甘宁革命根据地，来到中共中央所在地保安进行采访。他是到红色区域进行采访的第一个西方新闻记者。

毛泽东对斯诺的到来十分重视，认为斯诺可以不受国民党新闻检查的封锁，能够把中国共产党的活动和主张，如实地在国外发表，这样就可以使国民党对共产党的一切造谣诬蔑原形毕露，使中国人民的解放事业得到世界各国人民的支持。因此，他要求红军各部队认真做好斯诺采访的接待工作。

7月13日，斯诺与美国医生乔治·海德姆（即马海德）秘密抵达保安，受到红军的热烈欢迎和接待。红军给他们每人配发了一匹马、一支步枪、一套崭新的军服和一顶红军红星八角帽。为便于采访，斯诺的住处被安排在离毛泽东所住窑洞不远的山脚下。

当天傍晚，毛泽东就步行来到苏维埃政府外交部，看望斯诺和马海德，对他们来苏区访问表示欢迎。第二天，毛泽东又出席欢迎斯诺和马海德的欢迎会，并即席讲话。

7月15日，斯诺接到通知，毛泽东将要正式接见他们。当斯诺等人怀着激动的心情走进毛泽东住的院子时，毛泽东已

经在门口微笑着迎接他们了。毛泽东用有力的大手握住斯诺的手,高兴地说:"欢迎!欢迎!"斯诺观察到,作为中国共产党的领袖,毛泽东住的窑洞实在是太狭小了。但就是在这简朴的窑洞里,毛泽东与斯诺进行多次长谈,结下了深厚的友谊。

毛泽东向斯诺详细说明了中国共产党和中华苏维埃政府的内外政策。

关于对外政策,毛泽东说:今天中国人民的根本问题是抵抗日本帝国主义。它不仅是中国人民的敌人,而且是全世界所有爱好和平的人民的敌人。当中国真正获得了独立时,外国正当贸易利益就可以享有比以前更多的机会。苏维埃政府是欢迎外国投资的。

关于抗日战争的前途和战略方针,毛泽东说:日本必败,中国必胜。中国当前的任务是收复全部失地,不仅仅是保卫长城以南的主权,东三省是必须收复的。中国军队要胜利,必须在广阔的战场上迅速地前进和迅速地后退,迅速地集中和迅速地分散,进行大规模的运动战,而不是深沟高垒、层层设防、专靠防御工事的阵地战。

毛泽东着重谈到中国共产党的抗日民族统一战线政策。他说:"在整个中国正面临着要变为日本奴隶的迫切关头,为了把一切爱国分子组成一个抗日的民族阵线,我们的政策在许多方面已经改变了。富农的土地是不没收的,小地主的财产不被没收,被没收的地主也给他们一份土地。反对日本帝国主义的战争,不能只限于任何一个阶级的参加,现在一些资本家、银行家,甚至许多地主和许多国民党军队中的军官,已经表示了他们为民族解放而战的志愿,我们不能拒绝他们。甚至蒋介石,如果他一旦决定参加反日的抗战,我们也会欢迎他参加。"

应斯诺的再三请求,毛泽东还谈了自己从童年到长征的经历。这在毛泽东的一生中,是仅有的一次。

斯诺不久后用文字描述了毛泽东给他留下的印象:

我到后不久,就见到了毛泽东,他面容瘦削,看上去很像林肯,个子高出一般的中国人,背有些驼,一头浓密的黑发留得很长,双眼炯炯有神,鼻梁很高,颧骨突出。

不可否认,你觉得他的身上有一种天命的力量。这并不是什么昙花一现的东西,而是一种实实在在的根本活力。你觉得这个人身上不论有什么异乎寻常的地方,都是产生于他对中国人民大众,特别是农民——这些占中国人口绝大多数的贫穷饥饿、受剥削、不识字,但又宽厚大度、勇敢无畏、如今还敢于造反的人——的迫切要求做了综合和表达,达到了不可思议的程度。

在我看来,毛泽东是一个令人极感兴趣而复杂的人。他有着中国农民的质朴纯真的性格,颇有幽默

1936年毛泽东在保安

感，喜欢憨笑。甚至在说到自己的时候和苏维埃的缺点的时候他也笑得厉害——但是这种孩子气的笑，丝毫也不会动摇他内心对他目标的信念。他说话平易，生活简朴，有些人可能以为他有点粗俗。然而他把天真质朴的奇怪品质同锐利的机智和老练的世故结合了起来。

斯诺还用手中的相机更直观地记录下了毛泽东的形象。

一天早晨，在黄华等人的陪同下，当斯诺刚迈进毛泽东住的院子时，就看见毛泽东站在窑洞门口，迎着和煦的晨光，容光焕发，神采奕奕，魁梧的身躯在阳光的照耀下显得格外高大、威武。面对这鲜活的形象，斯诺那新闻记者的本能迅速做出反应，他敏捷地举起挂在胸前的照相机，把镜头对准毛泽东说："主席，让我给你拍张相吧！"毛泽东微笑着应允。可是，斯诺发现毛泽东没有戴军帽，便说："请你戴上军帽，照个全副戎装的。"但毛泽东只有一顶洗得褪色发白的旧军帽，且帽

1936年9月斯诺（左三）与大渡河勇士以及红军干部在宁夏的合影

檐已经软软地耷拉下来，戴这样的帽子照相显然不适合。毛泽东只好向身边的工作人员借，可惜没有一顶合适的。正在这为难之际，斯诺灵机一动，顺手把自己头上的新军帽摘下递给毛泽东，毛泽东戴上后正合适。斯诺立即举起了照相机，"咔嚓"一声，把毛泽东的光辉形象拍了下来。

斯诺在苏区停留近四个月，毛泽东多次接受他的采访。1936年10月底，斯诺秘密回到北平，把他在苏区采访获得的丰富材料写成书寄到英国，在伦敦出版了《红星照耀中国》一书，并且很快被译成十多种文字，第一次向全世界公正而翔实地介绍了中国共产党、中国工农红军及其领袖的真实情况，产生了相当轰动的效果。

斯诺为毛泽东拍摄的这张照片堪称毛泽东流传最广的照片之一，表现了毛泽东作为人民军队统帅的非凡气度。这幅照片像一条纽带，把毛泽东与斯诺，把中国与美国紧紧地连在一起。由于斯诺等来华友人的积极报道，以毛泽东为代表的中国共产党人的影响力空前提高了。

"红军不怕远征难"

——1936年冬毛泽东与朱德在保安的合影

毛泽东和朱德从井冈山会师起就在一起共同战斗,建立了深厚的革命友谊。他们曾联合签署所有的命令,当时国民党的报纸把"朱毛"当作"共匪"的"首领",许多人以为他们就是一个人,于是有了"朱毛不分家"的说法。

然而,毛泽东与朱德曾有一年多时间不得不分离,并且各自遭遇十分险恶的形势,那就是在长征期间。1936年10月,红一、二、四方面军胜利会师,11月底朱德率部到达陕北保安,与先期到达的毛泽东会合。这张照片就是两位亲密战友长征后再相见时所拍,有着不同寻常的纪念意义。

1934年10月,"左"倾教条主义的错误指挥导致红军第五次反"围剿"失败,党中央和中革军委被迫率领红军主力离开中央苏区开始长征。

长征初期,中央红军主力从8万多人锐减为3万多人。蒋介石调动几十万军队对中央红军实行

1936年毛泽东与朱德在保安的合影

围追堵截。中国革命面临生死存亡的紧急关头。1935年1月，在贵州遵义召开了中共中央政治局扩大会议。会议集中全力解决当时具有决定意义的军事和组织问题，张闻天、毛泽东、王稼祥尖锐地批评了博古、李德在第五次反"围剿"中实行单纯防御、在战略转移中实行逃跑主义的错误。朱德也在会上发言，坚决支持毛泽东的意见。会议增选毛泽东为中央政治局常委。会后不久，成立由毛泽东、周恩来、王稼祥组成的新的"三人团"，以周恩来为首，负责全军的军事行动。遵义会议开始确立以毛泽东为主要代表的马克思主义正确路线在中共中央的领导地位，是党的历史上一个生死攸关的转折点。

遵义会议后，在毛泽东的指挥下，红军高度灵活地运用运动战的战略战术，四渡赤水，巧渡金沙江，成功甩掉了蒋介石数十万军队的围追堵截，为长征的胜利奠定了重要基础。

中央红军渡过金沙江后，继续北上，正确执行民族政策，顺利通过大凉山彝族聚居区，又强渡大渡河，飞夺泸定桥，接着又翻越了人迹罕至的大雪山夹金山。1935年6月12日，中央红军先头部队到达懋功东南的达维镇，与前来迎接的红四方面军一部会师。6月18日，毛泽东等到达懋功。

红一、四方面军的会师，大大加强了红军的力量，一时间，红军达到10万之众。然而，张国焘不同意中共中央北上抗日、创建川陕甘革命根据地的战略方针，并伸手向中央要权。为此，1935年6月至8月，中共中央在两河口、沙窝、毛儿盖多次召开会议，讨论红军的行动方向及落脚点问题。毛泽东等中央领导同张国焘进行了坚决的斗争。

8月初，红一、四方面军混合编成左、右两路军北上。毛泽东、张闻天、周恩来等率中共中央机关和前敌指挥部随右路军行动。朱德、张国焘、刘伯承等率红军总司令部随左路军行动。

8月下旬，毛泽东等率领红军右路军穿过数百里荒无人烟的茫茫草地，到达班佑，并决策进行了包座战斗，歼敌5000多人，为进入甘南打开了通道。

9月9日，正当毛泽东等耐心等待张国焘率领的左路军一同北上的时候，张国焘突然背着中央电令陈昌浩率右路军南下，并企图分裂红军和危害党中央。叶剑英得到消息，立刻报告了毛泽东。毛泽东当机立断，同张闻天、周恩来等率红一、三军团迅速脱离险境，继续北上。

9月12日，中共中央政治局在甘肃迭部县俄界（今高吉村）召开扩大会议，通过《关于张国焘错误的决定》，并将北上红军改称陕甘支队。9月17日，陕甘支队先头部队一举突破天险腊子口，第二天占领哈达铺。在这里，毛泽东等从一张报纸上得知陕北存在着苏区和红军。

9月27日，在甘肃通渭县榜罗镇举行中共中央政治局常委会议，确定把中共中央和陕甘支队的落脚点放在陕北。又经过1000多里的行军，1935年10月19日，陕甘支队到达陕北吴起镇。至此，中央红军的长征胜利结束。毛泽东感慨万千，豪情满怀，写下了《七律·长征》：

红军不怕远征难，

万水千山只等闲。

五岭逶迤腾细浪，

乌蒙磅礴走泥丸。

金沙水拍云崖暖，

大渡桥横铁索寒。

更喜岷山千里雪，

三军过后尽开颜。

而此时的左路军还在长征路上。10月5日，张国焘在卓木碉公然宣布另立以他为首的"临时中央"，还非法宣布开除毛泽东、周恩来、张闻天等人的党籍，撤销职务，下令通缉。随左路军行动的朱德、刘伯承等同张国焘的分裂行径进行了坚决的斗争。当张国焘要朱德对这个所谓的"中央"表态时，朱德说：

大敌当前，要讲团结！天下红军是一家。中国工农红军在党中央统一领导下，是个整体。大家都知道，我们这个"朱毛"在一起好多年，全国和全世界都闻名。要我这个"朱"去反"毛"，我可做不到呀！

你这个"中央"不是中央，你要服从党的领导，不能另起炉灶，闹独立性。

要搞，你搞你的，我不赞成。我按党员规矩，保留意见，以个人名义做革命工作。

1935年11月，南下红军在百丈战役中，虽然毙伤国民党军1.5万人，但自身也付出惨重代价，伤亡高达近万人。这一次严重的挫折和失败，使得张国焘不得不停止红军的南下行动。1936年1月22日，中共中央政治局作出《关于张国

毛泽东与朱德、周恩来、秦邦宪（博古）在陕甘宁苏区合影

焘同志成立第二"中央"的决定》，责令他立即撤销另立的"中央"。

此时，红四方面军在川康无法建立根据地。朱德和徐向前于1936年2月初要求张国焘放弃建立川康边根据地的计划，建议部队撤离川西地区，转移到康定、炉霍、道孚一带，然后北上与红一方面军会合。张国焘的分裂行为，在红四方面军中很不得人心，许多干部、战士也要求北上。

红四方面军南下后，在作战中伤亡很大，到4月间兵力减半，只剩下4万多人。这时，中共中央一再电令红四方面军北上，从苏联归国的张浩也以共产国际代表的身份致电张国焘，

要他立即取消另立的"中央"。这样,张国焘不得不于6月6日宣布取消另立"中央"。

7月,红四方面军与红二、六军团在甘孜会师。10月9日,红四方面军指挥部到达甘肃会宁,同红一方面军会合。10月22日,红二方面军指挥部到达静宁将台堡,同红一方面军会合。至此,红二、四方面军完成长征,长征胜利结束。

11月底,朱德率红军总司令部抵达陕北保安,与党中央会合,又见到了毛泽东。两位老战友,历经磨难,可谓九死一生,两双大手紧紧握在一起,激动的心情一时不知如何表达。一张合影记录了这感人的历史性时刻。他们牢固的革命友谊没有任何人任何事可以破坏,他们坚定的革命意志经受住了最为严峻的考验。

和平解决西安事变

——1937年4月毛泽东在延安机场迎接周恩来的照片

1937年4月初,周恩来在完成中共中央交给的和平解决西安事变任务后,从西安飞回延安。毛泽东等中央领导人到机场迎接周恩来,留下这张具有特别纪念意义的合影。照片中左二起:博古、张闻天、毛泽东、周恩来、彭德怀、林伯渠、萧劲光。

中央红军主力到达陕北的时候,正值中国社会酝酿重大变动,民族矛盾代替阶级矛盾上升为国内主要矛盾。蓄谋已久的日本侵略者在华北大肆鼓吹"华北五省自治",妄图对华北鲸吞蚕食,为南下占领全中国创造条件。国民党政府同日本签订了一系列丧权辱国的协定,把河北、察哈尔两省的大量主权

1937年4月,毛泽东等到延安机场迎接同国民党谈判归来的周恩来

拱手让给日本。而蒋介石仍采取"攘外必先安内"的政策，在陕甘苏区周围部署了重兵，妄图完全消灭红军，消灭苏区。

1935年12月9日，北平数千名学生举行抗日救国示威游行，反对华北自治，要求国民党政府"停止内战，一致抗日"。很快，全国范围内掀起了抗日救国运动的新高潮。

12月17日至25日，中共中央在瓦窑堡召开的政治局扩大会议，确立了建立抗日民族统一战线的新方针。会后，毛泽东、周恩来等人以各种形式向国民党上层领导人和军队将领宣传党的抗日主张，亲自做张学良东北军、杨虎城西北军的统战工作。

正在毛泽东等为了全民族抗战奔走呼号之时，震惊中外的西安事变爆发了。1936年12月12日凌晨，张学良、杨虎城在西安实行"兵谏"，扣留蒋介石和陈诚、卫立煌等十多名国民党军政要员，通电全国，提出改组南京政府、停止内战等八项主张。

中共中央事先并不知道张、杨要发动西安事变，在接到张学良的电报后，12月13日召开政治局会议研究。毛泽东在会上发言指出：首先必须解决的一个问题，就是要明确对这次事变的态度。他认为，这次事变是有革命意义的，是抗日反卖国贼的，影响很大，可以打破以前完全被蒋介石控制的局面，但同时也要估计到他的嫡系胡宗南、刘峙等进攻潼关，威胁西安。由于事发突然，在如何处置蒋介石的问题上，有人主张把蒋介石交人民公审，有人主张把蒋介石除掉，会议没有做出明确决断。

应当说，事变之初，党内有人主张杀蒋介石是可以理解的。十年中，蒋介石窃取大革命成果，且不顾民族大义，执意反共、坚持内战，双手沾满了无数革命志士的鲜血；红军进入陕北苏区后，蒋介石调动大批军队逼近潼关，亲自飞到西安"督战"，威逼张学良和杨虎城进攻陕北红军。所以，当时作为中华苏维埃政府机关报的《红色中华》，公开发表文章说：蒋介石"十年反革命，五年卖国""他虽百死也不足以赎其罪于万一"。

事态紧急，应张学良希望中共派人去西安共商大计的请求，中共中央派周恩来去西安协助处理西安事变。周恩来17日到西安后，立即同张学良面谈，并且两次致电毛泽东并中共中央，报告了国民党中央军刘峙部、南京亲日派和宋美龄等人的反应。在收到周恩来来电的同时，毛泽东又获悉：日本外相17日声明，南京若向张、杨妥协，日本将不能坐视；日本关东军发表声明，要求南京"反共防共"。

在对情况有进一步了解后，毛泽东和张闻天等商定，主张有条件地恢复蒋介石的自由，和平解决西安事变。18日，中共中央公开发表《关于西安事变致国民党中央电》，表示"为国家民族计，为蒋氏个人计，国民党应'停止一切内战，一致抗战'"，"本党相信，如贵党果能实现上项全国人民的迫切要求，不但国家民族从此得救，即蒋氏的安全自由当亦不成问题"。

12月19日，中共中央召开政治局扩大会议，讨论解决西安事变的基本方针。毛泽东在会上作了报告和结论，他分析了西安事变对于抗战的黑暗面和光明面，明确提出反对使内战扩大、争取和平解决的主张。当时，苏联《真理报》两次发表评论，指责西安事变是日本人造成的。毛泽东不同意苏联的这种说法，指出："日本人说苏联造成，苏联说日本造成，双方对于事实的实质都有抹杀。"他坚持要从中国的实际情况出发。

会议讨论时，政治局内部的意见很一致。毛泽东作结论指出："西安事变是站在红军的侧面，受红军的影响是很大的。只有结束内战才能抗日。"会议通过了《中央关于西安事变及我们的任务的指示》，反对新的内战，主张南京与西安在团结抗日的基础上，和平解决。同时，中华苏维埃中央政府及中共中央联名向南京、西安当局发出通电，表明主张和平解决西安事变。

得知好不容易抓住蒋介石却又要把他放了，边区不少人想不通。毛泽东做了许多解释说服工作。他深入基层，向战士们和群众解释民族危亡的紧急局势，说明联合蒋介石一道抗日的必要性。他还亲自到保安东头寨子山下的窑洞前，向红军大学的学员们作报告。毛泽东举例说：陕北的毛驴很多，要使毛驴上山，只有三个办法，即"一拉、二推、三打"，蒋介石当然是不愿抗日的，那么，我们采取对付毛驴一样的办法，拉他，推他，再不动，就打他。一句话，目前就是要把他拉上山，国共合作，一致抗日。毛泽东还告诫大家，对蒋介石集团我们既要团结、联合，又要防备、斗争，总的来说就是要在斗争中求团结，毕竟"驴子会踢人的"。

听到毛泽东生动形象的解释，保安的革命军民逐渐理解了党中央的高瞻远瞩。根据中共中央确定的方针，周恩来与张学良、杨虎城共同努力，经过谈判，迫使蒋介石作出了"停止剿共，联红抗日"的承诺。

西安事变的和平解决,成为时局转换的枢纽,为全民族的团结抗战打开了通道。

1937年1月,张学良的东北军从延安撤防。1月13日,毛泽东随中共中央领导机关由保安迁驻延安。延安从此成为千千万万革命青年向往的地方。

为推动第二次国共合作,中共中央在1937年2月10日致电国民党五届三中全会,提出五项要求和四项保证。从2月至9月,国共两党就合作事宜进行了多次谈判。

周恩来在杭州同蒋介石谈判后,于1937年4月初从西安回到延安,毛泽东等到机场迎接。这一次,周恩来带回了同蒋介石秘密联系的电台密码。

4月5日,毛泽东、朱德特派代表林伯渠和国民党的代表一起,参加祭黄帝陵的民族扫墓典礼。林伯渠在典礼上宣读了毛泽东亲笔写的一篇祭文。文中说:

东等不才,剑屦俱奋,万里崎岖,为国效命。频年苦斗,备历险夷,匈奴未灭,何以家为。各党各界,团结坚固,不论军民,不分贫富。民族阵线,救国良方,四万万众,坚决抵抗。民主共和,改革内政,亿兆一心,战则必胜。还我河山,卫我国权,此物此志,永矢勿谖。经武整军,昭告列祖。实鉴临之,皇天后土。

这篇祭文,实际上是毛泽东代表中国共产党发布的号召全民族抗战的宣言书,也是中国共产党及其领导的军民誓为抗日救亡之先驱的"出师表"。

"抗日战争是持久战,最后胜利是中国的"

——1938年5月毛泽东在延安窑洞撰写《论持久战》的照片

1937年7月7日卢沟桥的炮火,揭开了中国全面抗战的序幕。抗日战争的形势在最初阶段是扑朔迷离的。面对综合国力、军事实力远超中国的日本侵略势力的疯狂来袭,"亡国论"一度甚嚣尘上,许多人产生了悲观失望、丧失信心的情绪。然而,短短几个月后形势又发生了变化,随着平型关大捷、台儿庄战役歼灭部分日军主力,捷报传来,一时间"速胜论"又迅速兴起,许多人对抗战的长期性、艰苦性缺乏精神准备。"亡

1938年,毛泽东在延安窑洞里撰写《论持久战》

国"还是"速胜",成为抗战初期人们心中挥之不去的疑问。

为了彻底批驳"亡国论"和"速胜论",摆脱错误抗战路线的干扰,把全国军民思想统一到"持久抗战、夺取抗战最后胜利"的轨道上来,并为持久抗战提供科学的理论根据,毛泽东决定写一部论持久抗战的理论专著。

从1938年5月上旬开始,毛泽东用了9天时间写成这部5万字的著作。写作地点就在延安的吴家窑洞。这是一间非常简陋的小屋,即使在白天,光线也很暗,屋子里有一张不大的旧式木桌,一把旧椅子,桌上有一盏小油灯。延安的摄影师用镜头拍下了毛泽东聚精会神、挥毫疾书的情景。

毛泽东写作《论持久战》,可谓一气呵成,废寝忘食。毛泽东身边的警卫员翟作军后来曾这样回忆:

> 主席写《论持久战》,已经有两天两夜没有睡觉了,还一个劲儿伏在案上写呀写的。实在写得太累太困的时候,才叫我们给他打盆水洗洗脸,清醒清醒,或者到院子里转一转,要不就在躺椅上闭上眼养一会儿神,又继续写。饭吃得很少,脸色也不好看。提醒主席睡一会儿,他总是说工作没搞完睡不着。就这样连着五六天茶饭不思写着稿子,睡觉时间短到不能再短,两只眼睛都熬红了,布满了红丝,面颊也明显消瘦下来。有一次,他写作入神,脚揿上了炭火盆,把鞋子都烤焦了。接下来的一天,主席病倒了,医生诊断主要是累病的,就这样主席吃过药休息了一天。但睡醒后又坐到桌子前,一手撑头,一手执笔写起来。大概写到第八九天的半夜,主席把我叫去,交给我一卷用报纸卷好的卷卷,叫我过延河送到清凉山解放社

去。过了两三天，解放社送来了校样，主席拿到手以后，就又手不释卷，不分昼夜，反反复复地修改起来。又过了些日子，解放社给主席送来了一摞书，书皮上写着《论持久战》几个字。主席吩咐我立即把这些书分送给中央几位首长看，请大家提提意见，准备再作进一步的修改。

文章写好后，5月26日到6月3日，毛泽东在延安抗日战争研究会上作了几次《论持久战》的长篇演讲。在演讲中，毛泽东直截了当地批驳了"亡国论"和"速胜论"："抗战十个月以来，一切经验都证明下述两种观点的不对：一种是中国必亡论，一种是中国速胜论。前者产生妥协倾向，后者产生轻敌倾向。他们看问题的方法都是主观的和片面的。"接着，毛泽东全面分析了中日战争所处的时代和中日双方的基本特点，系统地阐述了中国抗日战争的持久战总方针。他指出，日本的侵略战争是退步的、野蛮的，中国的反侵略战争是进步的、正义的；日本是一个小国，经不起长期战争，而中国是一个大国，能够支持长期战争；日本失道寡助，中国能获得世界上广泛的支持与同情。因此，中国不会亡，最后胜利是中国的。但中国也不能速胜，抗日战争是持久战。

毛泽东在客观全面地分析了中日战争的特殊规律后，科学地预见了这场持久战将经过三个阶段：

第一个阶段，是敌之战略进攻、我之战略防御的时期。第二个阶段，是敌之战略保守、我之准备反攻的时期。第三个阶段，是我之战略反攻、敌之战略退却的时期。

毛泽东还进一步明确八路军的战略方针是：

基本的是游击战，但不放松有利条件下的运动战。

他提出"兵民是胜利之本"，阐明人民战争思想，他说：

武器是战争的重要的因素，但不是决定的因素，决定的因素是人不是物。力量对比不但是军力和经济力的对比，而且是人力和人心的对比。

战争的伟力之最深厚的根源，存在于民众之中。

毛泽东在演讲的最后说："抗日战争是持久战，最后胜利是中国的——这就是我们的结论。"

毛泽东的演讲正确地回答了人们最关心的问题，对抗日战争的发展规律有了一个清楚的描述，使听者由衷地信服。

《论持久战》演讲稿经过毛泽东整理修改后，先在延安油印出来在党内传阅。1938年7月1日，《论持久战》在延安《解放》第43、44期（合刊）正式刊出。当月，延安解放社出版了单行本，封面上有毛泽东亲笔题写的书名和署名，扉页上有毛泽东的题词：

坚持抗战，坚持统一战线，坚持持久战，最后胜利必然是中国的。

此后，各根据地内印发了多种单行本。同时，党中央决定向国统区发行。1938年7月25日，汉口新华日报馆出版了单行本，重庆、桂林、西安等地的新华日报馆，也相继出版了铅印订正本。《论持久战》在国民党内引起了积极反响。蒋经国非常佩服毛泽东写的《论持久战》，仔细反复阅读过七八次之多。傅作义将军不仅自己阅读，还令所属各部官兵阅读，并指示各部军政干部学校开展学习。卫立煌将军则让秘书找来《论持久战》陪他一起研读。白崇禧将军读完《论持久战》后，极为叹服，

1938年，毛泽东在抗日军政大学作《论持久战》报告

认为这是克敌制胜的最高战略方针，并向蒋介石推荐。在蒋介石的支持下，白崇禧把《论持久战》的精神概括为："积小胜为大胜，以空间换时间"，同时在征得周恩来的同意后，以国民党军委会的名义通令全国，把《论持久战》作为全国抗战的指导思想。

毛泽东《论持久战》的发表，也曾感染了当时许多热血青年奔赴延安。著名文艺理论家林默涵，当时只有25岁，在武汉任《全民周刊》编辑。他读了《论持久战》后，辗转来到延安。他说：

当时我想，在日本人猖狂进攻的情况下，为什么其他人讲不清楚，蒋介石讲不清楚，为什么国民党表现得毫无秩序，或者说惊慌失措的样子，毛泽东能讲清楚，共产党显得胸有成竹呢？关键是中国共产党掌握了马克思主义这个武器，他们用

马克思主义来分析、研究中日战争的形势,决定救亡的办法,预测战争的未来,所以得出了叫人信服的结论。这样我决定到延安去,到延安马列学院去学习马列主义。

《论持久战》还被翻译成英文向海外发行,周恩来委托宋庆龄找人翻译,爱泼斯坦等人参加了翻译工作,毛泽东专门为英译本写了序言。《论持久战》在海外同样得到了高度评价。

艰苦卓绝的八年抗战的历史事实也完全证明了《论持久战》所揭示的中国抗战规律和英明预见,《论持久战》因之而名垂青史,成为一部享有世界声誉的经典军事理论著作。毛泽东在延安窑洞撰写《论持久战》的照片,真实再现毛泽东在抗战中的形象,也广为流传,成为中国抗战史上的经典影像。

"我们共产党的政府是为人民服务的"

——1939年毛泽东在延安与农民交谈的照片

这张照片是1939年摄影师在延安杨家岭的街上抓拍到的。当时,毛泽东正与几个当地农民亲切交谈,了解他们的生产生活情况。摄影师用镜头真实记录了毛泽东与农民亲近融洽的关系。

关于毛泽东与陕北农民的关系,还有一些亲历者用文字作过生动描述。

斯诺在《西行漫记》中说:

> 我第二次看见他是傍晚的时候,毛泽东光着头在街上走,一边和两个年轻的农民谈着话,一边在认真地在做手势。我

1939年,毛泽东在延安杨家岭与农民亲切交谈

起先认不出是他，后来等到别人指出才知道。南京虽然悬赏二十五万元要他的首级，可是他却毫不介意地和旁的行人一起在走。

爱泼斯坦在《中国未完成的革命》中写道：

我个人感觉，在延安，毛是可以接近的，并且是很简朴的。他会在遍地黄土的大街上散步，跟老百姓交谈，他不带警卫。当和包括我们在内一群人拍照时，他不站在中间，也没有人引他站在中间，他站在任何地方，有时在边上，有时站在别人身后。

延安时期，毛泽东已成为万众敬仰的人民领袖，但他并没因此远离群众，高高在上，而是始终把自己看作人民的公仆和勤务员，与百姓走得更近了，与群众的感情更深了。无论是在稳定环境还是艰苦转战中，他都时刻惦记着群众，满怀深情地关怀和体恤百姓，全身心地为群众解难题办实事。

1936年7月初，党中央迁到了陕北保安。这里山大沟深，地高气寒，交通不便，经济落后，加上历次战争的破坏，城里竟然没有一家商店，日用品奇缺，老百姓买盐要赶上毛驴到700里外的宁夏盐池去驮，一盒火柴要用十几个鸡蛋从小贩手里换，衣服布匹更是难买，有的家里一件衣服缝缝补补竟要穿几代人。看到这些，毛泽东心情十分沉重。他把中央贸易部和保安县政府的负责人请到他的窑洞里说："你们考虑一下，是不是在保安城里办一个供销社？"这些负责人考虑了一下，都赞同毛泽东的意见。毛泽东满意地指出："我们共产党的政府是为人民服务的,你们做什么事情,都要走群众路线,一切都要从实际出发,一切都要同群众商量。比如办供销合作社,就是群众目前最迫切需要解决的问题。你们要到群众中调查研究,看群众迫切需要哪些东西,比如布匹、火柴、食盐。你们要注意工作方法,关心群众生活。"接下来,毛泽东又和他们一起研究如何组织力量运输货物等问题。不久,保安的供销社开办起来了,这极大地方便了群众,解决了群众生活中的实际困难。

1937年1月,中共中央迁入延安。在延安逢年过节,中央机关都要安排一些文艺演出。毛泽东总忘不了派人通知周围的老乡也一起来看,让这些文化生活极端贫乏的农民也饱饱眼福。刚开始,机关干部和部队官兵因为来得比较早就坐在了前边,老乡们收工晚来得晚就坐在了后边。毛泽东看到此事后对身边的人员说:老乡们生产忙,看戏机会少,路又远,我们要

延安党中央机关干部积极参加大生产运动,这是他们在纺棉纱

大生产运动期间八路军第359旅在南泥湾垦荒

尊重老乡,应该让他们坐在前边。从此,每逢有演出,大家就招呼老乡们往前坐。久而久之,这就成了大家都自觉遵守的"制度"。

1941年6月3日,陕甘宁边区政府在延安的杨家岭小礼堂召开边区各县县长联席会议,突然狂风大作,雷电交加,下起倾盆大雨。雷电把礼堂中的一根木柱子劈断,参加会议的延川县县长李彩云不幸被击死。同一天,一位农民饲养的一头驴也被雷电击死了。这位农民逢人就说:"老天爷不开眼,响雷把县长劈死了,为什么不劈死毛泽东?"保卫部门闻讯,要逮捕这个农民,要当作反革命事件处理。毛泽东得知消息后,立即阻止了保卫部门的行动。他很快弄清楚事情的原委。1940年后,由于国民党的经济封锁,外援断绝,边区政府只好面向辖区人民开展全面征粮。结果导致农民的公粮负担由1939年的5万担增至1940年的9万担,再增至1941年的20万担。老百姓负担不起,因而产生了不满。于是,毛泽东马上建议,征粮由20万担减到16万担。同时，号召开展大生产运动，自己动手，丰衣足食，减轻百姓负担。

1944年，毛泽东听说侯家沟有两个小村庄的妇女不生孩子，就把延安市委书记找来询问情况，并且亲自指示中央医院到侯家沟把水化验一下。化验结果发现那里的水中含有有害物质。医疗队指导群众对水进行必要的处理，帮助群众防病治疗。一年后这两个偏僻山村都传出了婴儿的哭声。

毛泽东在枣园居住时，看到农民浇地困难，就动员中央机关和农民一起修渠。10里长的水渠修好后，解决了当地5个村1200亩土地的灌溉问题，使枣园旱地变成了水浇地，庄稼连年丰收，基本结束了靠天吃饭的历史。

全国内战爆发后，党中央主动放弃延安，转移到神泉堡村。过了没几天，1947年的9月末10月初，连着刮了几天几夜的西北风，气温骤降，寒气逼人，漫山遍野未成熟的秋庄稼被蒙上了一层霜。眼看快收获的庄稼遭受着霜冻，毛泽东睡不安稳了，10月2日天刚麻麻亮，他便急匆匆到田里查看庄稼受冻情况，并从乡治保委员那里了解到，得赶紧回收受冻的秋庄稼，同时扩种些冬麦。可胡宗南部队把麦种都抢去了。看到老乡们遇到如此困难，毛泽东即刻指示机关和部队全体出动，帮老乡抢收抢种，还动员大家把口粮中的小麦节省下来，支援老乡做种子。

在毛泽东的要求倡导和示范影响下，各级干部和广大战士积极主动地帮助群众排忧解难，蔚然成为延安的风气了，人民群众也赤诚爱党。

"主观主义、宗派主义和党八股,这三种东西,都是反马克思主义的"

——1942年3月23日毛泽东在延安高级技术干部季会上讲话的照片

1942年3月23日,毛泽东来到延安王家坪军委大院,参加延安高级技术干部季会,并在会上讲话。会议就是露天召开,没有主席台,连张桌子也没有。毛泽东站着讲话,其他人围坐成半圈,但是会议气氛十分热烈,讲话者讲得投入,听众听得高兴,时不时发出阵阵笑声。摄影师拍下了当时的情景。照片中左一为毛泽东,左二为朱德,左四为叶剑英。

这张照片体现了毛泽东对技术工作的高度重视,由于拍摄于延安整风运动期间,也反映了这场全党深入的马克思主义思想教育运动的实际情况。

1942年3月23日,毛泽东在延安高级技术干部季会上讲话

毛泽东在当天讲话中，强调技术建设的重要性，对不统一不合理的现象必须立即纠正。指出季会所提出的"设立全边区的生产建设委员会""组织各种科学研究团体""实行精兵简政"等建议，是与目前中共中央号召的反主观主义、反宗派主义、反党八股的精神是一致的，并赞扬了专家们敢讲敢做的精神。

从1942年开始，毛泽东领导全党开展了一场整风运动，使全党受到一次深刻的马克思主义教育，为夺取抗日战争的最后胜利奠定了思想理论基础。图为毛泽东给干部作整风报告

这段时间毛泽东在多个场合都特别强调"反主观主义、反宗派主义、反党八股"的整风精神，一场轰轰烈烈的整风运动正在全党展开。

毛泽东发动整风运动，与当时我们党面临的严峻复杂局势密切相关。此前，在党的历史上，经历过巨大的胜利和严重的失败，出现"左"的和右的机会主义错误，其中给党带来危害最大的是以王明为代表的教条主义错误。遵义会议和中共六届六中全会，分别纠正了王明在土地革命战争后期的"左"倾错误和抗日战争初期的右倾错误，但由于没有来得及对党的历史经验进行系统的总结，没有从思想上系统地彻底清算这种错误，所以，党内在指导思想上仍存在一些分歧。分歧的焦点是，一切从实际出发，按具体情况办事，还是主观主义地凭"想当然"或照着某些"本本"办事。这个问题如果不能得到很好的解决，就谈不上党内思想上政治上的统一和行动上的一致。还有一个原因是，中国共产党这时已发展成拥有80万党员的大党，其中90%以上是抗战以后入党的新党员。毛泽东认为，这些干部，"如不提高一步，就不能掌握将来的新局面"。

1941年5月，毛泽东在延安干部会议上作《改造我们的学习》的报告，主要批判了主观主义的学风，号召全党树立理论和实际相统一的马克思主义学风。

1941年9月，中共中央成立以毛泽东为组长的高级干部参加的中央学习组，学习马列主义原理，总结党的历史经验。同月，中共中央政治局召开扩大会议（又称九月会议），讨论党的历史问题，使党的领导层对反对主观主义和宗派主义的必要性达成了共识。

1942年2月，毛泽东在中央党校开学典礼上作《整顿党的作风》的报告，在中央宣传部干部会议上作《反对党八股》的报告，由此，整风学习在党的各级干部和党员中普遍进行，有1万多名干部参加。

毛泽东在报告中明确指出：

反对主观主义以整顿学风，反对宗派主义以整顿党风，反对党八股以整顿文风，这就是我们的任务。

主观主义、宗派主义和党八股，这三种东西，都是反马克思主义的，都不是无产阶级所需要的。这些东西在我们党内，是小资产阶级思想的反映。

毛泽东还把"惩前毖后，治病救人"作为整风的宗旨和方针，指出整风的方法，即在学习文件的基础上，检查自己的

八路军在战斗间隙坚持学习，在部队中开展整风运动教育

工作、思想，开展批评与自我批评，找出错误产生的根源及克服错误的方法。党的高级干部还着重学习并讨论了党史。

延安整风期间，为指导和帮助全党整风，毛泽东还主持编辑了党的历史文献。这些历史文献帮助人们认识了过去的主观主义、教条主义的"左"倾错误。

1942年5月，中共中央召开延安文艺座谈会，毛泽东发表讲话，阐明了革命文艺为人民大众服务的根本宗旨和文艺工作者深入工农兵、密切联系实际的重要性。

整风运动中，一些单位的审查干部工作出现了反特扩大化错误。1943年7月1日，毛泽东给康生写信指出，在审干工作中必须坚持正确路线，反对搞"逼、供、信"。

毛泽东主持起草了《关于若干历史问题的决议》。决议对中共建党以来的若干重大历史问题进行总结并作出实事求是的结论，奠定了全党团结、向前的坚实基础。

1944年5月至1945年4月召开的六届七中全会，经过深入讨论和反复修改，通过了《关于若干历史问题的决议》。至此，整风运动胜利结束。

整风运动收到了巨大的成效。它坚持马克思主义同中国实际相结合的正确方向，使实事求是的马克思主义思想路线在全党范围内深入人心。这是加强党的建设伟大工程的一大创造。通过整风运动，大家不得不佩服，毛泽东不仅懂军事，"马克思主义中国化"的理论水平也无人可比！通过整风，彻底清算了"以俄为师"、盲目崇拜共产国际指示或"左"或右的教条主义旧账，中国共产党真正地成熟了！通过整风，全党实现了毛泽东思想旗帜下的空前团结和统一。

毛泽东1942年3月23日在延安高级技术干部季会上讲话的照片，后来经常出现在各种媒体上，成为毛泽东在延安整风运动中的经典影像之一。

"他的去世,是我们党的一大损失,我心里非常难过"

——1942年3月9日毛泽东为张浩抬棺的照片

这是毛泽东众多照片中唯一一张抬棺的照片,拍摄于1942年的延安。作为党的最高领导人,亲自为战友抬棺,毛泽东这一不寻常的举动,流露出他对张浩深厚的革命情谊。

张浩原名林育英,1897年2月25日出生,湖北黄冈人,一生充满传奇色彩,为了革命事业,他做过很多工作,历经千难万险,办学校、当工人、办工厂、领导工运。

1933年,张浩赴莫斯科,在共产国际工作。1935年,张浩作为中共驻共产国际代表团成员出席了共产国际第七次代表大会,并参与了以中共中央名义发表的《为抗日救国告全体同

1942年,毛泽东等人为张浩抬棺

胞书》(即"八一宣言")的起草工作。由于共产国际与中共中央早已失去电报联络,共产国际派张浩回国与中共中央接上联系。于是,他踏上了艰难的回国旅程。

为了防止暴露党的秘密,此行不能携带一字一纸。张浩用半个月的时间,将共产国际七大的会议精神、"八一宣言"内容以及枯燥单调的密码本内容反复背诵,铭记于脑海。1935年9月,张浩从莫斯科出发,一路风餐露宿、忍饥挨饿,穿越茫茫沙漠,最终于11月到达陕西定边县。接着,张浩被接到了中央所在地瓦窑堡,与张闻天、毛泽东等人相见。在12月17日召开的瓦窑堡中央政治局扩大会议上,张浩传达了共产国际七大精神和"八一宣言",为我党建立抗日民族统一战线的策略奠定了思想基础。

早在瓦窑堡会议之前,张国焘就自恃人多枪多,一直拒不执行中央北上进军路线,还于1935年10月5日以突然袭击的方式,在卓木碉召开高级干部会议,强行成立"临时中央",自任主席,并宣布开除毛泽东、周恩来、张闻天、博古等人的党籍,同时命令红四方面军南下。

张浩遵照瓦窑堡会议精神,以共产国际代表的名义,极力协助党中央做争取张国焘的工作,帮助他更改主张,走到正确路线上来。张浩多次致电张国焘,不但重申"共产国际完全同意中共中央路线""对中央的原则争论,可提交国际解决",而且明确表示"张国焘处可成立西南局",等等。

接到张浩的电报,张国焘大为震惊。他南下已遭失败,不敢继续一意孤行,从而背负"违背共产国际"的罪名。再加上朱德、徐向前等人的抵制、斗争,中央又反复给他做工

张浩

作，张国焘不得不和陈昌浩、朱德、徐向前等联名致电共产国际代表张浩及中央领导人张闻天、毛泽东等表示尊重，并同意北上。

随后，中央成立了中共中央西北局，张国焘任书记，任弼时任副书记，从而使张国焘分裂党的阴谋彻底破产。

抗日战争全面爆发后，中国工农红军改编为八路军，下辖三个师，即115师、120师、129师，刘伯承为129师师长，张浩为129师政委。

张浩带着伤病对刚刚组建的129师做了大量的思想政治工作，使队伍在思想政治方面日益成熟起来，而恰在此时，他在白区工作时遗留下来的多种疾病开始经常发作，使他好几次晕倒在工作岗位上。刘伯承看到他发病时的痛苦情形，心里极为难受，就向党中央如实报告了张浩的严重病情，建议中央将张浩调回延安治疗，并另派一名政委到129师。毛泽东接电后，当即与张闻天等人商量，决定调张浩回延安，由八路军政治部副主任邓小平继任129师政委一职。

1938年1月，张浩回到延安养病，但他仍努力做一些力所能及的工作，创办了安吴堡青训班职工大队和延安工人学校。

1940年4月30日，张浩参加庆祝五一国际劳动节大会，讲话时突发脑溢血，经抢救，脱离了生命危险，但却无法站立起来了，更无法继续工作。1941年8月4日，日军战机飞到延安上空，轰炸中共中央机关和中共领导人住处，一颗炸弹刚好在张浩的窑洞门口爆炸，张浩的大脑、心脏受到刺激，病情加重。

毛泽东等参加公祭张浩大会

对于张浩的病，中共中央十分关心，尤其是毛泽东更为挂念。早在20世纪20年代初，毛泽东就与张浩相识，而且毛泽东在长沙从事革命活动时，张浩给过他许多帮助；在井冈山根据地期间，也得到张浩的多方支持。此后，他们虽然不在一起共事，但建立了很深的友谊。特别是张国焘另立中央时，张浩以共产国际代表的名义做工作，使张国焘分裂党和红军的阴谋未能得逞。对此重大贡献，毛泽东和党中央是十分清楚的。

毛泽东、朱德等经过反复研究，决定请苏方派专机将张浩接到苏联治病。中共中央有关部门与苏共中央取得联系后，斯大林和苏共当即表示同意，并很快派专机降落在延安机场。张浩得知苏联飞机专门来接他治病，先是惊奇，感激党中央和苏共的关心，但仔细思考后，却又决定不去。他认为，他的病难以治好，没有必要去苏联。

鉴于张浩的这种态度，中央一些负责同志又轮番去医院

"他的去世，是我们党的一大损失，我心里非常难过"

毛泽东等参加公祭张浩大会

劝他。他说："我的伤病我心里清楚。这个样子，再好的设备，最好的医生，也治不好的，不要浪费苏联的资金、药品。有很多八路军的伤病员急需治疗，还有一些烈士的后代及其他人要去苏联，让他们去吧。他们的伤病治好了，还可以为革命事业继续奋斗。"

见无法说服张浩，毛泽东和中央其他负责人只好尊重他的意愿。后来，许多老同志忆起当时的情景，无不感慨道：如果张浩那时去苏联，也许能够治好病；可他不去，而是把生的希望给了那些伤病员和其他病人！

1942年2月下旬，张浩的病情开始日益恶化。中央领导同志闻讯后，纷纷前往探视。3月5日，张浩用微弱的声音吃力地说："我不行了，革命20年如一日，却未能看到胜利的那一天，深以为憾！……我死后，请组织上将我葬到杨家岭对面的桃花岭上，使我能天天望着党中央、毛主席！"

1942年3月6日凌晨，张浩与世长辞，终年45岁。

当天下午，中央成立了张浩治丧委员会，由李富春、林彪、邓发等人组成，将他的遗体移入中央大礼堂，中共中央领导人毛泽东、朱德、任弼时、陈云、叶剑英等轮流为张浩守灵。

3月7日，延安《解放日报》头版刊登了《中共中央委员张浩同志积劳成疾病逝》的消息。

3月8日，延安细雨纷纷。上午4时至9时，延安各界人士万余人参加了张浩的遗体告别仪式。这一天，毛泽东亲自为张浩题写了挽联："忠心为国，虽死犹荣。"

3月9日上午9时，中央公祭张浩的仪式在延安中央党校门前的广场上举行，上万人参加，在延安的中共高级领导人悉

毛泽东等参加张浩的安葬仪式

数出席。

公祭之前，毛泽东对朱德、任弼时等人说："张浩是一位很好的同志。他的去世，是我们党的一大损失，我心里非常难过。我想，同志们的心情也是如此。为表示我们对他的敬意和怀念之情，我提议，他的灵柩由我们几个领导人亲自抬。"朱德、任弼时都表示同意。

公祭仪式结束，一万多人自发为张浩送行，参加出殡。毛泽东、朱德、任弼时、杨尚昆、徐特立等中央领导人将张浩的棺柩抬到桃花岭上，又亲自为他执绋安葬。摄影师吴印咸拍下了当时的照片。这是毛泽东一生中唯一一次给自己的战友抬棺、下葬。

"文艺界那么多问题,他一抓就抓住了"
——1942年毛泽东与参加延安文艺座谈会代表的合影

1942年5月2日至23日,延安文艺座谈会在杨家岭召开。毛泽东作了重要讲话。这次会议不仅对当时文艺界的整风起了重大的指导作用,而且对后来党的文艺政策的制定和文艺工作的健康发展产生了深远的影响。

这是会议最后一天毛泽东和参加延安文艺座谈会的代表在杨家岭中央办公厅门前的合影。前排左起:康生、凯丰、任弼时、王稼祥、徐特立、博古、刘白羽、罗烽、草明、田方、毛泽东、张悟真、陈波儿、朱德、丁玲、李伯钊、瞿维、力群、白浪、塞克、周文、胡绩伟。二至五排:李卓然、林默涵、天蓝、江丰、李雷、艾思奇、欧阳山、姚时晓、王震之、袁文殊、王曼硕、刘岘、石泊夫、郑文、于黑丁、陈企霞、吕

1942年5月,毛泽东与参加延安文艺座谈会的代表合影

骥、丁浩川、郁文、陈伯达、傅钟、萧向荣、何思敬、陈学昭、张庚、罗工柳、王宾、干学伟、曹葆华、欧阳山尊、胡采、石鲁、曾克、周立波、高阳、雪苇、蔡若虹、陈淑亮、金紫光、周扬、艾青、钟敬之、李丽莲、潘琦、唐荣枚、许珂、张水华、任虹、魏东明、宋侃夫、寄明、公木、范文澜、杜矢甲、于敏、张仃、陈荒煤、严文井、何其芳、张铁夫、阿甲、刘志仁、张季纯、张贞黻、张望、李又然、李元庆、佟天林、向隅、华君武、萧军、郭小川、柯仲平、古元、郑景康、胡一川、马健翎、张寒晖、马达、王朝闻、杨赓、王大化。

在延安整风过程中，文艺界暴露出来的问题很多，很突出。这些文艺界人士大多是在抗战爆发后从上海等大城市来到延安的，他们满怀救国热情，但对同工农兵结合的思想准备却很不足。在文艺界内部，也存在着一些长期积累下来的争论、分歧、对立和不团结的现象。毛泽东通过接触许多文艺界的朋

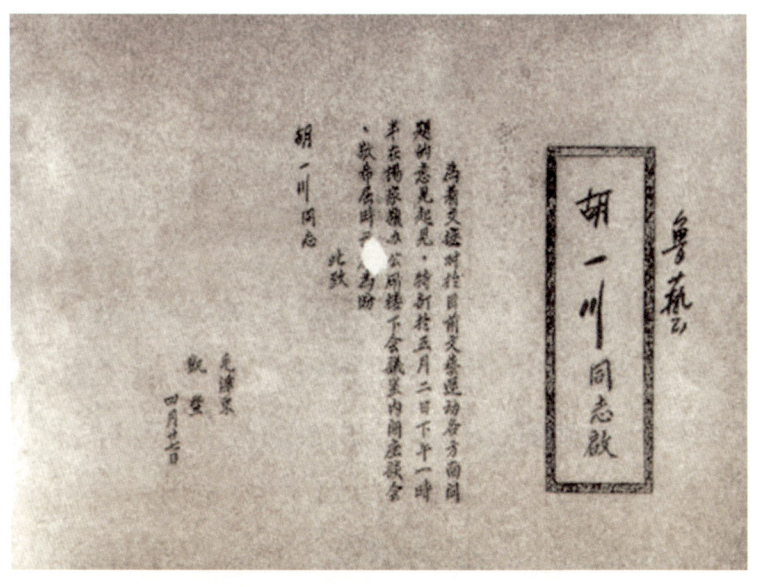

1942年4月27日，毛泽东、凯丰联名发出的邀请参加延安文艺座谈会的请柬

友，同他们充分交换意见，弄清了情况，决定召开一次文艺座谈会来解决存在的种种问题。

1942年5月2日，延安文艺座谈会在中央大礼堂开幕。参加会议的有在延安的文艺工作者、中央及各部门负责人共100多人。

在5月2日第一次会议上，毛泽东首先发表讲话，他的讲话被称为"引言"。他开宗明义地说：这次会议的"目的是要和大家交换意见，研究文艺工作和一般革命工作的关系，求得革命文艺的正确发展，求得革命文艺对其他革命工作的更好的协助，借以打倒我们民族的敌人，完成民族解放的任务"。他说：文艺工作者应站在无产阶级的和人民大众的立场。对于共产党员来说，也就是要站在党的立场，站在党性和党的政策的立场。"我们知识分子出身的文艺工作者，要使自己的作品为群众所欢迎，就得把自己的思想感情来一个变化，来一番改造。没有这个变化，没有这个改造，什么事情都是做不好的，都是格格不入的。"

座谈会在二十多天里开了三次大会，讨论得十分热烈。在充满民主的气氛中，有几十位党内外的文艺工作者讲了话。每次开会，毛泽东都坐在主席台的桌子旁，一面仔细听大家发言，一面认真做笔记。

在23日的闭幕会上，毛泽东作结论。他一开始就说："什么是我们的问题的中心呢？我以为，我们的问题基本上是一个为群众的问题和一个如何为群众的问题。""我的结论，就以这两个问题为中心，同时也讲到一些与此有关的其他问题。"这就从千头万绪中一下子抓住了要领。萧军后来评论说："毛泽

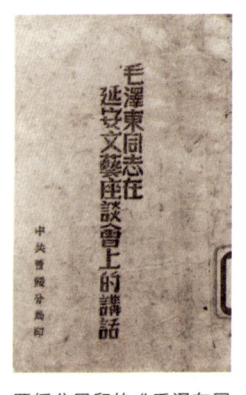

晋绥分局印的《毛泽东同志在延安文艺座谈会上的讲话》

东看问题深刻，文艺界那么多问题，他一抓就抓住了。"

毛泽东以"为群众"和"如何为群众"的根本问题为中心，进行了精辟论述。他说："我们的文学艺术都是为人民大众的，首先是为工农兵的"，文艺工作者应该深入实际，改造世界观，与工农兵相结合，把普及与提高结合起来。接着，他又论及了文艺与政治的关系、文艺批评问题等。他还对当时有一定影响的八种错误观点，逐一进行了剖析、辩驳。他希望文艺工作者积极投入整风运动，划清无产阶级和小资产阶级两种思想、革命根据地和国民党统治区两种区域的界线，毫不迟疑地同新的群众结合起来，克服"唯心论、教条主义、空想、空谈、轻视实践、脱离群众等的缺点"，写出"为人民大众所热烈欢迎的优秀的作品"。

延安文艺座谈会的合影照片，是在5月23日下午的全体会议上，朱德讲话之后、毛泽东作结论之前拍摄的。当时，室内光线较暗，无法拍照，大家就移到室外。在凯丰的号召下，大家一起动手把室内的桌凳搬出来，又在摄影师吴印咸的指挥下，在会议室门口摆成五排，但还是站不开，就把附近的几根木头抬来用，这样才勉强排成了六排，前两排坐着（第一排坐马扎，第二排坐凳子），后面站着。

照相时，毛泽东和朱德坐在第一排，其他人则是自由坐，没有什么职务、地位的区分。话剧演员田方想与领袖挨着坐，就抢先坐在毛泽东右边。张悟真见田方抢了好位置，也急忙抢占了毛泽东左边的马扎。朱德坐下以后，主动叫丁玲、李伯钊两位女作家坐在他旁边……

在排队等候照相时，有些人以为等的时间会很长，便去楼后面的厕所方便,之后又慢步返回。等走到现场时,照相已毕,成了终生遗憾。钟敬之等人到前边正在施工的中央大礼堂工地上观看。刚一走到,回头一看照相队伍已排好,急忙回跑,同时喊着"等等我们",总算挤在第三排边上。由于各种各样的原因,有些人照相时没有赶上,这些人在照片上都找不到。所以,实际参加座谈会的人数,比合影中的105人大约要多出20人左右。

在拍照过程中,发生了两件趣事。一个是正当大家屏息,吴印咸要按下快门时,不知从何处跑来一只狗闯入镜头。吴印咸不得不暂停拍摄。这时,毛泽东站起来,一边轰跑狗,一边冲康生高喊:"康生,管好你的狗!"人们都笑起来(当时康生任部长的社会部是负责反特务、走狗的)。另一件趣事是,正在拍侧面照时,坐在第一排的刘白羽的破马扎"咔嚓"一声坏了,这意外的声音引得大部分人的目光射向他,吴印咸按动快门的手来不及停下,就拍成一张"废片"。刘白羽那低头看

1942年5月23日,毛泽东、朱德等与参加延安文艺座谈会代表合影

马扎的狼狈形象也被历史性地定格了。

毛泽东在文艺座谈会上的讲话，使许多人感到思想上豁然开朗，在眼前展现出一个新的天地。会后，延安广大文艺工作者一扫过去那种脱离实际、脱离群众的不良风气，深入群众、深入基层、深入敌后抗日根据地，在斗争实践中创作出《白毛女》《兄妹开荒》《逼上梁山》《王贵与李香香》等一大批深受工农兵欢迎的文艺作品。

"我们共产党人,应该保持艰苦朴素的作风"

——1942年毛泽东在延安给干部作报告的照片

这是1942年毛泽东在延安给120师干部作报告的照片。据拍摄这张照片的摄影师吴印咸回忆:

1942年的一天,毛主席给120师干部作报告,当我接到拍摄任务赶到现场时,报告已经开始了。在窑洞前一块坡地上,毛主席和往常一样,穿着边区自纺自织的粗布衣裳,膝盖上还打了补丁,神采奕奕。干部们席地而坐,边听边记录。我按动了快门,把毛主席的伟大形象记录下来。

1942年,毛泽东在延安给干部作报告

这张照片也是毛泽东本人最满意的照片之一,他曾说:"这幅照片最好,最能表现时代。"事实上,这张照片,不仅反映了延安时期中国共产党艰苦卓绝的奋斗历程,而且体现了以毛泽东为代表的中国共产党人勤俭节约的公仆本色。

据身边工作人员回忆,

毛泽东在延安时穿的衣服基本都是打补丁的。他仅有三件衬衣，穿破了，舍不得丢，缝了又缝，补了又补，直到破得实在穿不上身了，他让人把三件补成两件，继续穿。警卫员见此情形，曾多次提出给他换一件新的。毛泽东不但不同意，反而给警卫员算了一笔账："咱们现在是困难时期，全国100万军队，一人换一件。该得要多少布和棉花？"这一算，大家无话可说。

1942年，毛泽东在延安给干部作报告，大力倡导"艰苦朴素，自力更生，自己动手，丰衣足食"的精神

毛泽东穿的棉衣就更不用说了。一件棉衣是1936年在保安做的，连续穿了6个冬春，到1942年拆洗后，棉花已经板结，布已经完全烂了，没有办法重新做起来。警卫员便偷偷给他领了一件蓝布新棉衣。毛泽东没有穿，非让警卫员把旧棉衣拿来。毛泽东拿着旧棉衣左看右看，不得不承认太破旧没法补了，又看了看领来的新棉衣，说："这套棉衣太好了，我不要，给我换一套和你们穿的一样的灰棉衣。"

在抗日战争最艰苦的岁月，毛泽东同战士们一样，每月只有3元钱的伙食费。然而实际上，他的伙食还保证不了3元钱，这是由于他的住处经常来客人，经常留客人吃饭，他总是交代从他的伙食费中开支。

工作人员非常担心，这样下去，毛泽东的身体健康会受到影响。他们想尽一切办法，让毛泽东尽量吃好一点，但由于伙食标准太低，到月底就要超支。毛泽东知道了这个事，很不满意。严肃批评了工作人员。他给他们规定了他的伙食管理制度：十天一小结，月底一大结；如有超支，一定要在下月的伙食费中扣下来补上。

在这种情况下，大家要求给主席增加一点伙食费。但是毛泽东不同意，他说：我的伙食标准只能压缩，不能增加，要严格执行供给部的规定。他对负责管理伙食的工作人员说：

> 同志啊，我们解放区生活提高了，但蒋管区的人民生活还苦着呢。革命的路程还很长。我们共产党人，应该保持艰苦朴素的作风。

抗战进入相持阶段后，由于日军的疯狂进攻，国民党顽固派的包围封锁，加上严重的自然灾害，中国共产党领导的敌后抗日根据地在财政经济上日益困难。1939年2月，当困难刚刚露头的时候，毛泽东就发出"自己动手"的号召。1941年，中共中央再次强调必须走生产自救的道路。在大生产运动中，毛泽东以身作则，亲自参加生产劳动。他在自己窑洞下面开垦了一块地，种上菜，经常利用休息时间下地干活，他还和其他参加生产的同志一样，按规定每年上缴公粮。

毛泽东的朴素节俭，给当时到访的客人们留下了深刻印象。美国记者斯诺访问保安后这样描述毛泽东的生活：

> 毛泽东的生活和红军一般战士没有什么两样。做了十年红军领袖，千百次地没收了地主、官僚和税吏的财产，他所有的财物却依然是一卷铺盖、几件随身衣物——包括两套布

制服。

斯诺从毛泽东等共产党人身上看到可贵的"东方魔力",看到中国人的"兴国之光"。

1940年,陈嘉庚率南洋华侨回国慰劳考察团访问延安,毛泽东设宴款待陈嘉庚。这次宴会是露天的,就设在毛泽东窑洞外。餐桌更特别,一张大桌面搭在破旧的小方桌上。桌面坑坑洼洼,铺了几张旧报纸遮丑。吃的是毛泽东自家菜园子里种的大白菜、豆角,最讲究的是每人一碗鸡汤。

1940年,南洋华侨领袖陈嘉庚飞抵重庆,受到各界人士盛大欢迎

毛泽东恳请客人谅解,说实在拿不出什么好东西。至于鸡汤,毛泽东解释:这是邻居大娘家唯一的一只鸡,正下着蛋呢,她听说我贵客临门,悄悄宰了送来的。

陈嘉庚听了,特别感动。这个山沟里的党的质朴廉洁,官民关系的水乳交融,还有上上下下饱满向上的精神状态,跟重庆的腐朽堕落截然不同。一回到重庆,陈嘉庚马上召开记者会,直截了当地告诉全国人民:延安让我"如拨云雾见青天",中国的希望在延安,"为我大中华民族庆幸!"他还满怀信心地说:

假如更多的人像中国共产党这样,克勤克俭,兴利除弊,一心为人民的利益而奋斗,我们中华民族一定会成为世界第一强国。

1940年5月,南洋华侨领袖陈嘉庚率领回国慰劳考察团抵达延安时,受到延安各界热烈欢迎

　　以毛泽东为代表的中国共产党人生活简朴,不讲特殊,一心为民族谋解放,为人民谋幸福,因而赢得人民群众的真心拥护和爱戴,最终"用延安作风打败西安作风",取得革命的胜利。

　　新中国成立后,尽管生活条件改善,但毛泽东仍然保持着勤俭节约的习惯和艰苦奋斗的作风。据工作人员回忆,毛泽东在生命的最后两年,有时会要来一些旧照片反复看。对两张旧照片,毛泽东看得津津有味:一张是1942年他穿着打补丁的裤子在延安给120师干部作报告,另一张是1947年他骑马行军于转战陕北途中……

"边区是好的"

——1944年毛泽东与中外记者西北参观团外籍记者的合影

这是1944年毛泽东与中外记者西北参观团外籍记者的合影。后排右起：毛泽东、斯坦因、夏汉南神甫；前排右起：福尔曼、爱泼斯坦、普罗岑科、武道。

1939年以后，国民党加强了对西北边区的新闻封锁，在其对外的官方舆论里，类似"八路军、新四军游而不击，不听指挥""陕甘宁边区实行割据，向外扩展""共产党阴谋推翻政府"等言论却比比皆是。在这个背景下，不少外国记者想了解封锁线里的真实情况，他们向国民党当局提出了到西北边区采访的要求。

1944年，毛泽东会见中外记者西北参观团中的外籍记者

1944年，毛泽东陪同中外记者西北参观团在延安参观

1944年，在中外记者共同努力下，国民党当局终于同意组成一个"中外记者西北参观团"到敌后抗日根据地考察、采访。记者参观团一行21人，其中外国记者6人，中国记者9人，其他人员6人。6名外国记者是：美联社的斯坦因，美国《时代》杂志的爱泼斯坦，合众社的福尔曼，路透社记者武道，美国天主教《信号》杂志、《中国通讯》记者夏汉南神甫，塔斯社记者普罗岑科。

这批不同肤色的记者都是首次来延安。5月31日，记者参观团由晋入陕，6月3日来到延长县，参观了延长油矿，后又到南泥湾参观。6月9日，到达目的地延安城。

6月10日，当中外记者在早餐的餐桌上发现了牛奶、面包、鸡蛋、酥油（土制奶油）时，都觉得难以置信。经过解释，他们才明白自己又被国民党"延安生活艰苦！去不得"的宣传欺骗了。大家非常轻松地享用了这顿"西餐"，对大生产运动取得的成绩赞不绝口。

1944年6月,毛泽东设宴招待中外记者西北参观团

6月12日,毛泽东在杨家岭中央大礼堂后面客厅会见了记者参观团。记者们一见到毛泽东就向他提出了一连串的问题,毛泽东听后迅速归结为三个主要问题:一是国共谈判,毛泽东希望谈判有进步,并能取得成果,但具体的商谈还无可奉告。二是关于第二战场。毛泽东认为没有第二战场的开辟就不能打倒希特勒,它会直接影响欧洲,也会影响太平洋和中国。但中国的问题还要靠中国人自己来努力。毛泽东重点谈了第三个问题,那就是中国的民主与统一问题。他说解决中国问题的根本出路在于实行民主制度,不仅政治上需要言论、出版、集会与结社的自由,而且要求在军事上、经济上、文化上的民主。"我们共产党为着打倒日本帝国主义而做的一切工作,都贯彻着一个民主统一或民主集中的精神。""我们认为全中国只有民主制度、民主作风,目前才能胜敌,将来才能建立一个很好的和平的国内关系与国际关系。"

会见中,毛泽东风趣幽默、侃侃而谈,巧妙地利用这次机会，宣传我党的政策和主张。他敏锐的眼光、独到的见解和开门见山的谈话方式，让记者们由衷地钦佩。同时毛泽东平易近人的作风，机智的口才也让记者们为之倾倒。

这次会见长达3个小时。会见后，毛泽东设宴招待记者参观团。宴会后，又陪同他们观看评剧。

在延安期间，中外记者们参观了工厂、机关、学校、部队、保育院等地方。延安街道干净整齐，人民安居乐业、意气风发，边区政府作风民主，共产党领导人生活朴素，这些都与国统区截然不同，引起了记者们的极大兴趣。中外记者在边区期间，不仅参观了边区的政府机构，了解人民生活，还亲眼目睹了边区人民行使选举权。在最落后、最原始的环境下，人民却享有真正的民主权利，使他们内心受到强烈的震撼，而边区从共产党到普通百姓乐观、向上的精神面貌，更让他们感觉到一个新时代即将来临。路透社记者武道在报道中写道："这里是一块神奇的土地，这里有一群普通而又伟大的人，他们又在潜移默化中培养出一代新人。这样的环境成长起来的新人，是任何力量都不能征服的。"

国民党官员见无法控制记者的采访活动，采访期限还没到，就于7月12日命令记者参观团中的中国记者离开延安。除夏汉南神甫外，5位外国记者拒绝回重庆，决定留在边区继续采访。

斯坦因对毛泽东进行过好几次单独采访，总共长达30个小时。有一次在采访的时候，毛泽东看到斯坦因写字用的小桌子不稳，就走到园子里捡来一块平底的小石头，垫在桌子脚下。斯坦因特别记录了这个细节，他采访过许多国家的政要，

1944年6月，周恩来（二排右一）和毛泽东（一排左四）、朱德（一排左七）等同中外记者西北参观团成员合影

但像毛泽东这样礼遇他，是生平仅有一次。后来他在自己的著作中对毛泽东的崇敬溢于笔端，毛泽东的个人魅力把斯坦因征服了。

斯坦因单独采访毛泽东时，首先问他是否愿意改变"共产党这个可怕的字眼"。毛泽东笑了，他告诉斯坦因，各国共产党只有一件共同的东西，就是马克思主义的政治思想方法。无论叫什么名称，这个思想体系是不会改变的。但思想体系并不等于共产主义的社会体制，这种体制只是我们最后的政治目标，中国共产党现在实行的是新民主主义的实际政策，这是我们在中国社会发展现阶段的目标。

外国记者直到1944年10月才结束在延安的采访回到重庆。经过几个月的访问，外国记者已被自己所见到的一切如磁石般吸引。他们发现边区的确是一个与国统区完全不同的新天地。他们纷纷根据亲身经历，撰写了不少反映延安真实情况的书籍和文章，从 1944 年下半年起，在欧美等国相继问世。斯坦因著有《红色中国的挑战》，福尔曼出版了《来自红色中国的报道》，武道写了《我从陕北回来》，爱泼斯坦撰有《中国未完成的革命》。

在外国记者笔下，一个新生的、代表着中华民族希望的中国首次系统、全面地出现在外国公众面前。连过去一向对共产主义思想抱有敌意的夏汉南神甫"亦认为边区是好的"。这就用事实粉碎了国民党宣传机器对"边区黑暗""共产党游而不击"的诬蔑。

"对他的决心和精神，不可小视"

——1945年重庆谈判期间毛泽东与蒋介石的合影

这是1945年重庆谈判期间毛泽东与蒋介石的合影。拍摄地点在蒋介石的曾家岩官邸。记录下这一历史场景的，是蒋介石的"御用"摄影师胡崇贤。

据说，开始拍照时毛泽东站在蒋介石的右侧。深谙

1945年重庆谈判期间，毛泽东与蒋介石在一起

官场位置学的胡崇贤立即将毛泽东请到蒋介石的左侧，并迅速按下快门。还有一种说法，毛泽东身高一米八多，蒋介石只有一米七多，比毛泽东矮大约10厘米，但合影时，蒋介石悄悄向前迈了一小步，所以照片中看上去两人身高差不多。

1945年8月28日下午，在国民政府军事委员会政治部部长张治中和美国驻华大使赫尔利陪同下，毛泽东和周恩来、王若飞从延安飞抵重庆。

重庆谈判不仅是政治的角逐，同时也是国共两党最高领袖个人魅力的较量。

当晚8点半，在张治中、邵力子陪同下，毛泽东与周恩来、王若飞从红岩村出发，应邀赴蒋介石山洞林园官邸出席欢迎宴会。宋美龄、赫尔利、魏德迈（时任驻中国美军总司令）以及国民党军政要员张群、陈诚、吴国桢、王世杰、周至柔、蒋经国等作陪。

这是国共第二次合作以来两党最高领袖的第一次会面，意义非比寻常。第一次国共合作时期，毛泽东和蒋介石即相识共事，自从成了政治敌手后，已有二十年没有相见。蒋介石一身戎装，胸前缀着耀眼的勋章，而毛泽东则一身朴素的中山装。他们缓缓地走向对方，互致问候，紧紧握手。

宴会上，蒋介石对毛泽东示以礼遇，"请其入余之对座也"。宴会开始后，蒋介石和毛泽东先后致辞，会场气氛融洽。对于当日情景，《新华日报》曾报道，毛泽东与蒋介石"相继致词，并几次举杯互祝健康，空气甚为愉快"。

蒋介石刻意营造一种愉快祥和的气氛，表示其和谈"诚信"，实际上心机重重，早有算计。在毛泽东来渝前，他已向国民党方面表明谈判方针："决以诚挚待之，政治与军事应整个解决，但对政治之要求予以极度之宽容，而对军事则严格之统一，不稍迁就。"

宴会结束后，应蒋介石再三邀请，毛泽东留宿林园。这是蒋介石的林园官邸建成后第一次留宿外客。毛泽东与欢迎者一一握手并合影。

8月29日下午，毛泽东同蒋介石进行第一次商谈，并确定双方的谈判代表：中共方面是周恩来和王若飞，国民党政府方面是王世杰、张群、张治中、邵力子。蒋介石表示一切问题愿听取中共方面意见，并重提所谓中国无内战的说法。毛泽东列举十年内战和抗日战争中的大量事实指出，说中国没有内战是欺骗。最后蒋介石提出谈判三原则：一、所有问题整个解决；二、一切问题之解决，均须不违背政令军令之统一；三、政府之改组，不得超越现有法统之外。

毛泽东来到重庆，在社会上激起了巨大的反响。《新华日报》发表了读者胡其瑞等四人的来信说：

> 毛泽东先生应蒋主席的邀请，毅然来渝，使我们过去所听到的对中国共产党的一切诬词和误解，完全粉碎了。毛先生来渝，证明了中共为和平、团结与民主而奋斗的诚意和决心，这的确反映和代表了我们老百姓的要求。

重庆谈判是一场复杂而艰苦的斗争。蒋介石对谈判既无诚意，也没有充足的准备。他的目的只有一个，借助美国的压力，利用和谈而不动声色地吞并解放区，遣散解放军。王若飞在向中央政治局汇报时说："前六天，看他们毫无准备。左舜生刻薄他们，说只见中共意见，不见政府意见。"

针对蒋介石的三条原则，毛泽东为更鲜明、具体地表明中共的原则立场，提出八点意见：一、在国共两党谈判有结果时，应召开有各党各派和无党派人士代表参加的政治会议；二、在国民大会问题上，如国民党坚持旧代表有效，中共将不能与国民党成立协议；三、应给人民以一般民主国家人民在平时所享有之自由，现行法令当依此原则予以废止或修正；四、应予各党派以合法地位；五、应释放一切政治犯，并列入共同声明中；六、应承认解放区及一切收复区内的民选政权；七、中共军队须改编为四十八个师，并在北平成立行营和政治委员会，由中共将领主持，负责指挥鲁、晋、冀、察、热、绥等地方之军队；八、中共应参加分区受降。

9月2日晚、5日、12日、17日、10月9日、10日，毛泽东或者单独，或在周恩来、王若飞陪同下，或在赫尔利参加下，同蒋介石进行了多次会谈。蒋介石曾对秘书陈布雷说："毛泽东此人不可轻视。他嗜烟如命，手执一缕，绵绵不断。但他知道我不吸烟后，在同我谈话期间，绝不抽一支。对他的决心和精神，不可小视。"

在近一个月的商谈中，国共双方在一些问题上达成了共识，但在军队缩编、解放区、国民大会等问题上却搁了浅。

重庆谈判期间，蒋介石重新颁发《剿匪手本》，指令各部在"剿灭共匪"的作战中"切实遵行"。阎锡山集中13个师大举进犯晋东南的上党地区，刘伯承、邓小平率部奋起反击，歼灭国民党军3.5万人，有力地配合了重庆谈判。

10月8日，国共双方代表最后就《会谈纪要》达成协议。10月10日下午，周恩来、王若飞和王世杰、张群、张治中、邵力子在桂园客厅里正式签署《国民政府与中共代表会谈纪要》（通常称作《双十协定》）。

当夜，毛泽东又在周恩来、王若飞陪同下，到山洞林园同蒋介石长谈了一个晚上和一个早晨。毛泽东告诉蒋介石，他回延安后，周恩来、王若飞仍留在重庆同国民党代表进行商谈，使《纪要》还没有解决的问题能在召开政治会议以前得到解决。这次国共谈判就告一段落。

10月11日上午,毛泽东乘飞机返回延安。

毛泽东离开重庆后,他的《沁园春·雪》词被传抄发表,风靡了整个山城。其实,毛泽东在重庆还写过一首诗。当有人问他共产党为什么不民主,要"炸桥挖路"时,他以诗作答:

有田有地吾为主,无法无天是为民。
重庆有官皆墨吏,延安无土不黄金。
炸桥挖路为团结,夺地争城是斗争。
遍地哀鸿满城血,无非一念救苍生。

毛泽东以其大智大勇完成了他的重庆之行,与蒋介石进行了会谈,争取了政治上的主动,扩大了共产党在国内外的影响,展现了他个人的魅力与风采。在重庆这场政治和文化的较量中,以毛泽东和中国共产党的完胜而告终。

"什么时候打败胡宗南,什么时候再过黄河"

——1947年春毛泽东转战陕北途中的照片

这是1947年春毛泽东在转战陕北途中的一张照片。左起:孙振国、江青、阎长林、王勇、毛泽东、石国瑞、王振海。

1947年3月,蒋介石不甘心对解放区全面进攻的失败,又对陕北和山东解放区发动了重点进攻。胡宗南指挥25万兵马大举进攻延安,妄图消灭中共中央领导机关。当时,人民解放军在陕北战场的兵力只有两万多人,情况十分危急。

毛泽东几次主持召开中央会议,对局势进行分析,最终作出暂时放弃延安、以退为进、争取主动的战略决策。毛泽东还决定自己留在陕北。他说:

1947年,毛泽东在转战陕北途中

"什么时候打败胡宗南,什么时候再过黄河"

我们在延安住了十几年,都一直是处在和平环境之中,现在一有战争就走,怎么对得起老百姓?所以,我决定和陕北老百姓一起,什么时候打败胡宗南,什么时候再过黄河。我不离开陕北,还有一个理由,现在有几个解放区刚刚夺得主动,如果蒋介石把胡宗南投入别的战场,那里就会增加困难。中央留在这里,蒋介石就会多下些本钱。这样,咱们负担重些,就能把敌人拖住,不让他走,最后还要消灭他。

3月18日,毛泽东等人依依不舍地告别延安,从王家坪出发,开始了历时一年零五天、行程两千多公里的艰苦的陕北转战。

毛泽东率中央机关经延川县刘家渠,清涧县徐家沟、高家岭,子长县任家山、王家坪,于3月29日到达清涧北面石咀驿附近的枣林沟。其间,根据毛泽东的部署,西北野战兵团于3月25日在青化砭地区歼灭胡宗南部第31旅2900多人,

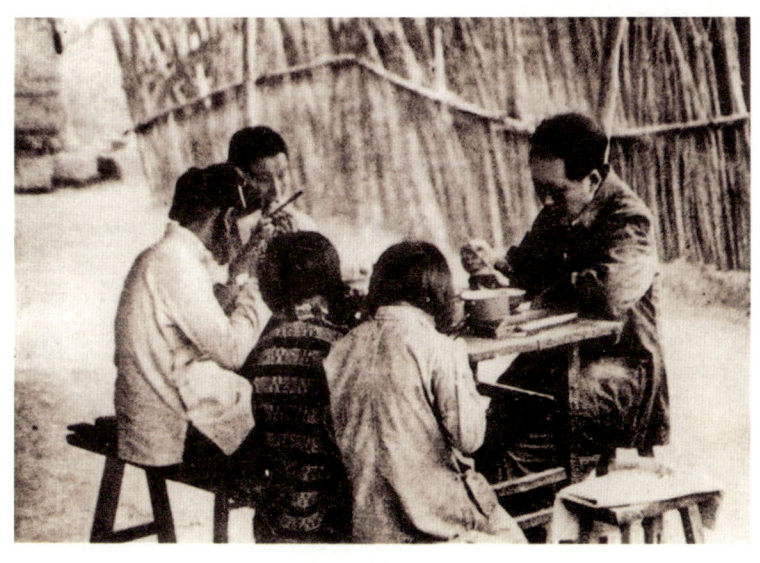

毛泽东在转战陕北时与当地群众一起吃饭

俘旅长李纪云,取得撤出延安后的第一个胜利。

3月29日、30日,毛泽东在枣林沟主持召开中共中央会议。为了便于灵活、及时地指导党政军各方面工作,也为了保证在任何情况下中共最高领导的神经中枢都能正常运转,会议决定:毛泽东、周恩来、任弼时等留在陕北,主持中共中央和人民解放军总部的工作。由刘少奇、朱德、董必武组成中央工作委员会,前往晋西北或其他适当地点,进行中央委托的工作。不久,又成立中央后方委员会,以叶剑英为书记,暂驻晋西北,统筹后方工作。

枣林沟会议后,中央机关人员为了便于行动,编成四个大队,成立了直属司令部,任弼时任司令。为了安全起见,中共中央机关主要领导同志都改换了姓名,毛泽东化名李得胜,寓意解放战争必胜。

3月31日中午,中央机关从枣林沟出发来到了绥德田庄。在这里,毛泽东、任弼时与刘少奇、朱德互相握手嘱托,依依惜别。所有的车辆都随工委过河去。毛泽东继长征后,再次骑上马背开始了长途跋涉。

送别了朱德、刘少奇后,毛泽东率中共中央机关沿着田庄以西的淮宁河川道向前挺进。毛泽东骑的小白马是中央警卫团参谋长古远兴从骑兵连挑选的。这匹有着蒙古血统的杂交母马个头不大,但是力气不小,性情温驯。夜间经淮宁湾、裴家湾到达邱家坪,毛泽东住宿在老乡家。毛泽东一住下,就找来村干部了解战备情况,要求他们组织群众把粮食坚壁起来。4月2日黎明毛泽东率中共中央机关继续向西开拔,经老君殿、桃卜湾,日出抵达高家塔。由于军情危急,日落时毛泽东率中

毛泽东在转战陕北途中

共中央机关就离开了高家塔,经何家集、子长县南沟岔,4月3日天刚破晓时,到达了涧峪岔附近的庄科坪。这时胡宗南军队已占领瓦窑堡,和中共中央机关驻地相距只有几十里,隔着几座大山。当日上午毛泽东率中共中央机关就离开庄科坪,踏上了通往石家湾的西去之路。在两位老乡的带领下,先沿涧峪岔河向西走二十里到店子河,然后翻过羊儿山经井武塌,夜间赶到了石家湾。5日又从石家湾来到了大理河畔的青阳岔。

从田庄向西转移这几天，军情十分紧张。胡宗南七八万人正沿着延榆公路北犯，到处寻觅党中央和西野主力的行踪，接连占领了边区的延长、延川、清涧、瓦窑堡等城镇。中共中央机关与胡宗南军队的行军方向都由东向西，中间隔着几十里的群山，如果胡宗南军队发现中央的踪迹，后果不堪设想。

警卫阎长林后来回忆起这段行军经历说：

毛主席走上一段路，累得满头大汗，脱了衣服还坚持走。实在气喘吁吁，累得不行了，就骑一段马。但是年岁大的人骑马也是腰酸腿痛的，太难受了，他就下马弯弯腰，扭扭腿，再继续走路。

我们虽然背着武器、弹药和一些装备，但这对我们年轻小伙子来说不算什么，看到毛主席这样坚持，我们心里难受。大家七嘴八舌劝毛主席不要骑马了，可以坐担架，大家都要求抬着主席走。有性急的同志就说："马上把担架支起来，请主席坐上。"

但是毛主席无论如何不坐。他说："出发前我就告诉你们，我是不坐担架的。走路累一点怕什么，什么事情开始总会有困难的。行军也同样，走几天就会好的。"

……毛主席一边走，一边也给我们讲在长征路上的事情。

4月9日，毛泽东在青阳岔为中共中央起草关于暂时放弃延安和保卫陕甘宁边区的通知，指出：国民党采取召开伪国大、宣布国共破裂、进攻延安这些步骤，"丝毫不是表示国民党统治的强有力，而是表示国民党统治的危机业已异常深刻化"。中央决定："必须用坚决战斗精神保卫和发展陕甘宁边区和西北解放区,而此项目的是完全能够实现的。"

4月13日,毛泽东和周恩来、任弼时率中共中央机关从青阳岔出发,转移到靖边县王家湾(今属安塞县)。

后来为人们所熟知的毛泽东骑马转战陕北的照片,应当就是拍摄于从田庄到王家湾的途中。

1947年,毛泽东在转战陕北途中

胡宗南占领延安后,认为中共中央机关一定会向东转移,以便在紧张情况下东渡黄河,所以把他的大部分主力都集结到了蟠龙、瓦窑堡、清涧、绥德一带。可是万万没有想到毛泽东等从枣林沟一路向西。胡宗南的士兵在陕北无数山梁之间东一头,西一头,处处扑空。所到之处,由于群众坚壁清野,找不到粮食,只能啃干粮、睡野地,相当疲劳。陈赓、谢富治展开晋南攻势后,胡宗南不敢再北进转圈,主力南下集结休整补充,只好留下一个旅守瓦窑堡。4月14日,根据毛泽东的部署,西北野战兵团趁敌这个旅进入羊马河以北高地时,将其包围,经8小时激战,全歼该旅4700多人,取得撤出延安后的第二个胜利。

1947年4月15日,毛泽东向彭德怀、习仲勋发出《关于西北战场的作战方针》的电报。提出:用"蘑菇战术",将敌人磨得精疲力竭,然后消灭之。

遵照毛泽东的"蘑菇战术",西北野战兵团又于5月4日取得蟠龙战役胜利。青化砭、羊马河、蟠龙,三战三捷,消灭胡宗南部14000多人,有效地策应了其他战场的人民解放军,并为西北战场的胜利奠定了基础。

1947年5月,华东野战军发起孟良崮战役,全歼国民党军精锐整编第74师。全国战局发生重大变化。毛泽东和中共中央抓住战机，决定大举出击，经略中原。在毛泽东精心筹划下，从1947年7月开始，人民解放军由战略防御转入了战略进攻。

1948年3月23日，为适应形势发展的需要，毛泽东、周恩来、任弼时等率领中央机关由吴堡县川口东渡黄河，结束了转战陕北的行程，告别生活和战斗了13年的陕北，前往晋察冀解放区。

"天天发电报,就把敌人打败了"
—— 毛泽东与周恩来在西柏坡的合影

这幅毛泽东与周恩来在西柏坡的合影,拍摄于1948年5月到1949年3月之间,具体时间已不可考。拍摄地点很可能是在中央军委作战室。当年就在照片中这间不足70平方米的土屋子里,党中央指挥了震惊中外的辽沈、淮海、平津三大战役,一举解放了全中国。周恩来曾风趣地说:"我们这个指挥部是世界上最小的指挥部,我们一不发人,二不发枪,三不发粮,天天发电报,就把敌人打败了。"

1948年3月,毛泽东、周恩来等率领中共中央机关离开陕北东渡黄河,经河北省阜平县城南庄,前往平山县中部、滹沱河北岸的西柏坡村。西柏坡由此成为中国共产党在新中国成

毛泽东和周恩来在西柏坡

毛泽东在西柏坡的旧居

立前的最后一个农村指挥所。

西柏坡的中央大院有几间不起眼的低矮土砖房,就是中共中央军委作战室。这里工作生活条件十分艰苦,绘图、制表用的红蓝铅笔都是从敌人那里缴获来的。为了节省铅笔,工作人员就用大头针别住红蓝毛线来表示敌我作战区域,用红蓝电光纸作成小旗来标明敌我战场情况。

1948年10月3日凌晨,毛泽东让秘书把一份右上角标有AAAA的电报送给报务员。AAAA表示:十万火急。报务员接到电报后,立即将其发给东北野战军总部。这封电报的字里行间都透露着前线的紧张局势:"在五个月前(即四五月间),长春之敌本来好打,你们不敢打,在两个月前(即七月间)长春之敌同样好打,你们又不敢打,现在攻锦部署业已完毕","又不敢打锦州,又想回去打长春,我们认为这是很不妥当的。"

一封电报，用了三个"不敢打"，措辞之严厉，前所未有！

刚发完这封电报，毛泽东又写了一封电报指示东北野战军："我们不赞成你们再改计划，而认为你们应集中精力，力争于十天内外攻取锦州。"东北野战军在收到电报后五小时回电表示坚决执行中央的指示，攻打锦州。

10月4日，中共中央军委复电指出：这个部署"是完全正确的"，"你们这样做，方才算是把作战重点放在锦州、锦西方面，纠正了过去长时间内南北平分兵力没有重点的错误（回头打长春那更是绝大的错误想法，因为你们很快就放弃了此项想法，故在事实上未生影响）。"要求东北野战军按照既定的部署，"大胆放手和坚持地实施，争取首先攻克锦州"。

攻克锦州这一部署，充分展现了毛泽东高超的军事指挥艺术。他指挥的不是一般的战役，而是前所未有的大歼灭战。他要取得的也不是东北一个战场上的胜利，而是要全歼东北之敌，进而围歼华北之敌和夺取淮海战役的全面胜利！

攻克锦州是辽沈战役具有决定意义的一战，对东北国民党军队形成了"关门打狗"之势。

1948年10月末，辽沈战役已届尾声，东北野战军已经攻克锦州、长春，开始对辽西地区大规模穿插、分割、围歼残余敌人。同时，华东野战军、中原野战军也即将完成淮海战役的部署和准备。

正当捷报频传之时，中共中央从驻北平的地下工作者那里得到一个重要消息——国民党军已秘密集结十万大军，企图经涿州、保定南下偷袭石家庄，进而威胁西柏坡中央机关。

原来，1948年秋，蒋介石乘飞机前往北平，与华北"剿总"司令傅作义密谋，决定乘解放军华北军区主力部队在平绥一带作战，冀中、冀西兵力薄弱之际突袭中共中央驻地，妄图一举消灭中共中央和解放军的指挥中枢。从保定到石家庄只有区区三百里，以国民党军的机动能力，最快三天即可兵临城下、威胁中央所在地西柏坡。而当时解放军的主力部队早已部署到决战的前线，北平以南至石家庄一线兵力薄弱，石家庄实实在在是一座"空城"。

内无御敌之兵，外有敌军蠢蠢欲动，彼时中央所在地西柏坡面临的形势十分严峻。毛泽东一方面命令西柏坡警卫部队做好战斗准备，命令东北野战军一部迅速入关威胁北平，同时命令北平至石家庄沿线地方武装紧急行动起来破袭铁路、公路、桥梁等以阻滞敌军，另一方面他沉思再三，决定导演一出"空城计"。

毛泽东于10月25日、26日、30日亲自撰写了三篇新华社电报稿：《蒋傅匪军妄图突击石家庄，我军严阵以待，决予

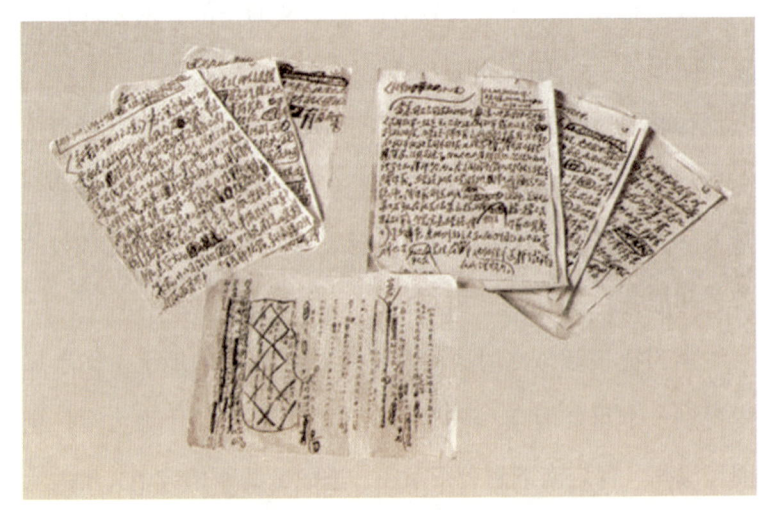

为了粉碎蒋介石偷袭石家庄的阴谋，毛泽东、周恩来等导演了一幕极其精彩的现代"空城计"。这是毛泽东为新华社撰写的三篇新闻广播稿手稿

歼敌》《华北各首长号召保石沿线人民，准备迎击蒋傅军进扰》《评蒋军傅匪军梦想偷袭石家庄》，通过新华社电台向全国播发。

尤其是在新华社 10 月 26 日晚播发的新闻稿——《华北各首长号召保石沿线人民，准备迎击蒋傅军进扰》中，更是详细披露了敌军的兵力部署和作战计划。新闻稿还宣布华北军民已做好准备，必将歼灭来犯之敌，"不使敢于冒险的敌人有一兵一卒跑回其老巢"。

蒋介石在听到新华社播发的消息后大吃一惊：自己的如意算盘显然破产，再偷袭已失去意义。华北"剿总"司令傅作义也感此去凶多吉少，11 月 2 日急急忙忙撤军，全部退回保定。至此，敌人偷袭阴谋完全破产。

1948 年 1 月 22 日，中共中央军委收到了一封题为《对今后作战建军之意见》的电报。这封电报的发报人，是时任华东野战军副司令员的粟裕。就在这封电报中，粟裕经过慎重考虑，向中央军委"斗胆直陈"，表达了暂不渡江南进，集中兵力打几个大规模歼灭战，以改变中原战局的战略构想。

而当时中央军委恰恰已经决定由粟裕率领华东野战军三个纵队，组成第一野战兵团，由宜昌、沙市一带渡江南下，深入敌后，进行宽大机动作战，调动吸引中原敌人 20 个至 30 个旅回江南，以减轻大别山和中原地区的负担，为中原部队创造大量歼敌的战机。军委还指示，渡江时间可在 2 月，或 5 月，或秋季，并要求粟裕把自己的想法"熟筹见复"。

1 月 27 日，中央军委经过认真研究，给粟裕复电，再次命令他率领三个纵队渡江南进，执行机动作战任务。粟裕一面做部队渡江的准备，另一面再次深入思考渡江的利弊。

4月18日，粟裕经过再三考虑之后，再次向中央军委发出了一封长达3000字的电报，深入阐明还是打几个大规模歼灭战的理由。中共中央经过认真研究，接受粟裕建议，进行战略重大调整，决定暂缓渡江，集中力量在长江以北组织大的战役，重点歼灭国民党有生力量。

在这个小指挥部里，一封封电报，就这样把前线与中央有机结合在一起，将"运筹帷幄之中，决胜千里之外"的智慧，体现得淋漓尽致。

辽沈、淮海、平津三大战役，从1948年9月12日开始，到1949年1月31日结束，历时142天，歼灭国民党正规军144个师（旅）、非正规军29个师，共154万人。国民党赖以维持其反动统治的主要军事力量基本上被摧毁。这是中国人民革命战争史上的壮丽篇章。它预示着：中国人民解放战争的全面胜利已经为期不远了。

在西柏坡指挥三大战役期间，毛泽东经常不顾疲劳，彻夜不眠地工作。在他屋里那张旧写字台上，为前线起草的指示、电文竟达190多份，付出了极大的心血。

三大战役结束后，毛泽东终于可以轻松一下了。警卫员李银桥给他篦头，发现原来满头黑发的毛泽东竟然有了一根白头发，他说："哎呀，主席，你有白头发了！"

"拔下来吧！"毛泽东微笑着说。

李银桥小心地拔下了那根白发，拿到毛泽东面前。

看了这根白发，毛泽东用他特有的幽默口吻说："哦，白了一根头发，胜了三大战役，值得。"

"夺取全国胜利，这只是万里长征走完了第一步"

——1949年3月5日毛泽东在中共七届二中全会上作报告的照片

在即将取得全国胜利、告别西柏坡、进驻北平的时刻，1949年3月5日至13日，毛泽东在西柏坡主持召开中共七届二中全会，讨论部署在全国胜利的局面下党的工作方针和任务。

这张照片记录了3月5日第一次全体会议上毛泽东作重要报告的情景，成为历史经典的一瞬，为人们所熟知。

毛泽东在报告中说，辽沈、淮海、平津三大战役以后，国民党军队的主力已被消灭。今后是要解决分布在从新疆到台湾的国民党剩下的一百多万人的作战部队。他指出："在南方各地，人民解放军将是先占城市，后占乡村。"人民解放军不仅永远是一个战斗队，又是一个工作队。我们必须准备把210万野战军全部地化为工作队，以便开展新解放的广大地区的工作。

1949年，毛泽东在中共七届二中全会上作报告

河北省平山县西柏坡

毛泽东提出了党的工作重心由乡村移到城市的问题。他说,"从现在起,开始了由城市到乡村并由城市领导乡村的时期"。当然,城乡必须兼顾,绝不可以丢掉乡村,仅顾城市。但是党和军队的工作重心必须放在城市,必须用极大的努力去学会管理城市和建设城市。在城市斗争中,必须全心全意地依靠工人阶级、团结其他劳动群众,争取知识分子,争取尽可能多的能够同共产党合作的民族资产阶级分子及其代表人物,以便向帝国主义者、国民党、官僚资产阶级做坚决的斗争。城市中的其他工作,都必须围绕着生产建设这个中心工作并为这个中心工作服务。

对中国的经济状况,毛泽东分析道:中国已经有大约百分之十左右的现代性的工业经济,这是进步的;还有大约百分之九十左右的分散的个体的农业经济和手工业经济,这是落后的。在现代性的工业经济中,最大的和最重要的资本是集中在帝国主义者及中国的官僚资产阶级手里。没收这些资本归无产阶级领导的人民共和国所有,就使人民共和国掌握了国家的经

毛泽东在中共七届二中全会上讲话

济命脉，使国营经济成为整个国民经济的领导成分。这一部分经济，是社会主义性质的经济。占第二位的是私人资本主义工业，它是一个不可忽视的力量。为了整个国民经济的利益，为了工人阶级和劳动人民现在和将来的利益，对于私人资本主义经济绝不可限制得太死，必须容许它们在人民共和国的经济政策和经济计划的轨道内有存在和发展的余地。在中国革命取得全国胜利，并且解决了土地问题以后，实行"对内的节制资本和对外的统制贸易"，是我国在经济斗争中的两个基本政策。

关于对外政策，毛泽东指出：我们不承认国民党时代的任何外国外交机关和外交人员的合法地位，不承认国民党时代的一切卖国条约的继续存在，取消一切帝国主义在中国开办的宣传机关，立即统制对外贸易，改革海关制度。"在做了这些以后，中国人民就在帝国主义面前站立起来了。"全国胜利以后，我们愿意按照平等原则同一切国家建立外交关系，但是向来敌视中国人民的帝国主义，只要它们一天不改变敌视的态度，我们就一天不给它们在中国以合法的地位。对于普通外

毛泽东和朱德在中共七届二中全会上

侨,则保护其合法的利益,不加侵犯。至于同外国人做生意,那是没有问题的,有生意就得做,我们必须尽可能地首先同社会主义国家和人民民主国家做生意,同时也要同资本主义国家做生意。

毛泽东响亮地提出:"召集政治协商会议和成立民主联合政府的一切条件,均已成熟。现在一切民主党派、人民团体和无党派民主人士都站在我们方面。""我们希望四月或五月占领南京,然后在北平召集政治协商会议,成立联合政府,并定都北平。"我们要建立一个"无产阶级领导的以工农联盟为基础的人民民主专政"的国家。

报告的最后部分,毛泽东在热情洋溢地指出中国革命胜利的巨大意义后,提醒全党要防止因胜利而骄傲、以功臣自居、停顿起来不求进步、贪图享乐不愿再过艰苦生活等情绪的滋长,要警惕人们用糖衣裹着的炮弹的攻击。他说了一句名言:"夺取全国胜利,这只是万里长征走完了第一步。"革命以后的路程更长，工作更伟大、更艰苦。他告诫全党："务必使同志们继续地保持谦虚、谨慎、不骄、不躁的作风，务必使同志们继续地保持艰苦奋斗的作风。""我们不但善于破坏一个旧世界，我们还将善于建设一个新世界。"

经毛泽东提议，七届二中全会还在党内做出六条规定：不给党的领导者祝寿；不送礼；少敬酒；少拍掌；不用党的领导者的名字做地名、街名和企业的名字；不要把中国同志和马、恩、列、斯平列。

毛泽东在七届二中全会上作的报告，内容宏大精深，不仅对迎接全国革命的胜利，而且对新中国的建设，均起着巨大的指导作用，是建设新中国的纲领性文献。

进京"赶考"的第一次公开亮相

——1949年3月25日毛泽东在北平西苑机场检阅部队的照片

这是毛泽东在北平西苑机场检阅部队的照片。毛泽东坐着那辆缴获的美式吉普车,在一行行、一列列威武的人民解放军队列中缓缓穿行而过。这时摄影师按动了快门,给历史留下了一个永恒的画面:毛泽东身穿长大衣,头戴解放帽,站立在吉普车上,精神饱满地检阅受阅部队。这幅照片记录了毛泽东"进京赶考"的第一次公开亮相,再现了革命即将取得全国胜利的激动人心时刻。

1949年3月23日,毛泽东走出西柏坡他居住的小院,率领中共中央机关和人民解放军总部踏上进京之路。上车前,他

1949年3月25日,毛泽东在西苑机场检阅部队

意味深长地对周恩来说:"今天是进京'赶考'嘛。"周恩来笑着说:"我们应当都能考试及格,不能退回来。"毛泽东坚定地说:"退回来就失败了。我们绝不当李自成,我们都希望考个好成绩。"

3月25日清晨,毛泽东一行到达北平清华园火车站。然后再换乘汽车到颐和园,这里是毛泽东进京后的第一站。毛泽东到达颐和园后在此吃了午饭,日程安排是在当天下午到西苑机场同前来欢迎的各界代表和民主人士见面,并举行阅兵式。

下午4时许,毛泽东、朱德、刘少奇、周恩来、任弼时等分别乘坐汽车从颐和园出发,经海淀镇、白石桥、紫竹院,于下午5时,来到西苑机场。千百张笑脸在欢呼,千百双眼睛都望着一个方向。"毛主席来了!毛主席来了!"军乐大作,欢呼声震天。北平市市长叶剑英首先迎向了毛泽东、朱德。林彪、聂荣臻、贺龙等人趋前迎接。

工人、农民、青年、妇女各界代表,满怀热情与希望来

毛泽东等在西苑机场会见全国青年和妇女界代表

迎接自己的领袖。毛泽东、朱德等人首先和工人代表一一握手，工人代表紧紧握着毛泽东的手不放。毛泽东走到妇女代表面前，和李德全、蔡畅、邓颖超握手。毛泽东一行来到160多位民主人士的欢迎行列，高兴地与他们相见，热烈地与沈钧儒、郭沫若、李济深、黄炎培、马叙伦等人一一握手，互致问候。对和平解放北平有功的傅作义将军也来欢迎，毛泽东与他合影留念。

这天，毛泽东虽旅途劳顿，但神采奕奕，谈笑风生，特别高兴。

此时，一发银白色照明弹腾空而起，由第四野战军的三个步兵团、一个摩托化团、两个炮兵团、一个坦克营及英雄模范功臣代表组成的受阅部队已经做好准备，阅兵式开始了。毛泽东登上第一辆浅绿色的美式吉普车，朱德、刘少奇、周恩来、任弼时、林伯渠等人也依次登车。乐队高奏雄壮的《解放军进行曲》。第四野战军参谋长、阅兵总指挥刘亚楼响亮地向毛泽东报告："受检阅的部队全部到齐！"

毛泽东在刘亚楼陪同下，缓缓行进。50门六〇炮陆续发出500发照明弹。坦克炮塔上飘着红旗，坦克手精神百倍一齐向自己的领袖敬礼。毛泽东等庄重地举起右手，

毛泽东在西苑机场检阅部队

向指战员们还礼。受检阅的成排的高射炮、榴弹炮、重炮，全是得之敌人的武器。摩托化步兵个个精神抖擞，雄姿英武。

检阅到了经历过无数艰辛战斗的英勇步兵面前，英雄的步兵行列里的几十面英雄奖旗迎风飘舞。每一面旗都有它独有的光荣，每一面旗都有它特殊的功绩。当毛泽东乘的吉普车行进到"塔山英雄团"前面时，刘亚楼向毛泽东报告英雄团的事迹。毛泽东看到了胸前佩戴着奖章的战斗英雄，举手向他们敬礼。毛泽东的目光始终亲切地注视着从炮兵到步兵的每一个战士，而每一个战士又都目不转睛地望着自己的领袖，领袖的心和战士的心紧紧连在一起。这时，军乐队奏起"你是灯塔，照耀着黎明前的海洋"的乐曲，表达了人民军队决心永远跟着共产党，在毛泽东的指挥下，去迎接新的胜利。

车到之处，"中国共产党万岁！""毛主席万岁！""朱总司令万岁！"的欢呼声就如翻江倒海，汹涌澎湃。阅兵结束后，毛泽东同工人、农民、青年代表及民主人士一起，拍了一张照片。这是团结、胜利的象征。

毛泽东、朱德等同民主人士在北平西苑机场合影

北平西苑机场举行的阅兵,是毛泽东进驻北平举行的第一次阅兵,是中国共产党人定都北平的一个奠基礼,是中华人民共和国开国大典阅兵的预演。

毛泽东在检阅结束后,驱车来到了他在北平的第一个驻地香山双清别墅,开始了建立新中国、筹划开国大典的工作。

"人间正道是沧桑"

——1949年4月毛泽东在北平香山别墅看南京解放捷报的照片

1949年4月末的一天,毛泽东身着中山装,端坐在北平香山双清别墅的凉亭里,正在专心致志地读报。他的表情在沉静而坚定之外透着一丝欣慰,循着他的目光看去,报纸上赫然写着四个大字:"南京解放"。

此时此刻,凉亭外是暮春时节的草木葱茏、鸟语花香的精致小景,纳凉者思考的却是千军万马挥师渡江、亿万民众翻身解放的历史性大事件。报上的文字慷慨激昂、惊天动地,读

毛泽东在香山读报,读到南京解放的消息

报的人却气定神闲、不动声色。

据摄影师徐肖冰回忆,当时毛泽东从房间里出来,秘书走来递给他一张报纸,说:"主席,南京解放捷报出来了!"毛泽东接过报纸,边走边看。这时徐肖冰拿着相机,却无法拍摄他的正面,只能耐心等待。看了一会儿,毛泽东见边上有凳子,顺势坐下来,手拿着报纸继续看。当毛泽东看到报纸的正面时,"南京解放"的大字标题赫然醒目。徐肖冰按下快门,留下了历史永恒的瞬间。

由于照片拍得太好了,有些摄影家认为是"摆"出来的,并把它作为摆拍的典型。徐肖冰否定了这种说法:"我们是搞新闻的,又是给领导拍照,哪里敢摆布!"徐肖冰曾饱含深情地说道:"我在香山为毛主席拍了好些照片,其中自己感到最有意义的是他仔细阅读南京解放号外这个历史镜头。"

1949年,由辽沈、淮海、平津三大战役为主所组成的战略大决战胜利结束后,中国的政治形势已经十分明朗:中国人民革命战争在全国范围内的胜利已经不需要太长的时间了。

面对这种局势,两年多来一直热衷内战的国民党政府,忽然通过种种渠道放出要进行"和平谈判"的风声来。

是将革命进行到底,还是与国民党划江而治?这是关系到中国人民命运和前途的一个重大原则性问题。

毛泽东在长期的革命斗争中,总是能在关键时刻,表现出高度的政治敏感性、政治辨别力和政治坚定性,及时地抓住关键性的问题,旗帜鲜明地提出自己的主张。

1948年12月30日,毛泽东用两天时间为新华社写成了一篇题为《将革命进行到底》的新年献词,毫不含糊地指出:必

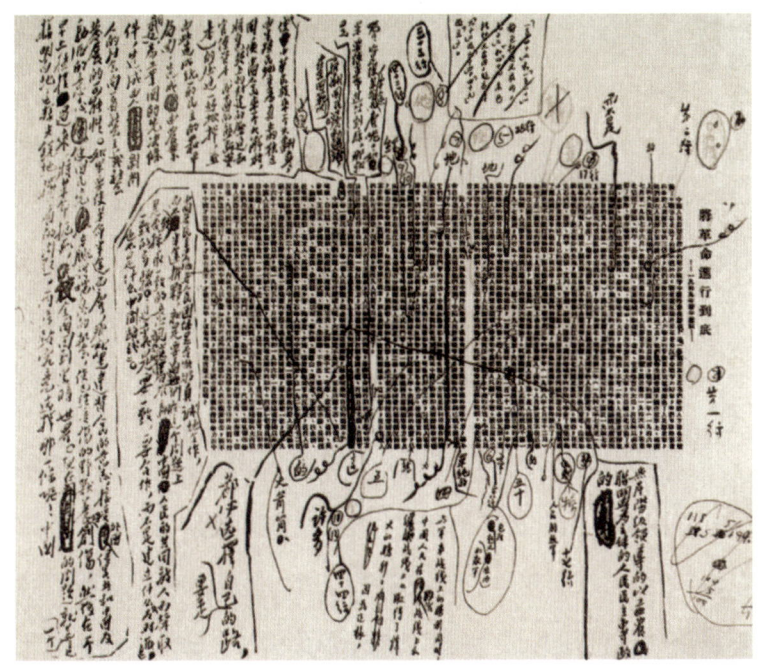

毛泽东为新华社写的1949年新年献词，号召全国人民将革命进行到底。这是毛泽东对该文清样的修改稿

须"用革命的方法，坚决彻底干净全部地消灭一切反动势力，不动摇地坚持打倒帝国主义，打倒封建主义，打倒官僚资本主义，在全国范围内推翻国民党的反动统治，在全国范围内建立无产阶级领导的以工农联盟为主体的人民民主专政的共和国。""如果要使革命半途而废，那就是违背人民的意志，接受外国侵略者和中国反动派的意志，使国民党赢得养好创伤的机会，然后在一个早上猛扑过来，将革命扼死，使全国回到黑暗世界。"

他用了一个著名的譬喻来说明这个问题：

这里用得着古代希腊的一段寓言："一个农夫在冬天看见一条蛇冻僵着。他很可怜它，便拿来放在自己的胸口上。那蛇受了暖气就苏醒了，等到回复了它的天性，便把它的恩人咬了一口，使他受了致命的伤。农夫临死的时候说：'我怜惜恶人，应该受这个恶报！'"外国和中国的毒蛇们希望中国人民还像这个农夫一样地死去，希望中国共产党，中国的一切革命民主派，都像这个农夫一样地怀有对于毒蛇的好心肠。但是中国人民、中国共产党和中国真正的革命民主派，却听见了并且记住了这个劳动者的遗嘱。况且盘踞在大部分中国土地上的大蛇和小蛇，黑蛇和白蛇，露出毒牙的蛇和化成美女的蛇，虽然它们已经感觉到冬天的威胁，但是还没有冻僵呢！

1949年1月6日至8日，中共中央召开政治局会议。毛泽东说："今年和明年是我们在全国范围内胜利的两年。我们必须将革命进行到底。"接着，他提出了十六项任务，包括要开中共七届二中全会，准备召开政治协商会议，以及成立中央政府等。

在人民解放军百万雄师兵临长江、南京城内已微闻炮声的情势下，众叛亲离的蒋介石被迫"引退"，于1949年1月21日离开南京，由李宗仁出来代行"总统"职务。李宗仁在蒋介石"引退"的第二天，发表声明，表示"中共方面所提八条件，政府即愿开始商谈"。

毛泽东和中共中央其他领导人开完七届二中全会后，在3月23日离开西柏坡，进驻北平。3月25日夜，中共中央和解放军总部机关进驻香山，毛泽东住在香山的双清别墅。

毛泽东到北平后处理的第一件事，就是同国民党政府的和平谈判。3月26日，即他们到达北平的第二天，中共中央通知南京政府：和平谈判开始时间为4月1日；谈判地点为北平；中共方面的首席代表为周恩来；以 1 月 14 日毛泽东主席对时局的声明及其所提八项条件为双方谈判的基础。中共中央派出周恩来、林伯渠、林彪、叶剑英、李维汉（后又加派聂荣臻）为和谈代表，周恩来为首席代表，同由张治中、邵力子、黄绍竑、章士钊、李蒸（后又加派刘斐）组成的以张治中为首席代表的南京政府和谈代表团，于 4 月 1 日起在北平举行和平谈判。双方代表进行了广泛的商谈，主要就战犯问题和解放军

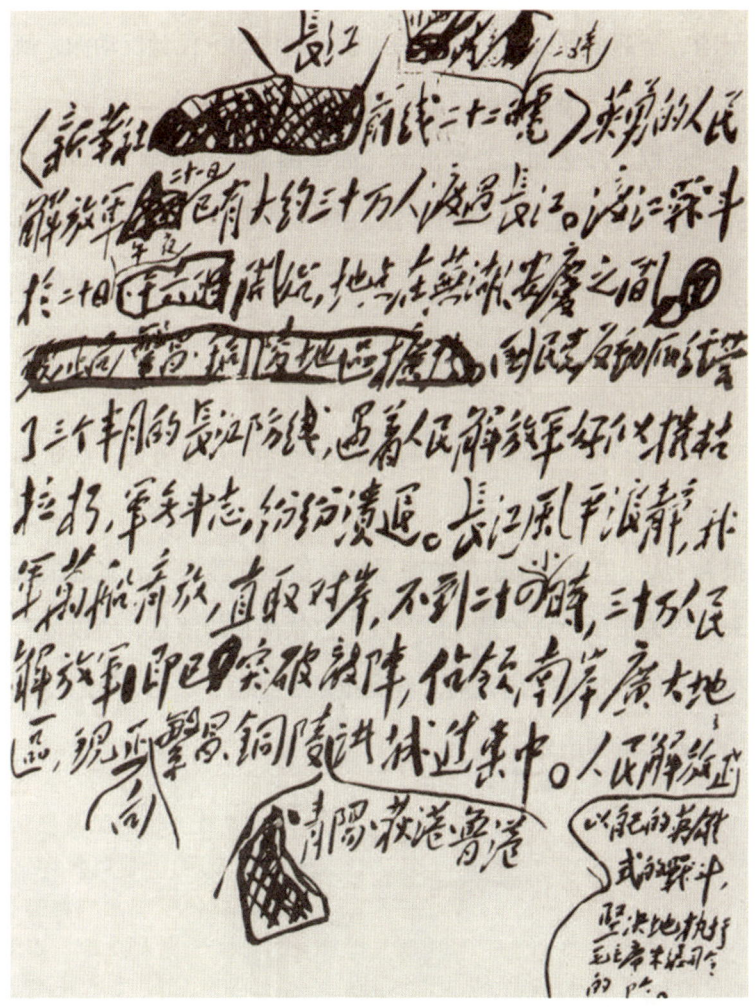

毛泽东为新华社起草的关于人民解放军渡江战役的新闻稿

渡江问题交换意见。经过半个月的协商，4月15日，中共代表团在尽可能地采纳南京政府代表团提出的意见之后，提出八条二十四款的《国内和平协定》（最后修正案），宣布4月20日为最后签字日期。

4月20日，南京政府复电，断然拒绝接受《国内和平协定》（最后修正案）。第二天，作为中国人民革命军事委员会主席的毛泽东和中国人民解放军总司令朱德联名，发出《向全国进军的命令》，命令人民解放军："奋勇前进，坚决、彻底、干净、全部地歼灭中国境内一切敢于抵抗的国民党反动派，解放全国人民，保卫中国领土主权的独立和完整。"

根据毛泽东和朱德发出的《向全国进军的命令》，由总前委书记邓小平统一指挥的第二、第三野战军（原中原野战军和华东野战军），在西起江西湖口、东至江苏江阴的千里战线上，乘风破浪，分三路强渡长江。国民党长期苦心经营的长江防线顷刻瓦解。

4月23日，解放军占领国民党的统治中心南京，红旗插上南京总统府。一天下午，毛泽东起床后，手里拿着《进步日报》，从屋里来到了院落的凉亭里。他坐在藤椅上，看起报纸来。因为报纸上登的是人民解放军占领南京的消息，所以他看报纸时的心情是很高兴的。看完报纸，他写了一首《七律·人民解放军占领南京》：

钟山风雨起苍黄，百万雄师过大江。

虎踞龙盘今胜昔，天翻地覆慨而慷。

宜将剩勇追穷寇，不可沽名学霸王。

"人间正道是沧桑"

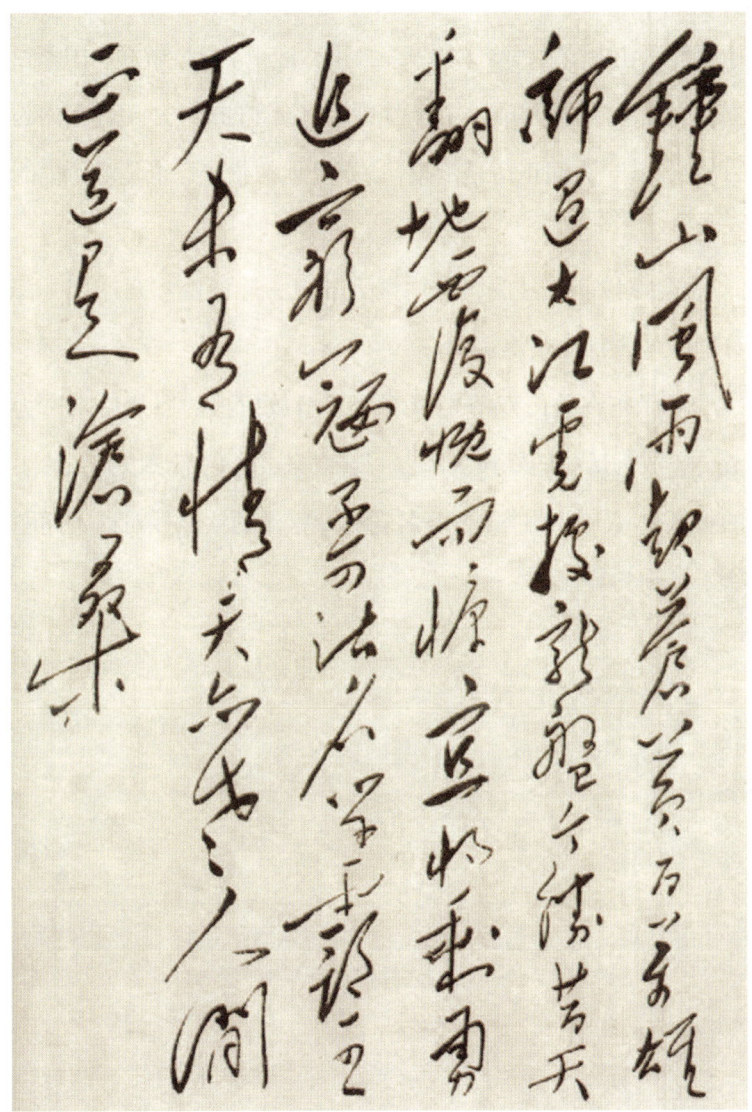

毛泽东《七律·人民解放军占领南京》手迹

天若有情天亦老，人间正道是沧桑。

中国共产党领导全体人民，经过28年艰苦卓绝的斗争，终于推翻压在中国人民身上的三座大山，迎来了民族解放、国家独立、人民幸福的新中国。在新中国即将诞生的前夕，毛泽东内心百感交集。"人间正道是沧桑"，既是他的感慨，也是对历史的一份总结。

至1949年9月底，在中国大陆上，除西南和两广等一部分地区外，都已获得解放。

毛泽东在香山双清别墅看南京解放捷报的照片后来广为流传，成为历史的经典一瞬。一直以来，人们都误以为照片中的报纸是《人民日报》。著名党史专家周炳钦教授对这个问题作了详细的考证：

这幅照片中毛泽东看的是一份什么报纸？是某报纸的号外，或是专页的捷报？上个世纪九十年代初，我在参加编写《毛泽东年谱》时，为弄清毛泽东写作《七律·人民解放军占领南京》一诗的创作背景和时间，曾去《人民日报》社资料室查询过，未能查到《人民日报》当时关于"南京解放"的号外，资料室的同志告诉我，如果有号外应该会有留存的。但《人民日报》报道"南京解放"的消息是1949年4月25日第一版，版面与毛泽东照片中的报纸并不相同，因此只能作为存疑。

后来我在阅读有关史料时，得知当时华北除《人民日报》外，还有另一报纸，即由天津《大公报》改名的《进步日报》。是否可能是这份报纸？但苦寻多时未能找到此报。最近到国家图书馆查阅其他资料时，查到馆内收藏有《进步日报》。于是，我查阅了1949年4月23日南京解放后的《进步日报》，果然有了收获。发现4月25日《进步日报》第二版报道"南京解放"的版面，与毛泽东手中阅读的报纸比对完全一致。因此可以认定：毛泽东在北平香山双清别墅凉亭中所看的报纸为《进步日报》，而不是《人民日报》号外，或其他报纸的单页捷报、号外。我将查找到的这一报纸，告知《毛泽东年谱》的主编、原中央文献研究室主任逄先知同志，并与照片比对后，他也赞同我的这一认定。他说："1950年冬我给毛泽东管理图书报刊时，主席的报架上就有《进步日报》，并爱看这份报纸。"

原来，照片上毛泽东所看的是天津的《进步日报》。

"时间开始了！"

——1949年10月1日毛泽东在开国大典上的照片

摄影师侯波曾为党和国家领导人拍过很多照片。不止一次，人们问起侯波："你最喜欢的照片是哪张？"侯波总是说，开国大典那一张。她说："这张照片在我们国家来说，是了不起的。中国一直是半殖民地半封建的国家，在国际上没有地位，毛主席在天安门城楼上向全世界人民宣布中华人民共和国成立了。压在中国人民头上的三座大山被推倒了，中国人民解放了，这是最难忘的大事。"

1949年10月1日，中华人民共和国成立了，中华民族告别一百多年的战乱和屈辱，迎来了新生！

开国大典上，毛泽东宣布中华人民共和国中央人民政府成立

在这张照片上，毛泽东的目光平静、自信而坚毅。在他的表情上，我们读不出迷惘和怀疑，因为革命的征途已经被千千万万革命者踏平，中华民族已经走出了任人宰割的黑暗岁月，实现了独立和解放；在他的表情上我们同样读不出激动和狂喜，因为新的蓝图正在酝酿，因为更伟大的成就还在未来，因为"序幕还不是高潮"。

就在几天前，1949年9月21日，在铿锵的《中国人民解放军进行曲》中，中国人民政治协商会议第一届全体会议在中南海怀仁堂隆重开幕。出席开幕式的代表有662人，涵盖了中国共产党、各民主党派、无党派人士、各地区和人民解放军、各社会团体以及工商界、宗教界、少数民族和国外华侨等各界人士。毛泽东健步走入会场宣布会议开幕。一时间全场起立，热烈鼓掌达五分钟之久。毛泽东指出："现在的中国人民政治协商会议是在完全新的基础之上召开的，它具有代表全国人民的性质，它获得全国人民的信任和拥护。"毛泽东情不自禁地说："诸位代表先生们，我们有一个共同的感觉，这就是我们的工作将写在人类的历史上，它将表明：占人类总数四分之一的中国人从此站立起来了！"

9月30日，中国人民政治协商会议胜利闭幕。会议一致通过了《中国人民政治协商会议第一届全体会议宣言》，向全世界庄严宣告："中华人民共和国现已宣告成立，中国人民业已有了自己的中央政府"；"中国的历史，从此开辟了一个新的时代！"当晚，毛泽东和政协全体代表一起到天安门广场，为人民英雄纪念碑举行隆重的奠基典礼，缅怀为民族独立和人民解放英勇献身的革命先烈。毛泽东满怀激情地宣读了由他自己撰写的碑文：

> 人民英雄永垂不朽！
>
> 三年以来，在人民解放战争和人民革命斗争中牺牲的人民英雄永垂不朽！
>
> 三十年以来，在人民解放战争和人民革命斗争中牺牲的人民英雄永垂不朽！
>
> 由此上溯到一千八百四十年，从那时起，为了反对内外敌人，争取民族独立和人民自由幸福，在历次斗争中牺牲的人民英雄们永垂不朽！

1949年10月1日的北京，万里无云。在雄伟的天安门城楼上，大红灯笼下金色的流苏迎风摇曳，八面巨大的红旗猎猎作响。

下午两点，毛泽东主持召开中央人民政府委员会第一次会议，并率全体委员宣布就职。这次会议宣布中华人民共和国中央人民政府成立，决定向各国政府宣布中华人民共和国中央人民政府为中国唯一合法政府，愿与遵守平等、互利及互相尊重领土主权原则的任何外国建立外交关系。

会后已届下午三点，开国大典正式开始。毛泽东和各界代表登上天安门城楼，向天安门广场

开国大典上，中华人民共和国第一面五星红旗升起在天安门广场上空

上早已在此等候的30万群众挥手致意。毛泽东庄严宣布："中华人民共和国中央人民政府今天成立了！"

刹那间，广场上欢声雷动，喜悦的呐喊响彻云霄！

在《义勇军进行曲》激昂的旋律中，毛泽东亲自按动电钮，新中国的第一面五星红旗缓缓升起。此时，54门礼炮鸣28响，象征着中国共产党领导各族人民艰苦奋斗的28年历程。待礼炮声稍稍平息，毛泽东开始宣读《中华人民共和国中央人民政府公告》：

自蒋介石国民党反动政府背叛祖国，勾结帝国主义，发动反革命战争以来，全国人民处于水深火热的情况之中。幸赖我人民解放军在全国人民援助之下，为保卫祖国的领土主权，为保卫人民的生命财产，为解除人民的痛苦和争取人民的权利，奋不顾身、英勇作战，得以消灭反动军队，推翻国民政府

朱德总司令在开国大典上宣读《中国人民解放军总部命令》，要求全军指战员迅速肃清国民党反动军队的残余，解放一切尚未解放的国土。左起：林伯渠、朱德、罗荣桓、陈毅、刘伯承、贺龙

的反动统治。现在人民解放战争业已取得基本的胜利,全国大多数人民业已获得解放。在此基础之上,由全国各民主党派、各人民团体、人民解放军、各地区、各民族、国外华侨及其他爱国民主分子的代表们所组成的中国人民政治协商会议第一届全体会议业已集会……

毛泽东的语调高亢有力,那份斩钉截铁、不容置疑的口吻,正是亿万中华儿女亲手开启历史新纪元之时郑重豪迈的精神风貌的生动写照。

四点整,盛大的阅兵式开始举行。人民解放军总司令朱德在阅兵总指挥聂荣臻的陪同下,乘检阅车检阅受阅部队。此时,尽管解放军战士手中的枪是"万国牌",坦克、装甲车、火炮也大都是缴获自国民党军和日本侵略者的,但这些都不妨碍战士们走出排山倒海的气势!

阅兵式结束后,紧接着,群众游行的队伍高举红旗从远处走来。人们唱着、跳着,纵情欢呼人民当家做主的共和国的

首都30万军民在天安门广场参加开国大典活动,欢呼新中国的诞生

诞生。"中国共产党万岁""中华人民共和国万岁"的口号响彻天宇,"毛主席万岁"更是此起彼伏。每一个人都知道,这一历史性的伟大时刻必将永载史册;所有人都明白,正如一切黑夜都是为了迎来更加璀璨夺目的黎明,眼前的一切仅仅是一个开始,是中华民族彻底摆脱百年的黑暗、走向光明前途的转折点。于是,曾经的苦难化作了此刻的热泪,曾经的怀疑、失落、迷惘和耻辱被一点一点洗刷着、抚慰着、荡涤着,太多太多的感动和兴奋汇成满腔的热血和呐喊,在这片重现光明的大地上尽情挥洒!

天色渐渐暗了下来。10月的北京夜晚已经有了一丝凉意,但人民群众炽热的内心却没有受到丝毫影响。长安街上华灯璀璨,焰火此起彼伏,欢快的游行队伍举着火把和灯笼,照亮了天安门的夜空……

此情此景,深深地感染了已经在台上站了好几个小时的毛泽东。或许在他的眼中,眼前欢声笑语中的父老乡亲,就是韶山冲里那些面朝黄土背朝天、汗流浃背辛勤劳作的熟悉面孔,就是安源煤矿中佝偻着身子背着竹篓在煤井的巷道中匍匐前行的漆黑面孔,就是延安窑洞门口吧嗒吧嗒抽着旱烟、嘎吱嘎吱纺着棉线的质朴面孔,就是抗日前线同仇敌忾、众志成城的坚定面孔,也就是分到田地后踊跃参加解放军、运粮运物支援前线的喜悦面孔……正是这些父老乡亲组成了革命事业的坚强后盾,就是他们养育了党和军队。人民群众是历史的创造者,人民群众是真正的英雄!

此刻,毛泽东不禁挥动着手臂,深情地回应道:"同志们万岁!""人民万岁!"

这声音久久不曾散去，穿透了夜空，穿越了中国几千年的文明史……

这一天的《人民日报》发表了署名林韦的文章《记中央人民政府成立盛典》。这篇文章写道：

经历过无数次深重灾难的中华民族与中国人民将永远记得这个珍贵的时刻：它宣布了旧中国完全死亡，宣布了人民的新中国的诞生。中国，中国人，将不再是屈辱的殖民地与殖民地的奴隶的代名词，而要永远地受到全世界爱好和平和民主的人民的尊敬了。中国人民从此有了屹立于世界和平民主阵营的祖国，有了真能保护自己，代表自己的政府。

也正是在这一天，诗人、理论家胡风就站在观礼台上。他用深邃的笔触，饱蘸激情，奋笔疾书三千行，吞云吐虹写就他一生中最长的诗章《时间开始了》，为我们记下庄严神圣的那一刻。

他说道：

祖国，我的祖国

今天

在你新生的这神圣的时间

全地球都在向你敬礼

全宇宙都在向你祝贺

毛泽东！毛泽东！

由于你

我们的祖国

我们的人民

感到了太空底永生的呼吸

受到了全地球本身底战斗的召唤

……

你镇定地迈开了第一步

你沉着的声音像一响惊雷 ——

"全人类四分之一的中国人从此站立

起来了!"

是的,时间开始了。中华民族的历史新纪元开始了!

搞一个"既好看,又好吃"的东西
——1950年2月14日毛泽东在《中苏友好同盟互助条约》签字仪式上的照片

1950年2月14日,正在苏联访问的毛泽东与苏联领导人斯大林共同出席《中苏友好同盟互助条约》的签字仪式。周恩来作为中方代表,用毛笔郑重地在条约文本上签字。此时此刻,毛泽东两个多月的首次访苏之行目的基本达到,画上了一个圆满的句号。

1949年,新中国刚刚成立,百废待兴,毛泽东全力投入繁重的工作当中去。但是对于呱呱坠地的新中国来说,大陆部分地区还没有实现完全的解放,外部又面临着以美国为首的资

1950年2月14日,毛泽东、斯大林出席《中苏友好同盟互助条约》签字仪式

1949年10月2日，苏联政府首先承认中华人民共和国。10月3日，中苏建交。图为苏联首任驻中国大使罗申向毛泽东呈递国书

1949年，毛泽东赴苏联，途经满洲里火车站。左起：杨奇清、滕代远、李富春、毛泽东、李克农、余光生、毛岸英

1949年12月6日至次年2月17日,毛泽东访问苏联。图为毛泽东一行到达苏联后,与迎候在车站的苏联党政领导人合影

本主义世界的敌视和孤立,新中国将以何种姿态出现在国际社会,是国内外普遍关注的问题。1949年12月6日,毛泽东登上北上的列车前往莫斯科,这是时年56岁的他第一次出国。

这次访问苏联,毛泽东心情是复杂的。一方面,苏联第一个宣布承认中华人民共和国,给了中国有力的外交支持,事实上在当时东西两大阵营冷战逐渐升温、内部角逐白热化的情形下,摆在百废待兴、积贫积弱的新中国面前的,也只有"一边倒"依靠苏联为首的社会主义阵营这一条道路可走,这次访苏承载着打开中国外交局面、树立中国在国际社会的地位的任务;而另一方面,在新中国正式成立之前,苏联对即将新生的人民政权的态度谈不上有多友好:1945年苏联政府同国民党政府签订《中苏友好同盟条约》,严重损害中国主权,新中国成立前夕国民党政府败退广东,美国大使馆选择留在南京,而恰恰是苏联大使馆却选择同国民党政府一起南迁,等等。毛泽东此次访苏，一个重要任务就是解决上述这些外交上的困局，此外还要对苏联进行参观访问，并参加斯大林七十寿辰庆祝仪式。

到达莫斯科的当晚，毛泽东就到克里姆林宫拜会了斯大林，受到了罕见的礼遇。双方进行了长达两个多小时的谈话，内容涉及中国当时的军事、经济、政治等各个领域的问题，以及对国际形势的看法。最后，斯大林试探地问毛泽东："你来一趟是很不容易的，那么我们这次应该做些什么？你有些什么想法和愿望？"

毛泽东说："恐怕是要经过双方协商搞个什么东西，这个东西应该是既好看，又好吃。"

两人谈到了若干实质性问题，但一涉及中苏条约问题，斯大林就有点含糊其辞，"顾左右而言他"。毛泽东只好暂时作罢。

形式上，苏联继续高规格礼遇毛泽东。然而对毛泽东来说，生活条件完全不在考虑范围之内，毛泽东心中惦记的是新生人民政权，是共和国的现在和未来，是关乎中国内外形势和未来发展的实质性问题。终于，他在祝寿的第二天便约谈苏方联络员柯瓦廖夫，提出谈判中苏条约问题。没过几天，毛泽东与斯大林举行第二次会谈，会谈长达五个小时，涉及国际共产主义运动的很多大问题，但斯大林仍旧对中苏条约问题避而不谈。转眼间毛泽东来苏十多天了，参加庆祝斯大林寿辰活动的各国代表大都回国，唯独毛泽东没有走。斯大林几乎每天让人打电话来询问毛泽东的生活是否安适，但始终不提签约之事，也不再会见毛泽东，没有安排任何其他苏共高级领导人与毛泽

1949年访问苏联期间的毛泽东

1949年12月21日,毛泽东出席庆祝斯大林七十寿辰盛大庆典

东会谈。

懂得忍耐的毛泽东此时也按捺不住了。一次,柯瓦廖夫和翻译费德林来看望毛泽东,毛泽东忍不住发了火:"我到莫斯科来,不是单为斯大林祝寿的。你们还要保持跟国民党的条约,你们保持好了,过几天我就走。我现在的任务是三个:吃饭、拉屎、睡觉。"这明白无误地是讲给斯大林听的,表达了对斯大林不准备签订新约的强烈不满。

毛泽东长时间逗留莫斯科,引起西方资本主义阵营的种种猜测,一时谣言四起,甚至有人认为斯大林软禁了毛泽东。为了戳穿谣言,经双方同意,由苏方起草了一个毛泽东答塔斯社记者问谈话稿。谈话稿里有这样的对话,记者问:"你在这里打算还待多久?"毛泽东答:"还等候一个时期再走,等着签订中苏条约。"这个谈话稿在苏联《真理报》上发表,谣言终于不攻自破。这表明,斯大林终于决定跟中国谈中苏条约的问题了。

至此,毛泽东的心情豁然开朗,精神好起来。他开始到苏联国内参观访问:拜谒列宁墓、访问列宁格勒、参观波罗的海。毛泽东前往波罗的海的喀琅施塔得要塞,站在厚厚的冰层上,他举目眺望,并发感慨:"这里真的是千里冰封啊。"他还笑着说:"我的愿望是要从海参崴——太平洋的西岸,走到波罗的海——大西洋的东岸,再从黑海边走到北极圈。那时才可以说,我把苏联的东西南北都走遍了。"陪同人员听到这番话,顿时活跃起来,鼓起掌来。

经过毛泽东和斯大林的提议,周恩来总理带来了一个阵容不小的工作班子从国内赶赴莫斯科,就中苏两国之间的具体问题进行细致磋商。

经过一个月的谈判,1950年2月14日,中苏两国签订了《中苏友好同盟互助条约》《中苏关于中国长春铁路、旅顺口及大连的协定》《关于苏联贷款给中华人民共和国的协定》。第二天,毛泽东又邀请斯大林出席在中国大使馆举行的答谢宴会。过去斯大林是从不到克里姆林宫以外的地方出席宴会的,这一次破例接受邀请,以表示对毛泽东的尊重。

1949年毛泽东的首次访苏维护了中国的民族尊严和国家主权,提高了中国的国际地位,用条约的形式将中苏友好合作的关系固定下来。这对于巩固新生的中华人民共和国政权,为新中国迅速恢复国民经济、迎接大规模经济建设的新时期创造了前所未有的良好外部条件。此后,大量苏联专家带着资金、图纸分批次来到中国,为新中国的国民经济恢复重建和工业发展提供了很多帮助。特别是1953年至1957年"一五计划"期间，苏联援助中国的大型项目就有156个，对中国从无到有建立完整的工业体系具有重大意义。

深情的拥抱

——1952年5月23日中国人民志愿军女战士解秀梅向毛泽东献花的照片

1952年5月23日,中国人民志愿军归国代表团在中南海受到毛泽东的接见。在接见的时候,首先由一位名叫解秀梅的女文工团员向毛泽东献花。解秀梅献花后,突然间情不自禁地拥抱了毛泽东,并且激动得泪流满面,毛泽东也动情地闭上了眼睛。摄影师吕厚民立即按动快门,拍下了这一感人的场面。

志愿军女战士解秀梅与毛泽东拥抱

志愿军女兵解秀梅

1950年,战火烧到中国的鸭绿江边,严重威胁着中国东北边境居民的安全。图为遭到美军飞机轰炸后的安东(今丹东)市街头

1950年6月25日,朝鲜内战爆发。应朝鲜最高领导人金日成的请求,中共中央、毛泽东决定派遣中国人民志愿军赴朝作战,"抗美援朝,保家卫国"。毛泽东的号召发出后,立即得到全国上下的积极响应,各地的热血青年满怀爱国赤诚报名加入志愿军,这其中也包括一些女性,她们巾帼不让须眉,同男子一样在朝鲜战争中英勇作战,为最终赢得这场战争的胜利作出了巨大贡献。解秀梅就是志愿军女兵中的一员,也是唯一荣立一等功的志愿军女战士。

解秀梅于1932年出生在河北省高阳县于提村的一个贫苦农民家庭里。家乡解放后,解秀梅积极参加本村的业余剧团。在演出、读报中,女英雄刘胡兰的故事深深地感染了她。她决心像刘胡兰那样报效祖国。1950年2月,她光荣地成为人民军队的一员。

1951年,解秀梅所在的部队跨过鸭绿江,入朝作战。连

1950年10月，中国人民志愿军雄赳赳，气昂昂，跨过鸭绿江

续18天艰苦行军，背着和男同志一样重的东西跋山涉水，她不仅没有掉队，还始终把身体弱的战友王喜斌的挎包和三四公斤重的米袋子放在自己的肩上。解秀梅边走边给战友们鼓劲。她因此被评为文工队的行军模范。

解秀梅还和文工队的战友们一起把英雄们不畏强敌、英勇作战、忠于祖国的事迹编成故事、快板和唱词，为大家表演、唱歌，鼓舞了大家的战斗意志。

1951年11月30日下午，解秀梅打柴回来的时候，遇到9架敌机袭击。敌机在志愿军病房附近投下炸弹，手术所被敌机炸得燃烧起来。其他伤员都转移了，剩下身负重伤的605团排长李永华还没有来得及转移。手术所的房子被大火包围，在这紧急关头，解秀梅不顾一切地冲进屋子，把李永华同志背了出来。

然而敌机还在不停地轰炸着，伤员的衣服着了火，解秀

志愿军女兵解秀梅

志愿军代表解秀梅请毛泽东签名

梅急忙把火弄灭,背起伤员又跑。敌机忽然发现了他们,一架跟着一架俯冲轰炸。突然,一颗炸弹直向她头顶上落下来,解秀梅马上放下伤员,紧紧地抱住,用自己的身体掩护伤员。炸弹爆炸了,气浪冲天,飞起的碎石和土块把他们埋起来,解秀梅的棉衣棉裤被打破好几处,胳膊也受了伤,手上流满鲜血,可伤员却安然无恙。她顾不得伤痛,爬起来又背上伤员向前跑,终于把伤员背到了山地防空洞。志愿军68军政治部给她荣记一等功。

这次解秀梅随志愿军归国代表团,受到了毛泽东的亲切接见,心情十分激动。也许是有太多的话想说,却无法表达,因此出现了与毛泽东深情相拥这一感人场面。同年10月,解秀梅在朝鲜受到了金日成首相的接见。1956年解秀梅转业成为一名普通的印刷工人,在工作中,她从未向同事提起自己在朝鲜战场上的英雄往事,只是在平凡的岗位上默默付出着……

胡乔木曾说:"我在毛主席身边工作二十多年,记得有两件事使毛主席很难下决心,一件是1950年派志愿军入朝作战,一件就是1946年我们准备同国民党彻底决裂。"

在毛泽东一生的两次艰难决策中,抗美援朝无疑是他一生中最为艰难的一次。这从毛泽东与他的老同学周世钊的谈话中也可看得出来。

1913年春天到1918年夏天,毛泽东和周世钊在湖南省立第四师范和第一师范学校同班学习了5年半。毕业后,他们走上了社会,又一起共同奋斗了9个春秋,直到1927年后才分开。他们情意拳拳,过从甚密,书信来往不断,诗词切磋频频,相知相交63年。毛泽东称周世钊是"真能爱我,又能于我有益的人",并称赞他是"贤者与能者";周世钊则称毛泽东是"素抱宏愿"的"吾兄",又称他是"尊敬的主席"。

周世钊之子周彦瑜根据周世钊的忆述,曾撰文记述毛泽东与周世钊四次谈论关于抗美援朝战争的情况。

第一次谈抗美援朝战争。1950年10月27日上午,毛泽东召见王季范和周世钊。毛泽东伤感地谈了任弼时逝世一事后,谈论起宗教和哲学问题。周世钊感到很奇怪,于是问道:"主席今天为什么有这种闲情来谈宗教和哲学这些问题呢?朝鲜局势不是很紧张吗?"

毛泽东从容答道:"朝鲜局势日趋紧张,这段时间,我们为了讨论这个问题,有很多天是睡不着的。但是,今天我们可以高枕而卧了。"

"这是为什么呢?"周世钊很不解。

"因为我们的志愿军已经出国了。"毛泽东透露了这个消息。

这是周世钊和王季范之前没有听到的消息。周世钊一方面感到兴奋,一方面更感到担心,因而提出一个问题:"有胜的把握吗?"

毛泽东没有立即回答这个问题,却反问王季范和周世钊:"你们对这个问题看法怎么样?"

王季范没有表示意见。周世钊稍稍考虑后陈述了他的看法:"国民党反动统治被推翻,全国得到解放,这是建设新国家的大好机会。全国人民都希望和平建设,志愿军抗美援朝,是不是会影响和平建设呢?"

毛泽东说:"不错,我们急切需要和平建设,如果要我写出和平建设的理由,可以写百条千条,但这百条千条的理由不能敌住六个大字,就是'不能置之不理'。现在美帝的侵略矛头直指我国的东北,假如它真的把朝鲜搞垮了,即使不过鸭绿江,我们的东北也时常在它的威胁中过日子,要进行和平建设也会有困难。所以,我们对朝鲜问题,如果置之不理,美帝必然得寸进尺,走日本侵略中国的老路,甚至比日本搞得更凶。它要把三把尖刀插在中国的身上,从朝鲜一把刀插在我国的头上,以台湾一把刀插在我国的腰上,把越南一把刀插在我国的脚上。天下有变,它就从三方面向我进攻,那我们就被动了。我们抗美援朝就是不许它的如意算盘得逞。'打得一拳开,免得百拳来。'我们抗美援朝,就是保家卫国,可是党内有很多人不同意。"

周世钊听了还是十分担心,再一次提出刚才的疑问:"是不是有胜利的把握呢?"

毛泽东喝了口茶,不慌不忙地回答这个问题:"你们都知道,我是不打无把握的仗的。这次派志愿军出国,是有人不同意的,他们认为没有必胜的把握。我和中央一些同志经过周详的考虑和研究,制定了持久战的战略,胜利是有把握的。我们估计,美帝的军队有一长三短。它的钢铁多,飞机大炮多,是它唯一的优势。但它在世界上的军事基地多,到处树敌,到处布防,兵源不足,是第一短;远隔重洋,是它的第二短;是为侵略而战,师出无名,士气十分低落,是它的致命伤。虽有一长,不能敌这三短。我们则为抗美援朝而战,为保家卫国而战,士气高,兵源又足。我们并不希望速战速决,我们要进行持久战,一步一步消灭它的有生力量,使它每天都有伤亡。它一天不撤退,我们就打它一天,一年不撤退就打它一年,十年不撤退,就打它十年。这样一来,它就伤亡多,受不了。到那时,它就只好心甘情愿进行和平解决。只要它愿意和平解决,我们就可结束战争。"

周世钊又提出一个问题:"假如它不在朝鲜战场上打而派大军从我国海岸登陆怎么办?"

毛泽东说:"它不敢,那样做我们也不怕它。我们有《中苏友好同盟互助条约》,它如果向我国进攻,就会引起苏联的参与。苏联参与,不一定要派兵东来,它可以在几天之间用兵西向,席卷欧洲,欧洲是美国必争之地,它要照顾欧洲,自然也就无力入侵我国了。"

周世钊继续发问:"假如美帝用飞机滥炸我国的重要都市呢?"

毛泽东继续分析道:"它也不敢,因为这同派兵登陆,同样是侵略。"

在毛泽东剖析了上述论点后,周世钊又提出一个问题:"为什么只有我国抗美援朝,苏联却坐视不理呢?"

毛泽东笑着说道:"这个仗,我们有力量有把握打好,不必要苏联参加。我看美帝的侵略行径,一定会彻底失败,不管它怎样挣扎,终究是黔驴技穷,在中朝人民共同抗击之下,它是一定不能得逞的。"

第二次谈抗美援朝战争。1951年5月的一个星期六下午,毛泽东派秘书田家英到政治研究院接周世钊和蒋竹如去中南海聚会。见面后,毛泽东高兴地告诉他们,志愿军在朝鲜作战获得了一个又一个的胜利,并说"我们志愿军的武器远不如美帝,但常常把美帝的军队打得狼狈逃窜。我们连大炮都少,飞机更没上前线,但常常打胜仗,把敌人打得落花流水。这是为什么呢?没有别的理由,这是因为我们的志愿军都是翻身的农民和工人,他们认识这场战争是为支援被侵略的朝鲜而战,是为保家卫国而战,都有为保卫革命胜利果实的决心,都明了这场战争是为自己而战,为自己的国家而战,因此奋勇杀敌,敢于牺牲。可以说,抗美援朝战争我们打的是品质仗,是什么武器也不易抵挡的。"

谈了这些以后,毛泽东又说:"我们在朝鲜战场上的形势是越来越好,造成这种好形势主要依靠我们志愿军的勇敢和机智。他们现在层层挖掘坑道,这些坑道都在山底下,纵横沟通,随意出入,飞机炸不垮,大炮轰不坏。敌人不好攻,我们却可出去,万一失了第一线,还有第二线、第三线。这都是志愿军指战员想出来的好办法。像我们在北京的人就不一定想得出这种办法。"

第三次谈抗美援朝战争。1951年9月的一天，毛泽东约在政治研究院学习的周世钊、李思安、蒋竹如等5人到中南海共进晚餐。席间，毛泽东很高兴地告诉在座的人："抗美援朝战争所以能够取得胜利，主要是由于我们志愿军的机智勇敢，不断提出新的对付敌人的好办法，坑道战就是新办法之一，现在挖掘了许多层的坑道，敌人想要破坏这些坑道是很不容易的。一个美国记者说：美国的军队再花20年也打不到鸭绿江！我看再打200年，他们也没有希望打到鸭绿江。"

第四次谈抗美援朝战争。周世钊和毛泽东大概在1954年见面时，又一次谈到了抗美援朝战争问题。

周世钊感叹："1950年的那场抗美援朝战争，真是够紧张的啊！那时国民党反动统治被推翻，全国人民得到解放，建设新国家是大好机会。人民希望和平建设自己的国家，那时您就决定抗美援朝派志愿军到朝鲜作战。我当时怕影响我们的和平建设，但后来居然把美帝国主义打败了，这是了不起的事！

毛泽东说："关于抗美援朝战争的问题，1950年10月我就跟你谈过。我们不希望速战速决，我们要进行持久战……战争的结果，完全证明我们的估计是正确的。中朝人民胜利了，美帝国主义失败了，这就是历史的结论。抗美援朝这一仗，我们不仅打出了军威，而且打出了国威。抗美援朝这场战争我们虽然付出了代价，但是经过抗美援朝这一场战争以后，我们中国在国际上的地位大大提高了。看来我们打这场战争还是值得的。"

《朝鲜停战协定》签字后，中国人民第三届赴朝慰问团在贺龙率领下，于1953年10月过鸭绿江进入朝鲜。周世钊参加了中国人民赴朝慰问团湖南分团，到铁路沿线慰问志愿军铁道兵团。周世钊通过两个月的慰问，更加认识到毛泽东的伟大，认识到毛泽东关于抗美援朝战争判断的正确性，心里更加佩服毛泽东。

多年后，当时拍摄这幅照片的吕厚民谈起这幅照片，心里还是别有一番情感。那天他发现，毛泽东的脸色一直很凝重。他知道，毛泽东的大儿子毛岸英早在朝鲜战场牺牲了，此事肯定勾起了毛泽东的失子之痛。毛泽东那闭着双眼好一会儿没有睁开的神情，一直在他的眼前挥之不去。也许是缘于对包括儿子在内的志愿军的特殊情感，毛泽东后来还为这张照片签了名，寄给了解秀梅。毛泽东在自己的照片上签上名字送给别人，是极为少见的。可他为什么为一个普通的文艺战士寄去签名照片呢？对儿子的思念，可能是主要原因吧。

在1954年周世钊和毛泽东第四次谈抗美援朝战争时，周世钊又小心地问："毛岸英同志也到了朝鲜，但是他刚刚出国不久就在朝鲜战场上牺牲了，是不是和彭老总没尽到责任有关？如果您不派毛岸英同志到朝鲜战场上，我看他是不会牺牲的。"

毛泽东想了想，说："不能这样说。岸英的牺牲，责任完全在美帝国主义身上。岸英是为保卫中国人民、朝鲜人民的利益，为保卫我们祖国的安全而出国作战的，他是为反对美帝国主义的侵略行为，为保卫世界和平事业而牺牲的。彭老总是没有什么责任的，不能去责怪他。当时，我得到岸英在朝鲜战场上不幸牺牲的消息后，我的内心是很难过的，因为我很喜欢岸英这个孩子。岸英牺牲以后，当时有人提议要把他的尸体运回国来安葬，我没有同意。我说岸英是响应党中央的号召，为抗美援朝，为保家卫国而牺牲的，就把他的尸体安葬在朝鲜的国土上，让它显示中朝人民的友谊，让中朝人民的友谊万古长青，不必把他的尸体运回国来安葬。当然你说如果我不派他到朝鲜战场上，他就不会牺牲，这是可能的，也是不错的。但是，我是党中央的主席，在那种比较困难的情况下，我是极力主张发动抗美援朝、保家卫国运动的，后来得到党中央的赞成，作出了抗美援朝、保家卫国的决定。这个决定得到了中国人民、朝鲜人民、全世界一切爱好和平人民的支持和拥护，很快就在全国范围内掀起了一个抗美援朝、保家卫国的伟大运动。我作为党中央的主席，作为一个领导人，自己有儿子不派他去抗美援朝、保家卫国，又派谁的儿子去呢？人人都像我一样，自己有儿子不派他去上战场，光派别人的儿子去上前线打仗，这还算个什么领导人呢？这是一方面。另一方面岸英是个青年人，他从苏联留学回国后，到农村进行过劳动锻炼，但他没有正式上过战场。青年人就是要到艰苦的环境中去锻炼，要在战斗中成长。基于这些原因，我才派他到朝鲜去的。"

1950年10月，美帝国主义把战火烧到了鸭绿江边。毛泽东号召全国人民抗美援朝，保家卫国。毛岸英主动申请要求参加中国人民志愿军，坚决要求入朝参战。当中南海里的许多人都来劝毛泽东出面阻止时，得到的回答却是："他不去谁去！"

毛岸英是经过毛泽东同意随志愿军总部入朝作战的，担任志愿军司令部的俄文翻译和机要工作。毛泽东在他身上倾注了无限的父爱。毛泽东在他身上寄托着厚望,但毛泽东从不把毛岸英看成只属于他自己的,而是属于党,属于人民,他应当报效祖国。

毛岸英的妻子刘思齐(又名刘松林)后来有这样一段回忆,她说:"我和岸英分别时,我正生病住院,岸英没有说是要去战火硝烟的朝鲜,只是一再地叮嘱我不管怎样都要完成学业,还向我深深地鞠上了一躬。"

1950年11月25日,第二次战役发起的当天,三架美军轰炸机从志愿军司令部驻地上空掠过。做了防空准备的人们松了一口气。不料,敌机突然掉转头,向志愿军司令部驻地投下了几十个凝固汽油弹,作战室被吞没在一片火海中,正在屋内值班的毛岸英献出了年轻的生命。彭德怀在当天向中央军委专门作了汇报,短短的电文,竟写了一个钟头。

电报到了周恩来手中。周恩来深知这对毛泽东的打击会有多大,他不愿在指挥战役的紧张时刻去分毛泽东的心,便把电报暂时搁下。直到1951年元旦过后,1月2日,他才把电报送给毛泽东看,并附信说,"毛岸英的牺牲是光荣的,当时因你们都在感冒中,未将此电送阅"。

1949年4月,毛泽东和毛岸英在北平香山

1949年4月,毛泽东和毛岸英、刘松林、李讷在香山

周恩来的信和彭德怀的电报,由机要秘书叶子龙送给毛泽东。当时毛泽东正在办公室。信和电报都不长,毛泽东却看了很久很久。叶子龙一直静静地站在那里。毛泽东强压着悲痛的心情,说了一句话:"唉!战争嘛,总要有伤亡,没有关系!"整整一夜,他坐在沙发上没有起身,只是一根接着一根地抽着烟,坚忍地接受了儿子再也不回来的事实,一个人承受着失去亲人的伤痛。

杨尚昆在自己的日记中这样写道:"岸英死讯,今天已不能不告诉李得胜了!在他见了程颂云等人之后,即将此息告他。长叹了一声之后,他说'牺牲的成千上万,无法只顾及此一人。事已过去,不必说了。'"目睹此情此景,杨尚昆不禁叹曰:"精神伟大!"

1951年2月21日,彭德怀一到北京,就急忙赶往新六所。新六所位于北京城的西北郊。这里比较僻静,新中国成立初期,毛泽东经常在这里休息、办公。彭德怀向毛泽东详细汇报了朝鲜战争情况,并特别提出兵员不足和后勤保障问题。毛泽东认真听取彭德怀的陈述,及时调整方针,作出正确决断。

彭德怀还向毛泽东详细汇报了毛岸英牺牲的经过,并以内疚的心情检讨说:"主席,你让岸英随我到朝鲜前线后,他工作很积极。可我对你和恩来几次督促志司注意防空的指示不重视,致岸英和高参谋不幸牺牲,我应当承担责任,我和志司的同志们至今还很悲痛。"毛泽东听罢,一时沉默无语。

当时,听完彭德怀的汇报,望着内心不安的彭德怀,毛泽东的心情十分平静。他宽慰彭德怀:"打仗总是要死人的嘛!中国人民志愿军已经献出了那么多指战员的生命。岸英是一个普通的战士,不要因为是我的儿子,就当成一件大事。现在美国在朝鲜战场上使用各种飞机约一千多架,你们千万不能

朝鲜人民群众为毛岸英烈士扫墓

疏忽大意,要采取一切措施保证司令部的安全。"

经毛泽东同意,毛岸英烈士和千万个志愿军烈士一样,长眠在朝鲜的国土上,成为中朝人民友谊的象征。

1990年,当中央警卫局在清理毛泽东的遗物时,无意中发现了一个小柜子,柜子里面装的是毛泽东亲手珍藏的毛岸英的几件衣物,有衬衣、袜子、毛巾和一顶军帽,而这些物品并不是身边的工作人员收拾的。

其实,按照韶山的风俗,家人去世以后,一般会把那些东西都烧掉,没有保留遗物的习惯。而毛泽东却瞒住了所有的人,悄悄将儿子的遗物珍藏在身边,这一藏就是26年。

很多人听说过这样的故事,当有人建议,把岸英的墓迁回国内时,毛泽东说:"不必了,共产党人死在哪里,就埋在哪里吧。"作为一个领袖,他只能拒绝这份好意,并且在电文上写下这样的诗句:"青山处处埋忠骨,何须马革裹尸还。"

当这些衣物,再一次呈现在我们

1952年10月19日,黄继光在上甘岭战役中,用自己的胸膛堵住敌人地堡的机枪口,壮烈牺牲。这是1953年所立的黄继光纪念碑

毛岸英在朝鲜穿过的长袖衬衣

面前时，距离毛岸英牺牲已经过去了整整40年，距离毛泽东逝世也过去了14年，一个老父亲对离去孩子的思念，就这样被默默地压在衣柜底下，沉默了近半个世纪。

"为有牺牲多壮志，敢教日月换新天。"

"牺牲"二字，多么的豪迈，可那一刻毛泽东心里又有多么的痛，而一个"敢"字，又把多少风云一笔带过，唯有把自己真正放置在那个时代我们才会明白，"新中国"这三个字分量有多重！

抗美援朝战争的胜利，使中国的经济建设获得了有利的国际和平环境。这对于长期处于战乱的中国人民来说，是极其宝贵的。以1953年开始的第一个五年计划建设为标志，中国开始了长时期的、大规模的工业化建设。这为新中国日后的经济建设打下了坚实的基础。如果说，《中苏友好同盟互助条约》的签订，为新中国创造了有利的国际环境；那么，抗美援朝战争的胜利，则大大提高了新中国的国际地位。这两件事，都是和毛泽东的名字分不开的。

"你是客,还是我来划吧!"

——1952年9月毛泽东与程潜泛舟中南海的照片

1952年的一个秋日,和风习习,毛泽东邀程潜到中南海家中用餐。

程潜,1882年生于湖南醴陵,为清末秀才,又曾留学日本,1905年加入同盟会,堪称国民党元老。1945年毛泽东赴重庆谈判时曾经拜访他,使他惊喜不已。1949年6月,程潜给中共中央和毛泽东写了一封表明起义决心的"备忘录",亲笔签名交给湖南地下党,令毛泽东大喜过望。8月3日,程潜宣布脱离广州政府,引起了各界的巨大震动,对大西南的迅速解放和川、滇、陕、甘和新疆等地国民党将领的起义都有推动

1952年9月,毛泽东邀请程潜将军泛舟中南海

作用。昔日的"战犯",在民族大计面前做出正确选择,成为了人民的功臣。后来,程潜参加了首届政治协商会议,以中央人民政府委员身份登上天安门城楼参加开国大典,后又被任命为人民革命军事委员会副主席。

受邀到毛泽东家中用餐,程潜感到非常荣幸。吃罢饭,两人漫步于错落有致的亭台楼阁和名花异草之间,只见这块占地700亩的美丽湖面和殿阁楼台,楼阁与水面交相辉映,景色十分幽美。毛泽东提出与程潜共同泛舟,程潜欣然同意。

上船后,毛泽东亲自荡桨。程潜见此情景,连忙不安地摆手说:"岂敢岂敢,你是国家元首,已年近花甲,怎能让你为我荡桨?"

"哪里哪里,您是国民党元老,爱国高级将领,又是我的老上级、老乡,还分什么彼此哦!您已古稀高龄,总不能让您划桨呀!再说,您是客,还是客随主便吧。"

说着,毛泽东操起桨用力划起来,小船便悠然地向前游去。

毛泽东一边荡桨,一边讲述着中南海的历史:"中南海和北海在明清时统称为西苑或西海子,也称太液池,并列为禁苑。明代后期按地域又分为南海、中海、北海,合称三海。民国以后,又分为中南海和北海。中南海为辽代开辟,是金代离宫万宁宫的所在地,元代营建大都时划入'大内'范围。南海开辟于明代。整个中南海1500亩的面积,水就有700亩。海内的建筑物不但布局错落有致,颇有讲究,就是建筑技术、工艺水平也很高超。这些虽说是当时的统治阶级为自己建造的,但也反映了劳动人民的聪明才智。如今我们共产党人住进来

"你是客,还是我来划吧!"

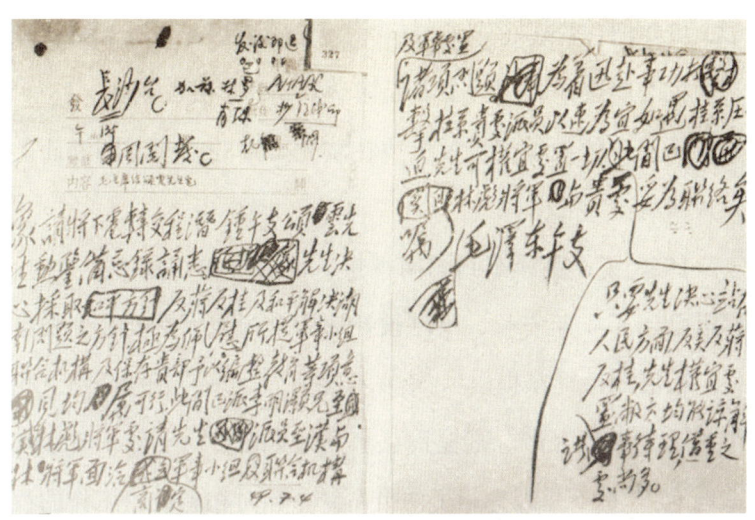

1949年7月4日毛泽东致程潜电

1950年,毛泽东和人民革命军事委员会副主席程潜在全国政协一届二次会议上交谈

了,更要把它管理好。"

程潜连连称赞:"主席真是博学多才,学贯古今!"

俩人不停地说笑着,笑声在波光粼粼的中南海的湖面上久久回荡。

1958年,毛泽东到湖南视察,专门拜访了程潜。这时,程潜已当了4年省长,又刚被补选为全国人大常委会副委员长。程潜向毛泽东提出:"年岁不饶人,北京、长沙两地又相距甚远,不便兼顾,还是辞去省长之职吧!"毛泽东听了幽默地问:"是不是因为用了两个右派(当时在省政府工作的程星龄、谭日高被错划为右派),就要引咎辞职了?不要紧嘛,我不是也用了右派?以后您可以半年在北京,半年在湖南","您老德高望重,还是继续担任省长为宜。"程潜听了不再坚持个人的要求。此后,他又当了10年的湖南省省长,为社会主义建设作出了很大贡献。

发自内心地礼贤下士、平易近人,谦虚诚恳、推心置腹,这就是毛泽东的人格与魅力,也是他能广泛团结各方的原因。

"延安人民有什么要求和困难？"

——1952年毛泽东会见延安时期劳动模范杨步浩的照片

这是1952年毛泽东在中南海家中接见延安时期劳动模范杨步浩的照片。据杨步浩后来回忆："主席和我亲热地坐在一起，问我，身体好不好？我高兴地说，好！正在这时，对面一个人呼啦一下给照了一张相……主席还问：你带的有材料没有？我说有。马上从怀里掏出来给主席看。材料是我们乡长写的，我们乡长文化水平低，写的材料一马二虎的看不清，我就给主席指行行。这时，呼啦一下又给照了一张相。"

杨步浩是土生土长的陕北人。1929年，陕北遭遇大旱灾，24岁的杨步浩一家逃荒讨饭来到延安艰难度日。1935年，中

1952年，毛泽东会见延安时期劳动模范杨步浩

1946年2月,毛泽东同延安军民一起欢度春节。二排右一为劳动模范杨步浩

央红军经过长征来到陕北,杨步浩在土改中分得了土地,生活才逐渐好转。1942年开始,国民党掀起新一轮反共高潮,陕甘宁边区的物资供应出现严重困难。在毛泽东的号召下,党政机关普遍开展大生产运动,上上下下每个人都有生产任务。同时群众中也开展了劳动竞赛。1943年,杨步浩被评为延安县劳动模范。有一次他听359旅旅长王震说,毛泽东、朱德也有生产任务,也要和战士们一样开荒种地。杨步浩听了感动不已,他提出:毛主席、朱总司令工作那么繁重,我能不能代替他们耕田?此事得到了县委的同意,报给毛泽东,毛泽东也对他表示感谢。后来,毛泽东还与朱德一起接见了杨步浩,当毛泽东问他为什么提出替自己代耕时,杨步浩说:"吃米不忘种谷人,穿青不忘种靛人。我过上了好日子,不能忘了党的大恩大德呀!"毛泽东和朱德听了都很感动。

就这样,代耕一直持续下去。杨步浩不仅生产搞得好,而且积极组织村里的变工互助,村里的打井抗旱、牲畜养殖、

1946年,延安军民向毛泽东献金匾

植树绿化他都走在前面,还响应号召积极组织和参加冬学运动。他所在的川口区六乡一连几年都被评为模范乡。1945年,杨步浩被评为陕甘宁边区甲等劳动英雄。

生活改善了,老百姓想到的还是党和边区政府的恩情。1946年春节,杨步浩提议,向党中央、毛泽东表达老百姓的一点心意,得到了乡亲们的热烈响应。大家讨论决定,以延安县川口区六乡人民的名义,给毛泽东送一块大红金字匾。杨步浩亲自联系木匠王金祥制作匾牌,又请延安城里的书法家毕拱斗题写大字"人民救星",三五天内,一块五尺长、三尺五宽的匾额就做成了。这年正月十五,杨步浩带领乡里的秧歌队来延安演出,向党中央拜年,大家一路上吹吹打打,将这块匾额抬到了王家坪军委驻地。毛泽东和朱德等人来到大门口迎接,与杨步浩亲切握手。杨步浩说:"您是咱受苦人的大救星。今天向您献匾,是我们川口区六乡群众的一点心意,祝贺您身体健康!"毛泽东高兴地说:"延安川口区六乡五百三十户两千四百多人口,经常和咱党中央来来往往,像亲戚一样,今天又送来了金字匾,对中央和政府这样关切,我感谢六乡的全体人民,祝贺今年夺得大丰收!"这天干部群众载歌载舞,延安城充满欢声笑语,庆祝活动一直持续到晚上。

杨步浩为毛泽东、朱德代耕一直持续到1947年春天,这时胡宗南率军进攻延安,党中央离开延安,开始在陕北大山里将国民党军"牵着鼻子走"。杨步浩留在延安一面种田一面参加游击队,从此与毛泽东分别。

新中国成立后,杨步浩一直盼望着能到北京见毛泽东。

1952年,延安地区组织老区人民参观团赴京参观国营农场,杨步浩被推荐为代表之一。9月8日,写信给中央办公厅,表示希望见到毛泽东。听说这位多年不见的老朋友来了,毛泽东很快把他接到家里热情招待。

老朋友相见,聊旧谊、话家常,格外亲热。毛泽东问杨步浩:"胡宗南占领延安后,你们乡的党员、干部情况怎样?"杨步浩说:"我们乡全体党员和干部没一个自首变节的。现在公债也完成得很好,牛羊也基本恢复了,生活也好起来了。"

1952年,毛泽东在中南海会见延安时期劳动模范杨步浩

毛泽东听了连声说好。又问："你们有什么困难？"

杨步浩想了想，说："延安医疗设备不好，医院、医生都很少，农村里一个乡才一个卫生员，农民生了病没法看医生。"

杨步浩的话，毛泽东记在了心里。不久，北京派出一支医疗队到陕北老区巡回医疗，专为农民治病，工作了整整一年，然后又特地给延安配置了一批医疗设备。

一番交谈后，毛泽东留杨步浩吃饭。上桌前，他对杨步浩说："杨劳动英雄，你过来和我坐一起好不好？"一声充满关爱的话，让农民杨步浩感动不已，终生不忘。杨步浩离开后，毛泽东不忘嘱咐秘书："杨步浩是受苦人出身。延安人民对革命贡献很大，男女老幼都有贡献。他年纪大了，请你为他做套新衣服。"

杨步浩回延安不久，给毛泽东捎去一些土特产品。毛泽东回信给他，说礼物收到了，很感谢，并随信寄上了40元钱。

1961年，毛泽东在繁重的工作之外，仍然挂念着老朋友。他托人给杨步浩捎去几斤白糖和两瓶酒，朱德委员长则给他寄去了几块布料。杨步浩收到后非常感动。这年9月，他写信给毛泽东，提出要到北京看望他。毛泽东很快回信表示欢迎。杨步浩激动不已，他和老伴精心缝制了几个白布小口袋，装上了延安的小米、炒面、绿豆、红枣、干菜等，于9月底赶到北京。10月1日，在天安门城楼上，毛泽东亲切地会见了老朋友，并把他介绍给观礼的外国友人。之后，毛泽东又和他深入交谈，了解询问延安的许多情况，要他向延安县委表达自己对老区人民的怀念和感谢。10月20日，毛泽东再次接杨步浩

1975年，朱德邀请延安时期劳动模范杨步浩到家里做客

到家中做客。杨步浩向毛泽东汇报说："延河上造起了大水坝，收成一年比一年好。"毛泽东听了表示欣慰，问："延安人民有什么要求和困难？"杨步浩低头想了想，然后掰着手指头说："延安人民有三点要求。第一呢，是希望主席再回延安一次，乡亲们想再看看您老人家；第二，是医疗条件不好，农村里生了病得不到治疗；第三，是交通不便，汽车少，出来看主席一趟真不容易。"

1975年，毛泽东、周恩来病情加重，杨步浩再次来到北京，请求看望两位老朋友。毛泽东、周恩来在病床上知道老朋友来京探视，也很欣喜，但医生为了稳妥起见，没有允许杨步浩的探视，毛泽东便分别委托朱德委员长和王震副总理代为接待。朱德、王震在家中热情款待了杨步浩，并分别在杨步浩的笔记本上亲笔题词，勉励他继续为祖国的建设作出贡献。

"要把黄河的事情办好！"
—— 1952 年 10 月毛泽东视察黄河的照片

1952 年 10 月，毛泽东视察黄河

这是一张经典的照片。照片的右侧是毛泽东，他所深沉凝望着的、如同宏阔的画卷般向远方徐徐展开的，是中华民族的母亲河——黄河。

源自"星辰之海"，越过茫茫冰原，摩挲着千百万年沉积下来的厚重的黄土地，黄河奔涌着、怒吼着、咆哮着，最终化

1937年,八路军东渡黄河,开赴华北抗日前线

作磅礴巨流,一泻千里,绵延流向远方。

几千年来,这条伟大的河流成为中华民族精神的象征,但同时也给一代代中国人留下痛苦的记忆。时过境迁、斗转星移,也正是这条伟大的河流,见证着毛泽东这位历史巨人的英雄豪情、赤子之心和未遂的壮志……

1936年2月,红一方面军以"中国人民红军抗日先锋军"的名义,在毛泽东、彭德怀的指挥下,计划发起东征战役,从陕北清涧渡过黄河,取道山西前往抗日前线展开对日作战。

早春二月,黄河的封冻远没有融化,朔风呼啸的秦晋高原飘起鹅毛大雪。一队队穿着灰布军装、戴着红五角星军帽的官兵骑着马、扛着枪从身边走过,被风雪笼罩着渐渐远去,融入浑莽无色的天地之间。毛泽东凝望着这个白茫茫的、仿佛时间停滞了的世界,视线逐渐模糊起来。在他的脑海中,漫天飞雪中的母亲河似乎向他讲起了遥远的故事,故事里,秦皇汉武、唐宗宋祖出现在眼前,这个古老民族的一切光荣、屈辱、辉煌和苦难,化作历史的深邃目光,穿透此刻的漫天飞雪,凝视着这位历史伟人。

前不见古人,后不见来者。横亘古今的母亲河和这苍莽雄浑的飞雪,于无声中叩问着毛泽东。这句无声的叩问,毛泽东同样以奇伟磅礴的笔触,将其化作了千古绝唱:

北国风光,千里冰封,万里雪飘。

望长城内外,惟余莽莽;

大河上下,顿失滔滔。

山舞银蛇,原驰蜡象,欲与天公试比高。

须晴日,看红装素裹,分外妖娆。

江山如此多娇,引无数英雄竞折腰。

惜秦皇汉武,略输文采;

唐宗宋祖,稍逊风骚;

一代天骄,成吉思汗,只识弯弓射大雕。

俱往矣,数风流人物,还看今朝。

1948年2月下旬,随着胡宗南所部国民党军的溃败,西北战场上敌我力量对比产生了根本性的改变。为了准备迎接即

毛泽东《沁园春·雪》手迹

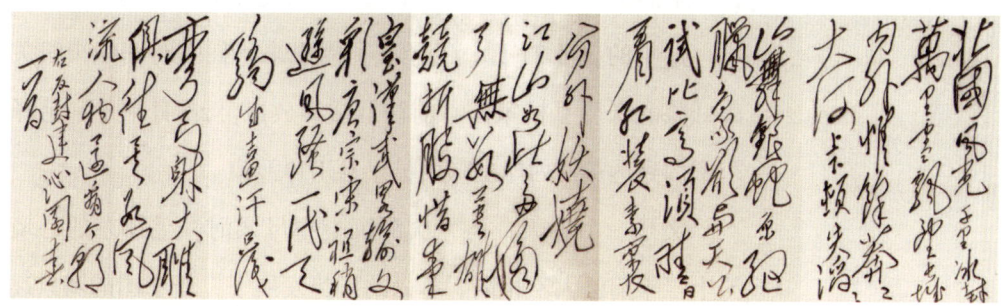

1948年3月23日,毛泽东在黄河渡船上

1948年3月23日,毛泽东率中央机关,从吴堡县川口东渡黄河,进入晋绥解放区

将到来的全国范围的胜利,中共中央决定东渡黄河前往华北。

这年的3月21日,毛泽东、周恩来、任弼时率中央机关离开陕北米脂县杨家沟,前往晋绥解放区。23日中午,毛泽东率部到达黄河西岸的陕西吴堡县川口渡口。

又是一个春天,再一次深沉凝望母亲河,毛泽东的心境与十二年前已大不相同。革命的形势发展了,新中国的图景逐

渐明晰起来了，党中央要走出陕北、走向全中国了！眼前的黄河全然没有了十二年前"千里冰封、万里雪飘"的雄浑壮美，而是涌动着春意。毛泽东回望陕北大地，转身登上了渡船。他挥手向送行的乡亲们致意，向这片他和战友们战斗、生活了十三个春秋的黄土地致以深情的礼赞……

小木船晃悠着驶到了河的中心。河面上，破碎的冰凌随着河水向下游流去。冰凌挤压着、碰撞着，在浑浊泛黄的黄河水中恰似万马奔腾，气势不由得令人肃然起敬。面对母亲河，毛泽东思忖着，他深情而又郑重地对身边的卫士说："你们可以藐视一切，但是不能藐视黄河。藐视黄河，就是藐视我们这个民族！"黄河，中华民族的母亲河。毛泽东说出了全体中华儿女对这条母亲河的崇高敬意！

船到中流，遥望西岸，只见送行的乡亲仍在依依不舍地挥手送别。

此时此刻，毛泽东感慨不已。脚踏黄河，背靠陕北，毛泽东的身影仿佛与黄河融为一体，永恒地留在了历史长河之中。

1952年10月，中央政治局考虑毛泽东日夜操劳，建议他休假。毛泽东一面同意休假，一面决定利用休假时间亲自考察黄河。他决定从黄河下游的济南段开始，溯河而上，经过古都开封，再到郑州、安阳，实地考察一下历史上水患频繁的黄河下游地区。从1952年10月25日起，毛泽东乘专列离京考察。考察的第一站是济南。在凭吊过大明湖、英雄山等后，毛泽东向罗瑞卿表示，要去黄河看一看。实际上，毛泽东此行主要是奔着黄河来的。

右一：毛泽东手书李白《将进酒》手迹（局部）

右二：毛泽东手书王之涣《凉州词》手迹

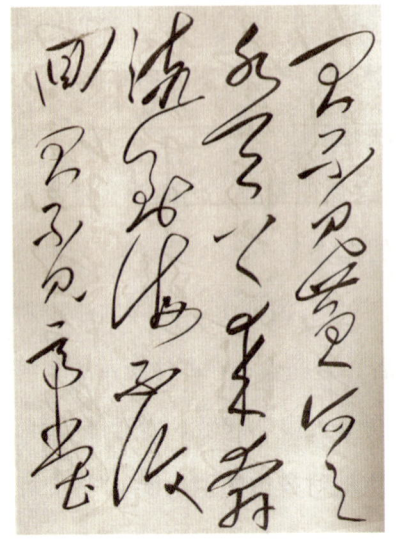
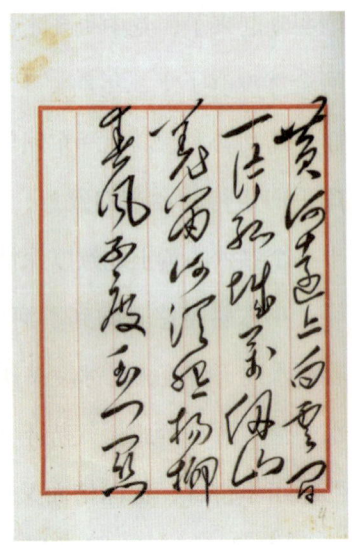

　　中华民族是历史悠久的农耕民族，大江大河是中华民族的母亲河，但频发的洪水也在民族的基因里烙印了痛苦的记忆。历史上，黄河发生过无数次水患，大规模的改道经历过二十多次。1938年，蒋介石为了阻挡日寇南下，炸开黄河花园口大坝，造成黄河水大泛滥，河南、河北、山东等数省百姓受灾深重。而就在1950年夏，豫皖交界地区突降大暴雨，汹涌的淮河水冲决大堤，冲毁大量民房和农地。由于洪水来得突然，许多民众来不及逃避而被淹死。淮北成了一片泽国。7月20日，一份紧急报告被送到毛泽东桌上。当毛泽东读到"有些灾民因躲避洪水不及，爬到树上，被毒蛇咬死"这些文字时，不禁流下了眼泪。

　　人民的苦痛使得毛泽东下决心治理肆虐已久的水患。毛泽东亲自督促了治理淮河工程、荆江分洪工程、官厅水库工程等，与此同时，他也将目光投向了黄河。

　　这次考察，毛泽东专门请来了水利专家同行。当听到历史上黄河济南段因土地盐碱化而贫瘠不堪时,毛泽东沉思片刻,表示:历城县泺口,自古以来的黄河故道,屡次淤断,屡次修复,自从你们修了这堵大堤坝以后,那种在历史上屡淤屡断、屡断屡疏的恶性循环不见了,这样的事情,只有我们共产党人才能做到;下一步,"用引黄河水的办法,把那首民谣中所说的'一片霜、明光光、不结夹、不爬秧'的十几万亩卤碱地,改成稻田种水稻,变害为利行不行?"

据当时在场的人回忆,听到毛泽东的提议后,大家纷纷拍手叫好,并表示一定要照主席的办法试试看。就在这次考察中,毛泽东发出了"要把黄河的事情办好"的伟大号召。经过多年的治理,毛泽东首倡的"引黄稻改"成为黄河济南段治黄工程的一个创举。济南市北部黄河沿岸的大片盐碱地区域经过几年的治理,逐步变为肥沃的稻田,这里的水稻成了济南的新特产——黄河大米。直到今天,济南北部的吴家堡还以盛产优质大米闻名。

1952年至1959年,毛泽东又多次来到济南考察,几乎每次来都要去黄河走一走、看一看。

对这条中华民族的母亲河,毛泽东曾有"数风流人物,还看今朝"的豪言壮语,也曾有"一定要把黄河的事情办好"以期救民于水火的赤子之情,而更多的则是那种发自心底的敬畏感。对毛泽东来说,黄河是中华民族精神的象征,"藐视黄河,就是藐视我们这个民族"。面对黄河,就像面对整个中国革命和建设、整个中华民族前途命运那样,毛泽东进行了太多的思考,做了太多的探索,而始终满含深情而又无限敬畏……

1955年，毛泽东视察黄河

1959年4月5日，在中共八届七中全会上毛泽东提出骑马考察黄河、长江的想法。他说："如有可能，我就游黄河、游长江，从黄河口子沿河而上，搞一班人，地质学家、生物学家、文学家，只准骑马，不准坐卡车，更不准坐火车，一天走60里，骑马30里，走路30里，骑骑走走，一直往昆仑山去，然后到猪八戒去过的那个通天河，翻过长江上游，然后沿江而下，从金沙江到崇明岛。"

同年9月20日，毛泽东在中共山东省委领导陪同下再次来到济南视察泺口黄河大堤。望着滚滚向前的母亲河，毛泽东感叹道："人说不到黄河不死心，我是到了黄河也不死心。"就在这次考察期间，毛泽东表示："全国的大江大河我游了很多，还没有游过黄河，明年夏季我要到济南来横渡黄河。"

而今天我们已经知道，骑马考察黄河、横渡黄河已是毛泽东终生未竟的夙愿……

"我们一定要建设强大的海军"
——1953年2月19日毛泽东视察人民海军的照片

这张有名的照片拍摄于1953年2月19日。几个稚气未脱的水兵在军舰上列队，脸上写满了激动之情，身材高大的毛泽东则微笑着与他们交谈。毛泽东将目光投向这些年轻的战士，似乎在他的眼里，他们不仅仅是新生的人民海军的战士，更是强大的海军、强大的国防乃至强大祖国的未来……

中国曾是一个传统的"陆权国家"，坐拥漫长曲折的海岸线，却从未真正意识到海洋的战略价值，甚至一度奉行"闭关锁国"，把海洋仅仅视作威胁封建王朝统治秩序的不稳定因素，于是完全自外于西方国家地理大发现以来的国际潮流。到

1953年，毛泽东视察人民海军

了19世纪，海洋这个"天朝上国"的"天堑"摇身变为西方侵略者的"通途"，于是长期以来"有海而无防"的中国一次次在侵略者的坚船利炮下衰落和沉沦。从鸦片战争到甲午战争，从八国联军侵华到"一·二八事变""八一三事变"，从辽东半岛到琉球群岛，从台湾岛到香港、澳门，海洋见证着近代以来中国的屈辱，海洋更热切召唤着这个古老民族的复兴。

1948年12月，淮海战役、平津战役正打得火热，毛泽东在运筹帷幄的同时在思考一件事情：着手创建海军。他曾向朱德表示：蒋介石不愿意谈判，我们就直捣他的老巢，打到南京去；不过，在同国民党作战时，我们应当有自己的海军和空军。次年1月，毛泽东在《目前形势和党在一九四九年的任务》中再次明确提出，"我们应当争取组织一支能够使用的空军和保卫沿海沿江的海军"。

随着革命形势的快速推进，组建海军的条件逐渐成熟了。1949年2月，在中国共产党长期的细致准备和秘密工作下，国民党海军中吨位最大、装备最精良的"重庆"号巡洋舰宣

在中国人民革命伟大胜利的影响下，原国民党海军一部举行起义，脱离国民党反动政府，加入中国人民解放军海军部队。以舰长邓兆祥为首的"重庆"号巡洋舰全体官兵，于1949年3月率先起义。图为"重庆"号巡洋舰

1949年4月23日,在我军解放南京同时,国民党军海防第二舰队舰艇25艘,由司令林遵率领起义。这是起义官兵之一部,前排中间为林遵将军

布起义。2月25日凌晨,起义人员在舰长邓兆祥的指挥下控制了反动军官,闯过国民党军的阻击,连续航行25小时,于次日抵达山东烟台港,3月4日又到达辽宁葫芦岛。而与此同时,由国民党海军第二舰队司令林遵率领的更大规模的起义也在酝酿和准备中。3月24日,离开西柏坡进京"赶考"的中央机关抵达河北涿县,毛泽东与朱德联名签发了给"重庆"号巡洋舰舰长邓兆祥及全体官兵的嘉勉电,高度赞扬了起义官兵的爱国精神,并明确表示,"中国人民必须建设自己强大的国防,除了陆军,还必须建设自己的空军和海军,而你们就将是参加中国人民海军建设的先锋!"抵达北平后,毛泽东以中央军委名义下达命令,命令第三野战军组织建立海军。共和国的海军事业真正迈出了第一步!

4月23日,就在人民解放军解放南京的当天,张爱萍以华东军区海军司令员兼政治委员的身份在江苏泰州白马庙主持会议,正式宣告华东军区海军的诞生。也正是在这一天,原国民党军海防第二舰队司令林遵亲自率领25艘舰艇、1000余名官兵宣布起义,直接投入了人民解放军海军的创建工作。当陈毅建议此时正为筹建新中国而日夜操劳的毛泽东接见原国民党海军将领时,毛泽东当即表示同意。在一番统筹安排下,8月28日下午4时,张爱萍、林遵一行来到中南海怀仁堂,毛泽东与大家一一握手,先是回顾了几十年来的革命经历,而后推心置腹地说:今天请大家来,是想和大家商量建设海军的事情。从1840年到今天,一百多年了,鸦片战争、甲午中日战争、八国联军侵华战争,都是从海上打进来的。中国一败再败、屡次吃亏、割地赔款,就在于政府腐败,没有一支像样的海军,没有海防。毛泽东又说:"我们一定要建设一支强大的海军!"会见中,毛泽东还对林遵等人赞许有加,他一方面称

1959年10月,毛泽东和海军司令员萧劲光握手

道林遵作为民族英雄林则徐的后人为解放战争的胜利立了大功，另一方面又赞许他们"懂技术，是国宝"，应当为海军的建设和国家的强大施展拳脚。毛泽东还叮嘱张爱萍等人要对原国民党海军人员采取争取、团结、改造的方针，以帮助他们更好地投入人民海军的建设事业中去。

1949年9月21日，毛泽东在中国人民政治协商会议第一届全体会议上向全世界宣告："我们的国防将获得巩固，不允许任何帝国主义者再来侵略我们的国土。在英勇的经过了考验的人民解放军的基础上，我们的人民武装力量必须保存和发展起来。我们将不但有一个强大的陆军，而且有一个强大的空军和一个强大的海军。"

"一个强大的海军"，这就是毛泽东对人民海军的期望，也是几亿中国人热切的期待！而海军怎么建设？怎样强大起来？毛泽东不仅为新创建的海军亲自点将，而且亲自选定领导机构，确定海军的地位。可以说，人民海军最早的线条就是毛泽东亲笔描绘的。

1949年10月中旬，当时还在湖南工作的第四野战军12兵团兼湖南军区司令员萧劲光接到命令，来到中南海见毛泽东。萧劲光是湖南人，当年在长沙读书的时候就曾参加毛泽东组织的俄罗斯研究会的活动，并两度赴俄留学；回国后来到苏区，对宁都起义作出过贡献；全面抗战打响后任八路军留守兵团司令员，直接负责保卫党中央。毛泽东的谈话直奔主题："这次召你进京，是想借重你萧司令员哟！现在全国解放的作战任务虽然还相当繁重，但组建一支空军和一支海军的任务，已经提上了议事日程。空军的筹建工作已经差不多了，中央决定让刘亚楼当司令员。现在要着手筹建海军，想让你当司令员。先给你打个招呼，听听你的意见。"

萧劲光毫无思想准备，他只得坦率地说："主席，我是个旱鸭子，又不懂海军，哪能当司令员？我晕船挺厉害，连海船都坐不得。"

毛泽东听了哈哈大笑，说："海军司令晕船，空军司令晕飞机，这就是我的干部政策。我就是看上了你这个旱鸭子！"

毛泽东留萧劲光一起吃饭，这才告诉他这项任命意向的个中缘由：第一，萧劲光是个老同志，能把革命传统带到海军；第二，建设海军要向苏联学习，萧劲光曾到苏联学习，对苏联情况熟悉；第三，萧劲光有丰富的实战经验，能够胜任海军建设的繁重任务。

这次会见后，萧劲光仍回到湖南工作。1950年1月12日，身在苏联的毛泽东亲自签发命令，任命萧劲光为中国人民解放军海军司令员。初创时期的人民海军就这样迎来了首任司令员。

曾有军事专家说，建设一支陆军需要五年，建设一支空军需要十年，而建设一支海军则需要一百年。海军是技术密集型、高度专业化精英化的部队，海军造舰周期长、耗资大，相比于陆军和空军，其战略战术又与国家的技术实力、资源能力、地缘政治、发展战略等紧密相连，海军的发展没有周密的顶层设计和几代人的接续奋斗是不可能取得成功的，而这就给初创时期的中国海军提出了一连串重要的难题：人民海军是一个兵种还是一个军种？海军领导机关是总参谋部的一个业务部门还是一个战略决策单位？海军领导机关设在哪里？这些问题

1953年，毛泽东视察海军"洛阳"号军舰时与官兵合影

看似是海军自己的问题，实际上却是军队和国防事业宏观层面上的大问题。对这些问题，新上任的海军司令员萧劲光召集了多次会议，海军内部仍然莫衷一是。

1950年春天，毛泽东刚刚结束访苏，萧劲光就来到中南海向毛泽东当面请示。听了汇报，毛泽东明确表示支持萧劲光的观点，他说："我赞成你的观点，海军机关应该是个战略决策单位，海军应该是个军种，总部应该设在北京。"当萧劲光反映海军总部的办公地点和宿舍还没有落实时，毛泽东表示："没有房子可以自己盖，你们写报告，我们来批钱。"

就这样，海军的定位明确了。很快，海军总部的办公场所和宿舍也建立了起来。海军，这个见证过中华民族的屈辱史、寄托着中华民族强国梦的名字，第一次勾画出了清晰的

上左：1953年，毛泽东在"洛阳"舰军舰上与官兵交谈

上右：1953年，毛泽东在"洛阳"舰军舰上

形象。

1953年，中央决定于6月召开经济工作会议。毛泽东决定会前到长江沿线调查研究，听取各地领导的意见。毛泽东提出："走水路，可乘军舰去。"海军决定由排水量五百多吨的江防炮舰"长江"号作为毛泽东的座舰，由"洛阳"舰护航，共同执行这项光荣的任务。

1953年2月19日，临近中午，毛泽东在罗瑞卿、杨尚昆等人的陪同下乘坐"长江"舰离开武汉江汉关码头，向长江下游驶去。毛泽东戎马倥偬二十多年，但乘坐军舰还是第一次。来到舰上，他认真视察了每一个战位、每一个舱室，并亲切询问水兵们的训练、学习和生活情况。看到水兵们大都只有二十来岁，他高兴地说："你们都很年轻。经过第一个五年计划、第二个五年计划，不行，再来一个五年计划，到那个时候我们就有自己的军舰了，你们也才三十来岁，也很年轻。你们是大有可为的！"第二天中午，应"洛阳"舰指战员的要求，毛泽东改乘"洛阳"舰，而由"长江"舰护航。在舰上，毛泽东和战士们谈了许多话，他语重心长地说：中国在清朝以前没有真正的海军，有海无防，清朝后期，鸦片战争惨败，搞了海军，很快被洋人打垮了；帝国主义老是从海上欺侮我们。2月21日，应战士们的要求，毛泽东挥笔写下了题词："为了反对帝国主义的侵略，我们一定要建立强大的海军"。

这次考察，凡能停靠的地方，毛泽东都命令泊岸停靠，或登岸考察城乡，或邀请地方领导上舰座谈。24日下午，毛泽东结束了在南京的考察后又回到下关码头，先后视察了"广州""黄河""南昌"三舰，并与陈毅、张爱萍和海军副司令员王宏坤等进行了深入交谈。

南京下关、燕子矶以及下游的"黄天荡"直到镇江一带，见证了中国百年以来的屈辱历史。1842年，丧权辱国的《南京条约》就是在下关江面上的英国军舰上签订的，中国割地赔款、备受欺凌的岁月由此开启。而就在几年前人民解放军发起渡江战役之时，英国军舰"紫石英"号仍然横行霸道，妄图干预中国人民的解放事业。一百年来，中国不仅有海无防，甚至内河水道都被迫开放，侵略者可以自由航行和游历。每思及此，每一个有血性的中国人莫不痛心。或许也正是想到了这些，毛泽东在舰上谆谆

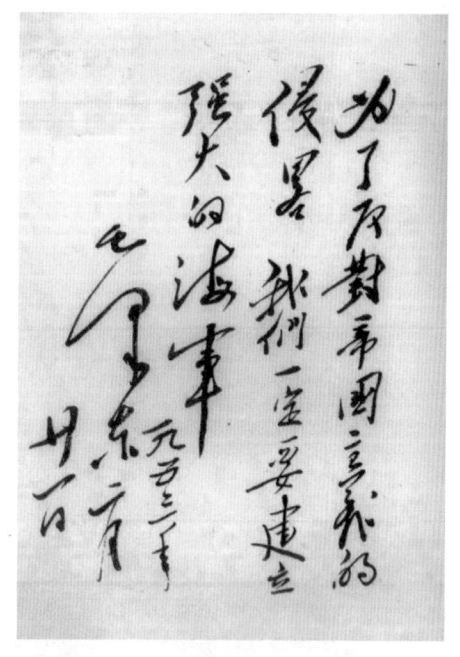

1953年2月21日，毛泽东视察海军部队时的题词：为了反对帝国主义的侵略，我们一定要建立强大的海军

1953年，毛泽东在"南昌"号军舰上。左二起：陈毅、毛泽东、罗瑞卿、张爱萍

1953年,毛泽东在"南昌"号军舰上

教导大家:我们国家一穷二白,钢铁很少,海防线很长,海军任务很重,你们一定要好好干,把我们的海军建设成强大的海军!他还说:"你们是海军了,干海军就不要怕风浪,一定要到大海里去锻炼。"

接着,毛泽东为"广州""黄河""南昌"三舰写下题词,内容与"长江""洛阳"两舰相同,都是"为了反对帝国主义的侵略,我们一定要建立强大的海军"。

从拍板决定创建海军,到擘画海军最初的蓝图,再到亲自上舰视察、题词,毛泽东对海军的创立和建设给予了重要指导,海军的成长和发展也寄托了他的太多期待。海军创建之初,主要装备都是依靠缴获和接收国民党军的各种旧装备。这些旧船舶是"万国牌",大都是英美等国赠送或低价出售给国

1949年，在我军渡江作战之际，侵入我国内河长江的四艘英国军舰和国民党的军舰一道，向我军阵地开炮，打死打伤我军252人。我军炮兵奋起还击，"紫石英"号负伤，被迫停于镇江附近江面上。图为"紫石英"号

民党军的老舰艇，性能落后、维修困难，远远不能满足海军发展的需要。以当时中国的钢铁产量、质量以及造船工业技术水平，短期内无法建造真正符合海军发展趋势的军舰，加之帝国主义国家对中国实行的禁运政策，中国只能向苏联购买军用舰艇、武器、零件和相关装备。就这样，从1950年开始的几年中，毛泽东多次听取萧劲光等人的意见，就购买武器装备、海军人员培训和请求援建鱼雷和水雷工厂等事多次致信苏联，在各行业百废待兴、国内经济极为拮据的情况下批准了海军的订货协定，对潜艇部队、海军航空兵部队等的建立也给予直接关心和指导。

从一定意义上说，毛泽东对海军这一战略性军种的关心和指导，更体现了他所提倡的独立自主、自力更生、不畏强敌的顽强性格。

1957年末，中国曾经向苏联表示，请求援建一座用于海军远程通信的长波电台。而不久，苏联首艘核潜艇研制成功，建立长波电台一事也成为苏联红海军的需要。1958年上半年，

1958年7月31日,毛泽东亲临机场,欢迎来访的苏共中央第一书记、苏联部长会议主席赫鲁晓夫

苏联方面多次提出在中国华南地区建设大功率长波电台,建成后由中苏两国共管,使用权按照出资比例划分。经过研究,中国谢绝了这个提议,并表示可以由中国出资、苏方提供技术,建立中国自主拥有的长波电台。一波未平,一波又起。1958年6月28日,周恩来致电苏联部长会议主席赫鲁晓夫,请求苏联提供海军技术方面的援助。然而赫鲁晓夫却提出所谓"联合舰队"问题,声称苏联和中国有必要"建立一支共同的潜艇舰队"。这支潜艇舰队看似苏联好意邀请,实际上在当时的情势下既不是"援建"也不是"共建",而是一种"胁迫"。毛泽东非常气愤,因为这绝不是简单的海军的军事合作问题,而是苏联试图借军事优势卡中国的脖子。1958年7月,赫鲁晓夫秘密访华期间重提"长波电台"和"联合舰队"之事,毛泽东再次断然拒绝了这些提议。后来,虽然赫鲁晓夫仍然致电周恩来,表示同意"在舰艇新技术方面给予广泛的援助",但当中国谈判代表表示希望获得核潜艇方面的技术援助时,他仍然不无嘲讽地表示:核潜艇技术复杂,耗资巨大,你们搞不了;而且苏联已经有核潜艇,你们就没有必要再研究这个技术了。毛泽东在听取赴苏联谈判归来的苏振华等人汇报中谈及赫鲁晓夫

的刁难时非常愤慨,他毅然决然地说:"核潜艇,一万年也要搞出来!"

在毛泽东看来,实战是最好的训练,既能锤炼部队的技术战术水平,又能增强部队的战斗意志。20世纪60年代,面对台湾在东南沿海的袭扰,毛泽东主张必要的时候要打狠打痛。1965年8月6日,国民党海军两艘猎潜舰由台湾高雄左营军港出航,向大陆输送特务。海军南海舰队获得情报后以数艘鱼雷艇快速出击,一举击沉国民党军两艘猎潜艇,毙俘敌军少将舰队司令在内两百余人,打了一场漂亮的歼灭战,这就是著名的"八六海战"。在这场战斗中,入伍不到两年的海军战士麦贤得不顾头部被弹片击中,坚守战位。毛泽东亲自接见这场海战的有功指战员,还先后两次派贺龙、叶剑英、徐向前三位元帅前往广州看望慰问他。"八六海战"和"钢铁战士"麦贤

1965年8月17日,毛泽东接见参加"八六海战"有功部队的代表

得的荣誉，极大鼓舞了年轻的人民海军向着新的光荣前进。

1975年5月，82岁高龄的毛泽东结束外出治疗和休养回到北京，马上召开中央政治局会议。毛泽东此时身体羸弱，且离京已近一年，见到与会人员更感亲切。毛泽东依次和大家问候、握手。和时任海军第一政委的苏振华上将握手时，毛泽东语重心长地说："管海军靠你。海军要搞好，使敌人怕。"毛泽东边说边伸出小拇指，打趣道："我们海军只有这样大。"暮年毛泽东对海军建设的急切之情溢于言表，而在这之后仅仅一年多，毛泽东就不幸与世长辞了。

今天，人民解放军的装备现代化水平大幅提高，海军主战舰艇不仅在技术上直追世界顶尖水平，而且在总吨位上也早已今非昔比。距离毛泽东离开我们已经几十年，但他所定下的建设一支"强大"的、"让敌人怕"的海军的目标却一直激励着海军的成长和壮大。

在抗美援朝胜利后

——1953年9月12日毛泽东和周恩来在中央人民政府第24次会议上的照片

在摄影师吕厚民一生所拍摄的大量作品中，这是他最为喜爱的一幅。照片上，毛泽东和周恩来两位领袖上身微微靠近，微笑着在看毛泽东手中的一份文件，不仅表情亲切自然，而且两位中国革命中的亲密战友长期形成的和谐与默契，通过画面中的动作和神态，自然地流露和表现出来，使该照片成为

1953年9月12日，毛泽东和周恩来在中央人民政府第24次会议上

一件经典之作。照片发表后,在国内外引起强烈的反响,被制成大幅挂画,进入了千家万户,在全国人民心中都留下了深刻的印象。

那是1953年9月12日在中南海怀仁堂召开的中央人民政府第24次会议上。这次会议是在朝鲜停战协定签字后一个多月召开的,实际上是抗美援朝胜利的一个总结会,所有与会代表的心情都是愉悦的。会议听取中国人民志愿军司令员彭德怀作《关于中国人民志愿军抗美援朝工作的报告》。毛泽东发表重要讲话。他说:

抗美援朝,经过三年,取得了伟大胜利,现在已经告一个段落。

抗美援朝的胜利是靠什么得来的呢?刚才各位先生说,是由于领导的正确。领导是一个因素,没有正确的领导,事情是做不好的。但主要是因为我们的战争是人民战争,全国人民支援,中朝两国人民并肩战斗。

我们同美帝国主义这样的敌人作战,他们的武器比我们强许多倍,而我们能够打胜,迫使他们不能不和下来。为什么能够和下来呢?

第一,军事方面,美国侵略者处于不利状态,挨打状态。如果不和,它的整个战线就要被打破,汉城就可能落入朝鲜人民之手。这种形势,去年夏季就已经开始看出来了。

作战的双方,都把自己的战线称为铜墙铁壁。在我们这方面,确实是铜墙铁壁。我们的战士和干部机智,勇敢,不怕死。而美国侵略军却怕死,他们的军官也比较呆板,不那么灵活。他们的战线不巩固，并不是铜墙铁壁。

我们方面发生的问题，最初是能不能打，后来是能不能守，再后是能不能保证给养，最后是能不能打破细菌战。这四个问题，一个接着一个，都解决了。我们的军队是越战越强。今年夏天，我们已经能够在一小时内打破敌人正面二十一公里的阵地，能够集中发射几十万发炮弹，能够打进去十八公里。如果照这样打下去，再打它两次、三次、四次，敌人的整个战线就会被打破。

第二，政治方面，敌人内部有许多不能解决的矛盾，全世界人民要求和下来。

第三，经济方面，敌人在侵朝战争中用钱很多，它的预算收支不平衡。

这几个原因合起来，使敌人不得不和。而第一个原因是主要的原因，没有这一条，同他们讲和是不容易的。美帝国主义者很傲慢，凡是可以不讲理的地方就一定不讲理，要是讲一点理的话，那是被逼得不得已了。

在朝鲜战争中，敌人伤亡了一百零九万人。当然，我们也付了代价。但是我们的伤亡比原来预料的要少得多，有了坑道以后，伤亡就更少了。我们越打越强。美国人攻不动我们的阵地，相反，他们总是被我们吃掉。

刚才大家讲到领导这个因素，我说领导是一个因素，而最主要的因素是群众想办法。我们的干部和战士想出了各种打仗的办法。我讲一个例子。战争的头一个月，我们的汽车损失很大。怎么办呢？除了领导想办法以外，主要是靠群众想办法。在汽车路两旁用一万多人站岗，飞机来了就打信号枪，司机听到就躲着走，或者找个地方把汽车藏起来。同时，把汽车路加宽，又修了许多新汽车路，汽车开过来开过去，畅行无阻。这样，汽车的损失就由开始时的百分之四十，减少到百分之零点几。后来，地下仓库修起来了，地下礼堂也修起来了，敌人在上面丢炸弹，我们在下面开大会。我们住在北京的一些人，一想到朝鲜战场，就感到相当危险。当然，危险是有的，但只要大家想办法，并不是那么了不起。

我们的经验是：依靠人民，再加上一个比较正确的领导，就可以用我们的劣势装备战胜优势装备的敌人。

抗美援朝战争的胜利是伟大的，是有很重要意义的。

第一，和朝鲜人民一起，打回到三八线，守住了三八线。这是很重要的。如果不打回三八线，前线仍在鸭绿江和图们江，沈阳、鞍山、抚顺这些地方的人民就不能安心生产。

第二，取得了军事经验。我们中国人民志愿军的陆军、空军、海军，步兵、炮兵、工兵、坦克兵、铁道兵、防空兵、通信兵，还有卫生部队、后勤部队等，取得了对美国侵略军队实际作战的经验。这一次，我们摸了一下美国军队的底。对美国军队，如果不接触它，就会怕它。我们跟它打了三十三个月，把它的底摸熟了。美帝国主义并不可怕，就是那么一回事。我们取得了这一条经验，这是一条了不起的经验。

第三，提高了全国人民的政治觉悟。

由于以上三条，就产生了第四条：推迟了帝国主义新的侵略战争，推迟了第三次世界大战。

帝国主义侵略者应当懂得：现在中国人民已经组织起来

了,是惹不得的。如果惹翻了,是不好办的。

抗美援朝是毛泽东一生最为艰难的一次决策。抗美援朝的胜利,最终打破了美国军队不可战胜的神话,使中国的经济建设获得有利的国际和平环境。毛泽东、周恩来等中央领导参加这次会议的心情都是非常愉悦的。

在大会主席宣布散会后,台上台下的人都陆续离开座位开始退场。这时吕厚民看到周恩来也站了起来,可是却没有向退场门的方向走去,而是拿着一份文件转过身来,大步朝还在看文件的毛泽东走去。见此情景,吕厚民感到机会来了,他立即急步走近主席台。周恩来还没有走到毛泽东跟前的时候,毛泽东已经感觉到了,立即站了起来。周恩来走到毛泽东跟前,给毛泽东看自己手中的那份文件,说了几句话。从面部表情看,周恩来心里很高兴。毛泽东看了看周恩来手中的文件,也很高兴,就把自己桌子上的文件拿起来,翻了两页给周恩来看,并交谈着什么。就在这时,吕厚民按动了快门,一张毛泽东和周恩来亲密无间的合影照片由此产生了。

"没有志气，就不要来"

——1954年2月10日毛泽东攀登杭州北高峰的照片

1953年12月28日，毛泽东来到杭州，住在西湖畔的刘庄。次年1月9日起，他正式开始主持新中国首部宪法的起草工作。宪法起草工作枯燥而烦琐，在紧张工作之余，毛泽东选择自己一直喜爱的登山来舒展筋骨、缓解疲劳。1954年2月10日，农历正月初八。毛泽东在身边工作人员陪同下，手持竹杖，身披中山装，在春寒料峭中登临西湖畔的北高峰。摄影师就是在毛泽东登山的途中拍下了这张照片。

登山是毛泽东一生热爱的运动。早在青年时期，他就痛感国人体质羸弱，迫切需要"文明其精神，野蛮其体魄"。在

1954年2月，毛泽东登杭州北高峰

湖南一师读书的时候，毛泽东采用冷水浴、日光浴、风雨浴、长途跋涉等艰苦的方式来锻炼自己，并且在雷雨交加的夜晚攀登岳麓山。用毛泽东自己的话说，这是"纳于大麓，烈风雷雨弗迷"。

新中国成立后，毛泽东每当外出调查研究或巡视工作，都要抽空登山，一面锻炼身体，一面走访当地自然名胜、历史古迹，了解风土人情。毛泽东爬过的山不可胜数，他所喜爱的山，除了多次登临的庐山之外，或许就是浙江杭州周边的几座山了。毛泽东多次到达杭州，杭州附近的丁家山、玉皇山、北高峰、莫干山、五云山等他几乎都一一登临，有的山还去过多次。1954年至1955年，毛泽东在杭州期间几乎爬遍了西湖群山，先后写下了《五律·看山》《七绝·莫干山》《七绝·五云山》等诗作。《五律·看山》就是毛泽东在登临杭州北高峰后写作的，这首诗写道：

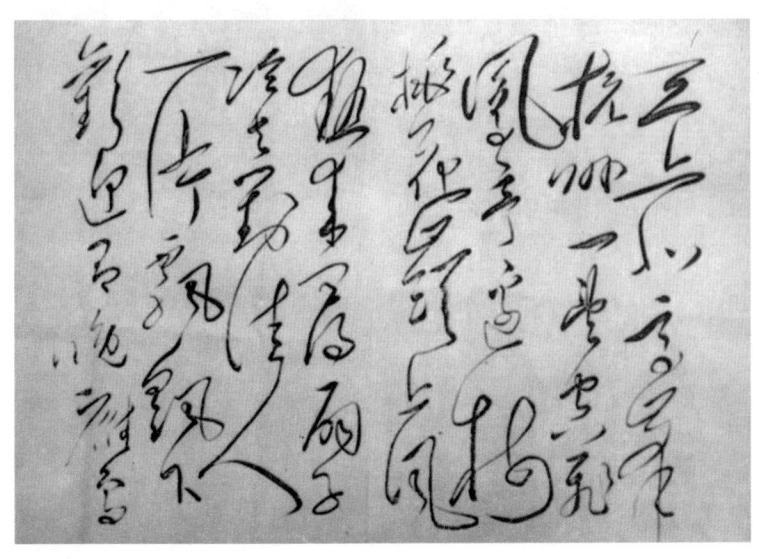

毛泽东《五律·看山》手迹

三上北高峰，杭州一望空。

飞凤亭边树，桃花岭上风。

热来寻扇子，冷去对佳人。

一片飘飖下，欢迎有晚鹰。

据说，这首诗的背后还有这样一个故事：毛泽东第三次登北高峰的时候，天色已晚，山下已经是袅袅炊烟。毛泽东一路登山，一个游客都没有看到，登上山后远眺，发现山下农舍大门紧闭，空无一人。毛泽东立即明白，这都是因为当地公安部门为了保障他本人的安全而疏散了游客，并且在附近搞了戒严。毛泽东正在思考中，突然从旁边的房子后面飞出一只大公鸡，大公鸡威风凛凛，见到人也不害怕。见到大公鸡，身边工作人员紧绷的神经放松了下来，气氛活跃了。毛泽东面带微笑，说："你们把群众管住了，却没有把大公鸡管住。是它

左：1954年，毛泽东在杭州西湖畔

右上：1955年12月，毛泽东在杭州为《中国农村的社会主义高潮》一书撰写编者按

右下：1954年，毛泽东在杭州

毛泽东与女儿李讷在杭州五云山

不听你管,还是你管不住它?我们到这里,没有群众欢迎我们,却有大公鸡欢迎我们呢!"毛泽东的话表达了对把他和群众隔离开来的做法的不满。这首诗中的"晚莺"就是当天唯一"欢迎"毛泽东和随行人员的那只大公鸡。

《七绝·五云山》:

五云山上五云飞,远接群峰近拂堤。
若问杭州何处好,此中听得野莺啼。

五云山也是西湖群山当中比较高的一座,山上景致怡人。登山远眺,钱塘江仿佛蜿蜒曲折的玉带。一天午饭过后,毛泽东一行人前往登山,爬到半山腰的时候已经临近黄昏。有人出于安全考虑,向毛泽东建议暂且下山,下次再登顶。而对毛泽东来说,自己定下的目标是不会轻易动摇的,登山绝不仅仅是游览和放松,更是对自身意志的挑战和磨砺。他摇摇头说:

毛泽东《七绝·五云山》
手迹

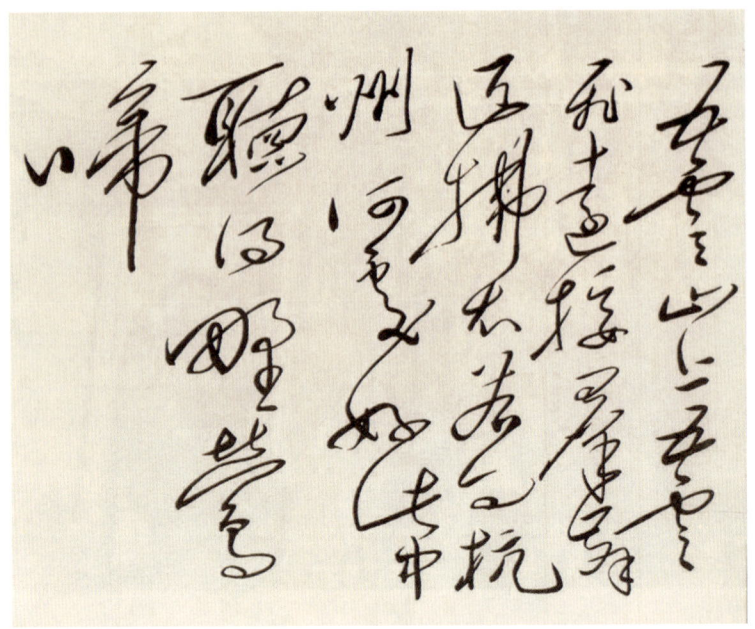

"你们没有志气，就不要来。"随行人员没有办法，只能跟着毛泽东继续前进，就这样一口气爬到山顶。登顶的时候，天色已经完全黑下去了。下山时，毛泽东照例"不走回头路"，他选择了一条背阴的山路，踏着积雪深一脚浅一脚兴致勃勃地走下山来。随行人员都被毛泽东那种咬定目标、不畏艰险的精神深深打动了。

"不能让他们当一辈子兵"

——1955年5月14日毛泽东为警卫战士们讲文化课的照片

这张照片拍摄于 1955 年 5 月 14 日。照片上，中南海警卫部队的战士们席地而坐，毛泽东则笑容可掬地跟大家聊起了家常。毛泽东从战士们的学习和生活聊起，谈到调查研究的方法，再谈到中国共产党的创立和发展，一直讲到中国革命的胜利和中国社会主义工业化的壮丽图景。毛泽东讲了许久，战士们则听得入了迷……

1955 年 5 月 14 日，毛泽东为警卫战士们讲文化课

新中国成立后,负责毛泽东等党和国家领导人警卫工作的部队,由总参谋部下达命令,命名为8341部队。这支部队素来以政治过硬、忠于职守而闻名。对这支部队里年轻的战士来说,毛泽东、周恩来、刘少奇、朱德等人年龄都堪当父辈,又是国家领导人,自然对其尊敬有加。毛泽东等人对他们也非常关心爱护,并且创造条件帮助他们锻炼、成长。

1955年5月14日下午,毛泽东在中南海颐年堂前院,给中央警卫团的战士们讲了一堂长时间的"党课"。随后毛泽东又讲到在座的战士们的工作,说:你们都是做警卫工作的,目前有三个任务,一个是保卫工作,一个是学习,我现在给你们加一项调查工作。为什么要做调查?就是要多为人民服务。我们各人的工作不同,有站哨的,有做别的工作的,但都是为了这个目的。你们的调查,对我、对中央都有帮助。

毛泽东对将要返乡做调查的战士们说:"这好比吃饭、吃菜,再加些辣椒,这样你们的工作就更有趣了。你们以后回家,把在农村了解的情况告诉我。你们到家乡农村,对人要谦虚,对乡村老百姓要尊重;要尊重区乡干部,别摆架子。谦虚就可以调查出真实情况。"毛泽东还嘱咐他们回乡调查时要注意宣传党的政策,同时注意保密。

在派出战士们回乡调查之前,毛泽东亲笔写了几条"出差守则",使战士们更加明确了自己的任务和调查工作的方法。1955年7月,毛泽东一连三天听取调查过后回京的战士的汇报,为了节省时间,毛泽东留战士在家一起吃饭,边吃边谈。听取汇报的时候,毛泽东一方面询问乡村的真实状况,一方面注意了解战士们的调查方法。一连几天的集中汇报,使得

毛泽东与警卫战士们在一起

毛泽东对当时农村的情况有了更生动的了解，而这是仅仅从统计数字中无法得到的。

　　毛泽东一方面亲自关心战士们下乡调查研究的情况，听取他们的汇报，另一方面还亲自批阅战士们写的汇报材料。在此过程中，毛泽东发现战士们在调查研究中很下功夫，但有些人的调查报告却有不少错别字和病句，反映出战士们文化水平不够高的问题。毛泽东考虑，这些战士还很年轻，如果只做警卫工作，耽误了学习，以后就很难弥补。

　　一次，毛泽东看完几位战士的调查报告，感叹道："在辛亥革命时期，我当过半年兵，那时不像你们现在，严格得很，也学不到什么东西，但靠自己订报、看书也学到了不少政治上的学问。"毛泽东想到战士们平常除了军事训练外，主要是进行政治学习，于是又说："长期只学这些怎么行呢？我们不打仗，又不是战斗部队，少学一点制式教练，要学一些文化科学。"毛泽东对身边的警卫部队首长说:"不能让他们当一辈子兵,出去干点事。要多学一些地理、历史、数学、物理,五年中学毕业还是问题不大的。"

这样,在警卫战士中办学校、提高战士们的知识文化水平的计划就在毛泽东心中酝酿起来。在毛泽东的指示下,部队党委立即制订了一个初中阶段的教育计划,警卫部队的文化学校于1957年1月正式开学了。而这所学校的"校长",就是毛泽东本人。这所学校开学后,毛泽东时常关注战士们的学习。据回忆,毛泽东经常问起随他外出的战士"工作累不累?上课能听懂吗?",散步的时候也会随口考一下身边的战士学习情况如何。

"人民不会忘记你的"

——1955年9月27日毛泽东为傅作义授勋的照片

1955年9月27日下午,在共和国首次授衔、授勋典礼上,毛泽东与时任国防委员会副主席兼国务院水利部部长的原国民党军将领傅作义亲切握手,并向他授予一级解放勋章。这一年,毛泽东62岁,傅作义则刚好60岁。他们既曾是抗日救亡的同志,也曾一度兵戎相见。面对民族独立和人民解放的大潮,傅作义做出了正确的抉择,在和平解放北平和解决绥远问题上立了功。曾经的恩恩怨怨皆成过往,接过勋章的这一瞬间,颇有"渡尽劫波兄弟在,相逢一笑泯恩仇"的意蕴。

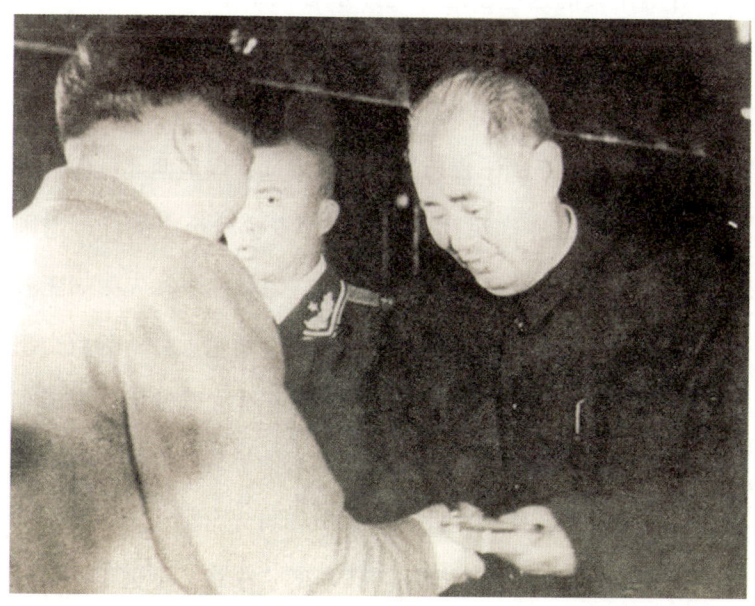

1955年9月27日,毛泽东为傅作义授勋

毛泽东与傅作义之间的故事，要从授勋这一刻的19年前说起。

早在"九一八事变"发生后不久，傅作义就同其他50余名北方将领联名通电"呼吁全国各方团结一致，同舟共济，群策群力，共同奋斗"。1933年1月3日，日寇侵占山海关。第二天，傅作义分别致电阎锡山、张学良、蒋介石，请缨抗日。不久又发表《告全省民众书》，号召全省同胞"奋起救国御侮"。正当傅作义率部开赴前线抗击日寇时，国民党政府却接受了日军停战协定，何应钦命令傅部停止战斗并撤出阵地。对此，傅作义无比愤慨，在屈辱中愤然下令撤兵。1935年，步步紧逼的日寇开始策动"华北五省自治"，企图收买傅作义主持华北亲日政权，遭到断然拒绝。1936年8月起，傅作义终于不顾蒋介石"攘外必先安内""以忍让为主"的政策，毅然发动了绥远抗战。

对傅作义的这些事迹，毛泽东看在眼里。为了联合傅部抗日，长征到达陕北的毛泽东曾多次写信和派人慰问，嘉许他的抗日义举。1936年8月14日，毛泽东在信中写道："……先生北方领袖，爱国宁肯后人？保卫绥远，保卫西北，保卫华北，先生之责，亦红军及全国人民之责也。今之大计，退则亡，抗则存；……近日红军渐次集中，力量加厚，先生如能毅然抗战，弟等决为后援。亟望互派代表，速定大计，为救亡图存而努力，知先生必有同心也。"全民族抗战爆发后，毛泽东继续派人做傅作义的工作，一方面坚定他抗战到底的决心，另一方面增进相互了解。为此，阎锡山和蒋介石都表示不满。蒋介石甚至说傅已经成为"七路半"，离"八路"不远了。但傅

1936年10月25日，毛泽东致傅作义信手迹

作义在民族大义面前始终坚持立场，不为所动。

斗转星移。1948年，辽沈战役胜利结束后，毛泽东命令东北野战军迅速入关，兵分多路，秘密完成平津战役的战略部署。这时，作为华北"剿匪"总司令的傅作义认为东北野战军需要三个月的休整后才能入关作战。他不完全知晓共产党和解放军的态度，毕竟自己反共甚久，在新华社公布的主要战犯

之列，就在一个月前还正要奉蒋介石命令突袭中共中央所在地西柏坡。傅作义明白，要想"拥兵自重"，保住自己的嫡系部队，只能婉言拒绝蒋介石给他的南撤的建议，确保自己关键时刻可以西撤绥远，静观时变。同时，傅作义也对毛泽东和共产党抱有好感，对和谈和起义抱有希望。总之，傅作义处在权衡利弊的动摇状态之中。

对傅作义的处境，毛泽东十分清楚。为了争取和平解放北平，毛泽东先致电林彪，要他通过北平地下党联系傅作义，使傅作义一方面在表面上继续高调反共，稳住蒋介石，另一方面与解放军里应外合，和平解放或以不是很激烈的战斗解放北平。北平一旦和平解放，傅作义的战犯罪名就有理由得到赦免。傅作义闻讯甚感欣慰，并与林彪、罗荣桓、聂荣臻等商定北平和平解放的方案。终于，1949年1月31日，解放军在北平举行正式的入城仪式，宣告北平和平解放。这座历史悠久的古都被完好无损地保存下来。

1949年2月22日，毛泽东、周恩来会见到达西柏坡的傅作义。图为周恩来同傅作义在一起

北平的解放，对绥远省的国民党军产生了巨大影响。这些部队已经走投无路，何去何从不好安排。于是，傅作义向叶剑英表达了面见毛泽东的希望。

1949年2月22日，傅作义、邓宝珊等人乘飞机来到西柏坡，受到周恩来等人的欢迎。

傅作义一见到周恩来就说："我戎马多半生，除了抗日那一段以外，我是罪恶累累，罪该万死！今后我要在共产党的领导下，将功赎罪，争取求得人民的宽恕。"当晚，毛泽东到傅作义的住处看望他，傅作义早早在门口迎候。看到毛泽东，傅作义赶忙迎上前去，双手紧握毛泽东的手，坦陈道："主席，我半生戎马，除抗日外，罪恶不小。"

毛泽东说："北平和平解放你有功。你做了一件大好事，人民不会忘记你的。"

进到屋里，毛泽东又与他亲切交谈："过去我们在战场上见面，清清楚楚。今天，我们结成了姑舅亲戚，难舍难分了。蒋介石一辈子耍码头，最后还是你把他给甩掉了。"

毛泽东的亲切平易、推心置腹令傅作义悬着的心放下了。共产党人不计前嫌、以国家民族大义为重的博大胸怀，更令傅作义感佩不已。后来在谈到绥远和平起义问题时，毛泽东指出，对绥远军队可暂时不动，之后只要各方"打通思想"，部队"换帽子"就可以解决了。

西柏坡之行，毛泽东宽容真诚的态度赢得了傅作义的钦佩。而后来令傅作义更加欣慰的是，在他赴绥远处理和平起义问题时，毛泽东专门派人安排傅作义的夫人和子女离开重庆前往香港，傅作义在兰州的亲人也被接到绥远。与毛泽东等共

1949年3月,毛泽东在西苑机场同傅作义交谈

产党人形成鲜明对比的是蒋介石的态度:蒋介石不仅来电对他百般威逼,还派出特务伺机进行跟踪暗杀……

北平和绥远的问题有了着落,至于本人的去向,傅作义似乎没有过多考虑。1949年3月,毛泽东在香山双清别墅问傅作义将来愿意做哪方面的工作,他答道,自己过去曾在河套地区兴办水利,可以直接为人民办事,老百姓很欢迎。这一点毛泽东也记在心里。中华人民共和国成立后,毛泽东就在政务院会议上提名傅作义担任水利部部长。

傅作义出生在黄河之滨,对水利和水患有着切身体会。担任水利部部长后,他立刻结合自己在绥远主政时期的经验,开展了轰轰烈烈的兴修水利运动。他担任水利部部长期间,每年都亲赴各地调查、指导工作,甚至曾因风餐露宿、心脏病突发而倒在水利工程建设一线。毛泽东欣慰地表示,傅作义对水利这一行钻进去了,很有成绩。

毛泽东历来主张,对党外人士,特别是国民党起义人士,要一视同仁、委以重任,使他们各得其所,共同服务于新中国的建设事业。毛泽东与傅作义的交往可以说是他对待曾经的对手的一个缩影。也正是以毛泽东为代表的中国共产党人具有这样博大胸怀和光明磊落的品质,这些曾经的对手才心悦诚服。

"你比五个师的力量大得多"

——1956年2月1日毛泽东与钱学森在一起的照片

1956年2月,毛泽东和物理学家钱学森在宴会上

这张照片拍摄于1956年2月1日,照片上的人物是钱学森和毛泽东。

这天,毛泽东在中南海怀仁堂招待参加全国政协二届二次会议的部分委员。会后用餐时,前来参会的著名科学家钱学森手持请柬走到自己所在的第37桌,却发现桌上没有摆放写有自己名字的桌签。工作人员上前解释,说此前毛泽东看过名单,看到钱学森被安排在第37桌,特意亲笔把他的名字勾到第1桌,与自己坐在一起,位置就在毛泽东自己的右手边。就在这时,毛泽东在全场的掌声中来到宴会厅,热情招呼钱学

1955年10月，著名科学家钱学森经过5年努力，终于摆脱了美国政府无理的羁留回到祖国。图为钱学森与夫人、儿女在归国的轮船上

森："学森同志，请坐这里！"钱学森惊喜不已。一落座，毛泽东就与他热情交谈起来。毛泽东高兴地对钱学森说："听说美国人把你当成五个师呢！我看，对我们来说，你比五个师的力量大得多。我正在研究你的工程控制论，用来指挥我国的经济建设。"这时，摄影师抓住两人微笑的瞬间，按动了快门。

钱学森先后至少六次受到毛泽东的亲切接见。背后的故事还要从头说起。

钱学森1911年出生于上海，1934年在当时的国立交通大学毕业后，前往美国麻省理工学院、加州理工学院深造，之后在这两所学校任教，长期在美国从事空气动力学、固体力学和火箭、导弹等领域研究，是知名的空气动力学、航空工程专家。1949年中华人民共和国成立后，钱学森十分振奋，认为报效祖国的时候到了。当时，美国麦卡锡主义泛滥，他被关押起来，他多年来积累的大量笔记、资料也被没收。钱学森在美国受到迫害的消息传回国内，国内科学家积极组织声援。毛泽东、周恩来得知后，也在外交途径上千方百计创造条件争取钱学森等留美科学家尽快回国。几经波折，直到1955年9月，钱学森才得以携妻子和一双儿女踏上归国的客轮。可以说，正

是钱学森的拳拳报国之心支撑着他舍弃在美国优厚的待遇，克服重重艰难险阻，毅然回到祖国的怀抱。

20 世纪 50 年代的钱学森

对当时的中国来说，久经战阵、指挥过大兵团作战的将领并不缺，但像钱学森这样站在本领域制高点的顶级科学家，则是凤毛麟角。钱学森的归来，不仅对我国航空航天事业有着不言而喻的重大意义，而且对吸引更多留学人才科学报国具有示范作用。出于对科学家、爱国者的由衷敬佩，毛泽东每次见到钱学森等科学家都要抽空与他们深入交谈，倾听他们对科技工作的意见和建议，询问他们在工作和生活方面的困难，并再三叮嘱和勉励他们多为祖国培育科技人才，特别是年轻科技人才。

1956 年 1 月 25 日下午，毛泽东主持召开第六次最高国务会议，主要讨论《一九五六年到一九六七年全国农业发展纲要（草案）》。钱学森等科学家也受邀参加。由于要讨论的内容较多，会议拖到了晚上，大家临时决定稍事休息，吃些东西后继续开会。钱学森在休息室休息时，毛泽东来到他面前与他亲切握手，询问了他的近况。闲聊中，毛泽东还就"基本粒子是否可分"等问题询问钱学森，并表示"基本粒子也是可分的"。由于当时观测水平和研究水平的限制，国际学术界就这一问题还没有做出定论，钱学森既不好肯定，也不好表示否定。但后来物理学的发展将人们对这一问题的认识推进了一步。钱学森曾表示,"毛主席对物质无限可分性的问题,从唯物辩证法的高度,作了非常精辟的论述"。

刚刚归国几个月,就得到毛泽东的亲切接见,钱学森无疑是欣慰且激动的。此后,1956年、1958年,毛泽东又先后两次与钱学森深入交谈,不仅谈工作、谈生活,而且就我国科技发展的宏观战略问题作过深入探讨。历史证明,毛泽东对钱学森等科学家是无比信任、充满敬意的。

20世纪50年代中后期,随着美苏两个超级核大国中远程导弹的迅速发展,双方都开始着手研究如何有效防御对方的导弹对自己本土发动袭击的问题。美国相继部署了"奈基-宙斯""哨兵""卫兵"等导弹拦截系统,苏联则部署了能携带核弹头的"橡皮套鞋"反导拦截系统。为了打破美苏的核威胁,在积极发展"两弹"的同时,毛泽东等领导人也提出要研究开

1964年12月26日,毛泽东会见科学家钱学森和农业劳动模范陈永贵

发我国自己的反导防御战略和装备。1964年2月，毛泽东邀请竺可桢、李四光、钱学森到中南海谈科学工作。在与钱学森谈到国防科技领域的尖端技术时，毛泽东表示，美苏等国都将反导技术作为本国在战略上赢得主动的关键一招，反导武器及其相关的战略战术是高度复杂的，要有专门的人员来研究，"总要搞防御的，有矛必有盾，搞少数人专门研究这个问题。五年不行，十年；十年不行，十五年，总要搞出来"。对此，钱学森表示赞同，并结合自己的专长提出了意见，得到了毛泽东的肯定。一个多月后，在毛泽东的支持下，钱学森主持召开弹道导弹防御技术讨论会。这次会议上，中国的反导技术研发工程被定名为"640工程"，其下还有多项子工程。尽管后来由于工程超出当时国内技术水平和"文化大革命"的干扰而未能取得全胜，1982年工程最终宣布下马，但这项工程在实施过程中还是攻克了许多关键技术难题，为后续的航空航天科技

1966年10月，聂荣臻到二十基地主持核导弹发射试验。图为核导弹升空后大家兴高采烈的情景。右一为钱学森，右三为基地司令员李福泽

和国防工业的发展积累了宝贵的技术和经验。今天我国的弹道导弹技术、反导技术、反卫星技术、先进火炮、先进雷达和各种配套的测控技术能够取得这样大的成就，与这项工程的实施有着直接的关系。

在"文化大革命"的十年中，毛泽东对钱学森等科学家的工作和生活情况始终十分惦念，多次指示要给予保护和关照。1970年，在庆祝"五一"国际劳动节的活动中，钱学森作为观礼代表登上天安门城楼。毛泽东再一次与他进行了亲切交谈，并勉励他"走到群众当中去，同群众结合"。1975年四届全国人大召开之时，毛泽东专门叮嘱周恩来查查代表名单中有没有钱学森和侯宝林两人，如果没有，一定要补上。

毛泽东逝世后，钱学森悲痛不已。这年的9月16日，他在《人民日报》上发表《终身不忘毛主席的亲切教诲》一文，回忆自己六次受到毛泽东接见的情形，寄托了哀思。这篇文章的首段写道：

在极为悲痛的时刻，回忆往事，历历在目。二十一年前，在伟大领袖毛主席的关怀下，经过艰苦斗争和美国朋友的支持，我终于回到了伟大的社会主义祖国。回国以后，伟大领袖毛主席多次亲自教诲我，每一次都给我指明了继续前进的方向，每一次都给我增添了登攀高峰的力量。我之所以有今天，都是毛主席、共产党给的。

可以说，毛泽东与钱学森的交往，是那一代党和国家领导人尊重科学、尊重人才，为了国家和民族的命运殚精竭虑的真实写照。

"不管风吹浪打,胜似闲庭信步"
——1956年5月31日毛泽东在长江游泳的照片

这是毛泽东第一次游泳横渡长江的照片。1956年5月,毛泽东从广州经长沙来到武汉,想到长江去游泳。湖北省委第一书记王任重很担心,江水里漩涡多,还有血吸虫……然而种种理由都没能说服他。31日下午,毛泽东在杨尚昆、王任重等人的陪同下来到蛇山脚下,就在武汉长江大桥的桥墩处下了水。工厂里的人都出来了,毛泽东一下水,人们就跟着在岸上跑,害怕出事。但是毛泽东特别自信,他游泳的姿势多种多样,蝶泳、蛙泳、仰泳。随行摄影师拍下了他的矫健泳姿。毛泽东一直游到汉口的淡水池附近才上岸,共游了15公里,两个多小时。这是他第一次游泳横渡长江。

1956年5月,毛泽东在长江游泳

6月2日下午,毛泽东第二次游长江。他在武汉长江大桥以上1500米的汉阳岸下水,从大桥第一、二号桥墩之间穿过,游到徐家棚以北上岸,约15公里。他对陪同游泳的王任重说:这是多么好的游泳场所,应当号召人们到大江大河里去游水,可以锻炼人们的意志。有些人害怕大的东西,美国不是很大吗?我们碰了它一次,也没有什么了不起。

6月3日下午,毛泽东再次游长江一小时。

毛泽东在江上畅游,宽阔的江面、雄伟的武汉长江大桥、雄踞两岸的龟山、蛇山,都与29年前的那个夏天迥然不同了。那时候大革命遭受失败,革命走入了山重水复的困境,心情沉郁的毛泽东在江面极目远眺,看到的是"沉沉一线穿南北",是"烟雨莽苍苍,龟蛇锁大江"。而今天翻地覆,革命成功了,社会主义的蓝图已经绘就,旧社会的"天堑"已经变为新社会的"通途",毛泽东胸中充满了豪情。于是,他填下了豪情万丈的《水调歌头·游泳》:

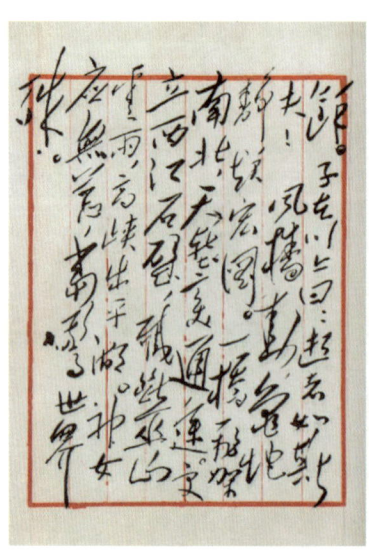
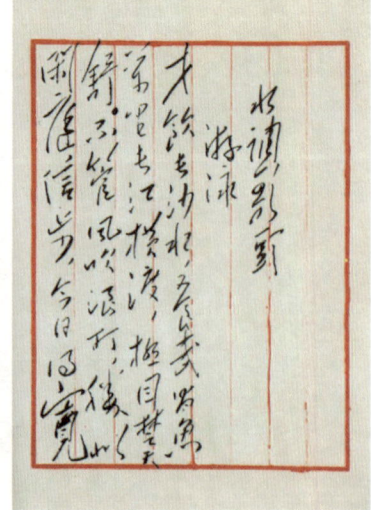

毛泽东《水调歌头·游泳》手迹

才饮长沙水,又食武昌鱼。

万里长江横渡,极目楚天舒。

不管风吹浪打,胜似闲庭信步,今日得宽馀。

子在川上曰:逝者如斯夫!

风樯动,龟蛇静,起宏图。

一桥飞架南北,天堑变通途。

更立西江石壁,截断巫山云雨,高峡出平湖。

神女应无恙,当惊世界殊。

游泳是毛泽东坚持一生的爱好。对毛泽东来说,似乎游泳不仅是强身健体、放松身心的最好方式,更是他展现自己的

1966年7月,毛泽东在长江游泳

1954年,毛泽东在北戴河游泳

1960年,毛泽东在北戴河游泳后小憩

人生豪情、锤炼自己品格意志的手段。因此,相对游泳池而言,他更愿意到江河湖海中去游,相比于置身于静水之中,他更愿意搏击风浪。他对中国的江河也有着特殊的感情。青年时代的毛泽东以游泳表达自己的志趣,曾写下了"自信人生二百年,会当水击三千里"的诗句。在湖南一师读书时,学校旁边就是湘江,毛泽东和几个要好的同学经常到江中游泳,还横渡湘江。据毛泽东回忆,盛夏时节湘江水涨,有好几次差点淹死,但还是坚持了下来。到了冬天许多人不敢下水,毛泽东却不以为意,仍然坚持冬泳,在当时传为美谈。

对毛泽东来说,韶山水库那样的静水固然可以游泳,但必定要到浩荡的大江大海才"够意思",而且越是有风浪,越能够激发毛泽东的兴致。1954年夏,毛泽东来到北戴河海滨。一天狂风大作、大雨倾盆,一时间海天浑然一色,海面上怒涛翻滚,大浪成雷霆万钧之势。毛泽东见到如此汹涌澎湃的大海,顿时游兴大发,不顾身边工作人员劝阻下海畅游。也许是搏击风浪的快感引动了毛泽东的诗情,上岸后他填下了气势恢宏的《浪淘沙·北戴河》,把那天海上的景致定格了下来:"大雨落幽燕,白浪滔天,秦皇岛外打鱼船,一片汪洋都不见,知向谁边?……"

越是浪高水深越能激发游兴,越是情况复杂越充满了斗志,这正是挑战者的姿态。1955年6月,毛泽东回到湖南考察调研。当时湘江正在涨水,江水浑浊,泥沙很重。6月20日,毛泽东提出要去江里"拱一拱",湖南省委的领导担心毛泽东的安全,一面请毛泽东的老朋友周世钊加以劝阻,一面找来省体委的专业游泳队员做好陪同的准备。听了周世钊的劝阻,毛泽东答道:"你不要说外行话!庄子不是说过吗,'水之积也不厚,则其负大舟也无力'。水越深,浮力越大,游泳起来当然越要便利些,你怎么反说不便呢?"毛泽东在原来母校附近的猴子石一带下水,游了一个多小时才意犹未尽地上岸来。

对毛泽东来说,游泳似乎从一开始就不单是一种运动和爱好,而是磨炼意志、锻炼体魄的最佳途径,更是挑战自我、证明自我的一种方式，是战胜困难、搏击风浪的象征。毛泽东十分善于使用游泳的"象征意义"。

1958年正值中苏两党、两国分歧日渐加剧之时。这年夏天，苏共领导人赫鲁晓夫访问中国，当谈到所谓"联合舰队"的问题时，气氛骤然紧张起来。毛泽东本来就对苏共以势压人的"老子党"作风深感不满，此前又对苏联企图干涉中国主权的"长波电台""联合舰队"等问题明确表示过反对。这次赫鲁晓夫访华又当面谈这些敏感问题，毛泽东当即质问赫鲁晓夫："什么叫作联合舰队？"双方不欢而散。次日，毛泽东意味深长地在中南海游泳池接待赫鲁晓夫，见面后一再邀请赫鲁晓夫下水，胖而笨拙的赫鲁晓夫在水中扑腾两下就不得不要来救生圈，而毛泽东在水中却怡然自得，甚至用了几个高难度的泳姿，使得赫鲁晓夫大为惊诧。这次游泳，一方面化解了前一天的尴尬紧张，一方面又是对这个出言不逊的客人一个不大不小的"下马威"。

"我们已经找到一条新路"

——1957年毛泽东和民主人士黄炎培、陈叔通在一起的照片

在领导人民进行革命和建设的历程中,毛泽东与许多民主人士都保持着十分融洽的关系,并以其独特的人格魅力赢得了他们的信任和钦佩。毛泽东与黄炎培、陈叔通的故事,就是这方面的真实写照。

今天提起著名民主人士黄炎培,人们最耳熟能详的逸事大概就是他和毛泽东就"历史周期率"展开的对话了。黄炎培1878年生于上海,抗战以后,出任国民参政会参政员,

1957年,毛泽东与黄炎培、陈叔通在一起

自 1941 年 3 月民盟创建后,他一直站在民主斗争的最前列。1945 年上半年,抗日战争胜利在即,国共两党之间的对立引起一部分民主人士的忧虑。黄炎培等几位参政员于 6 月 2 日致电延安的毛泽东、周恩来,申述了他们寄希望于和谈的愿望,很快就收到了毛泽东表示欢迎的答复。

1945 年 7 月 1 日,褚辅成、黄炎培、冷遹、傅斯年、左舜生、章伯钧从重庆飞抵延安。他们受到毛泽东、周恩来、朱德、林伯渠、吴玉章等人的隆重欢迎。

1945 年 7 月,毛泽东等与来访的国民参政会参政员褚辅成、黄炎培等合影

1945 年 7 月,毛泽东与来访的民主人士黄炎培握手

黄炎培一行刚下飞机，早已在机场迎候的毛泽东、周恩来、刘少奇、朱德、林伯渠、吴玉章等人就迎上前去。毛泽东握着黄炎培的手，说道："我们20多年没见面了！"

黄炎培不胜诧异，说："我们这是第一次见面呀！"

毛泽东笑着说："1920年5月在上海时，江苏省教育会欢迎杜威博士，你主持会议并发表演说。在演说中你谈到中国一百个中学毕业生，升学的只有多少多少，失业的倒有多少多少。那一大群听众之中就有一个人，姓毛，名泽东。"

黄炎培一听，开怀大笑，说道："想不到在这群听众中，竟有这样一位盖世豪杰！"

第二天下午，黄炎培一行应邀到杨家岭毛泽东住地做客。

毛泽东的会客室四壁挂有字画，而其中一幅竟是沈钧儒先生的次子沈叔羊画的。画面上有一把酒壶，上写"茅台"二字，壶边还画只杯子，画侧有黄炎培的题诗：

喧传有客过茅台，酿酒池中洗脚来。
是假是真我不管，天寒且饮两三杯。

见画后，一种怀旧之情在黄炎培心中油然而生。这幅画原来是1943年国民党掀起第三次反共高潮时，叔羊画赠父亲的。在叔羊请黄炎培题词时，黄炎培忽然想起这则有关红军的谣传，顿时来了灵感，便信手题写了这首七言绝句，以讥喻之。万万没有想到，这幅画竟挂在毛泽东的客厅里了，这显然是毛泽东为了欢迎他而刻意安排的。黄炎培为此有些感动。

7月4日，毛泽东邀请黄炎培等到家里做客，他们在一起长谈了整整一个下午。毛泽东谈了前不久的整风运动，谈到多年的革命实践中觉悟到过去的种种错误,就错在中了主观主义、宗派主义和党八股的毒素。

毛泽东问黄炎培:"你这次来延安有何感想?"

黄炎培沉吟片刻后说:"我生60多年,耳闻的不说,所亲眼看到的,真所谓'其兴也浡焉','其亡也忽焉',一人,一家,一团体,一地方,乃至一国,不少不少单位都没有能跳出这周期率的支配力。大凡初时聚精会神,没有一事不用心,没有一人不卖力,也许那时艰难困苦,只有从万死中觅取一生。既而环境渐渐好转了,精神也就渐渐放下了。有的因为历时长久,自然地惰性发作,由少数演为多数,到风气养成,虽有大力,无法扭转,并且无法补救。也有为了区域一步步扩大了,它的扩大,有的出于自然发展,有的为功业欲驱使,强求发展,到干部人才渐见竭蹶、艰于应付的时候,环境倒越加复杂起来了,控制力不免趋于薄弱了。一部历史,'政怠宦成'的也有,'人亡政息'的也有,'求荣取辱'的也有。总之没有能跳出这周期率。中共诸君从过去到现在,我略略了解的了。就是希望找出一条新路,来跳出这周期率的支配。"

黄炎培这一席话可谓推心置腹,把数千年来历史上"靡不有初、鲜克有终"的道理阐述得极为深刻。的确,几天来呈现在黄炎培面前的是一个欣欣向荣的延安,这里政治清明、上下通畅,没有一寸土地荒芜,没有一个人闲荡。但是千百年来那些人亡政息的兴衰往复仿佛一个周期发作的魔咒笼罩着中国历史。每每遇到治乱更替,生民涂炭的循环就会上演……

毛泽东倾听着、沉思着。片刻之后,他自信地回答说:

"我们已经找到新路,我们能跳出这周期率。这条新路,就是民主。只有让人民来监督政府，政府才不敢松懈。只有人人起来负责，才不会人亡政息。"

毛泽东的目光和语调都是那么平静、坚定，充满了对民族光明前景的期许，这不能不令黄炎培感动不已。当晚，黄炎培答道："这话是对的。只有大政方针决之于公众，个人功业欲才不会发生。只有把每一地方的事，公之于每一地方的人，才能使地地得人，人人得事。用民主来打破这周期率，怕是有效的。"

后来他在日记中写道："我感觉看到了中国的希望。"延安归来，黄炎培兴奋地写了一本书，就叫《延安归来》，以自己亲眼所见、亲身经历，勾勒出了陕甘宁边区的精神面貌。这本书初版印了两万册，很快就被抢购一空。

跳出"历史周期率"的问题，毛泽东很早就进行过深入思考，早在延安整风运动时期，毛泽东就号召全党将郭沫若写的《甲申三百年祭》一文作为整风文件来读，深刻吸取封建时代中国农民起义"小胜即骄傲，大胜更骄傲，一次一次吃亏"的教训。而此番黄炎培的一席话，可以说进一步加深了毛泽东的思考。1949年3月5日到13日，中共中央在进驻北平之前在西柏坡召开了七届二中全会。会上，毛泽东深刻指出：我们很快就要在全国胜利了，而面对即将到来的胜利，可能有这样一些共产党人，他们是不曾被拿枪的敌人征服过的，他们在这些敌人面前不愧英雄的称号；但是经不起人们用糖衣裹着的炮弹的攻击，他们在糖弹面前要打败仗。毛泽东接着强调：中国的革命是伟大的，但革命以后的路程更长，工作更伟大，更艰苦。这一点现在就必须向党内讲明白，务必使同志们继续地保持谦虚、谨慎、不骄、不躁的作风，务必使同志们继续地保持艰苦奋斗的作风！

这就是著名的"两个务必"，这就是中国共产党人为了跳出"历史周期率"而为自己立下的"戒律"，更是毛泽东等老一辈共产党人深刻的忧患意识、危机意识的真实写照。

新中国成立后，黄炎培继续积极建言献策，为国家建设事业奔走劳碌，与毛泽东等保持着密切而融洽的关系。1956年9月，黄炎培应邀列席中共八大。看到祖国各项事业欣欣向荣，他不禁想起了11年前在延安与毛泽东谈到"历史周期率"的往事。黄炎培情不自禁地即兴赋诗，其中一首这样写道："天安国庆逢佳节，万水千山念苦辛，杖策延安如昨梦，《东方红》已遍环瀛。"

著名民主人士陈叔通生于1876年，先后中举人、进士，授翰林院编修。清末新政期间东渡日本，寻求救国良策。辛亥革命后陈叔通积极投身革命活动，又立志不与官僚政客为伍，对北洋军阀和国民党政府的一切邀请均予以拒绝，并写下了"附凤攀龙徒取辱，何如大泽一羊裘"的诗句借以明志。抗战胜利后，陈叔通一方面欣喜不已，另一方面又对国家前途怀有深深的忧虑，最终响应中国共产党的号召，为反内战、争和平，反独裁、争民主奔走呼号。

1949年春，对腐败的国民党反动派完全失望的陈叔通在地下党的帮助下，取道香港来到北平。此时毛泽东还住在香山，他亲自派身边的工作人员前去迎接，并且就一些问题亲自征求陈叔通的意见。陈叔通离开双清别墅，毛泽东亲自将他送到门外，为他打开汽车门，亲自扶他上车，而后关好车门。汽

"我们已经找到一条新路"

车已经走远了,毛泽东还在挥手送别。毛泽东的真诚给陈叔通留下了深刻印象。他曾经不止一次对人讲:"毛主席可以说是我国有史以来最受亿万人民爱戴的领袖。"1949年6月,陈叔通在北平参加新政治协商会议筹备会,被推为副主任。三个月后又先后参加了新政协会议和开国大典。回忆起几十年的风风雨雨,陈叔通感慨良多,写下了"溯从解放更生日,始见辉煌革命天"的豪迈诗句。

1954年,毛泽东和中华全国工商业联合会主任委员陈叔通在一起

1957年，毛泽东和无党派民主人士黄炎培、陈叔通、张奚若在一起

陈叔通与黄炎培都是毛泽东十分尊重的工商界民主人士。毛泽东有时给两人写信，如果信封上写的是"陈叔老、黄任老"，那么信的抬头就写"黄任老，陈叔老"。对此，陈叔通和黄炎培都颇感动：毛泽东作为党和国家的主要领导人，日理万机、工作繁忙，在称呼的前后排列这类事情上还考虑得如此周到，充分说明了对两位长者的尊重。1955年10月27日和29日，在全国工商联举行第一届执行委员会第二次会议前夕，毛泽东两次会见黄炎培、陈叔通，勉励他们引导工商界积极响应国家号召，接受社会主义改造，走社会主义道路。陈叔通及时向工商界传达了毛泽东的谈话精神，并强调指出："国家的前途就是我们个人的前途。我们的道路是光明的、是广阔的，工作是做不完的。每个人只要愿意贡献他的力量，为人民服务，都会有发挥能力的机会。"

"大跃进"和三年经济困难时期,陈叔通对经济形势忧心忡忡,感到心情沉重,曾经多次向毛泽东反映了自己的意见。一次,毛泽东听完他的意见后,为他仔细分析了国内外形势,讲明党和国家正在采取相应措施缓解困难局势,并分析了问题的主客观原因。陈叔通很受启发,回家后写了一副对联:"一心记住六亿人民,两眼看清九个指头。"这成为中国共产党与民主人士交往历程中的一段佳话。

1958年3月16日,中国人民欢迎志愿军归国代表团团长陈叔通在安东人民欢迎志愿军大会上致欢迎词

"世界是你们的"

——1957年11月17日毛泽东访苏期间会见中国留学生的照片

这张气氛热烈的照片拍摄于1957年毛泽东第二次访问苏联时。1957年11月17日傍晚六时许，毛泽东结束了一天的紧张行程来到莫斯科大学礼堂，同早已等在那里的中国留苏学生见面。毛泽东刚刚出现在礼堂门口，雷鸣般的掌声就响了起来。人们笑着、跳着，几乎要拥到主席台上来，毛泽东的讲话更是一次次被掌声和欢呼声打断⋯⋯

1957年，正值"十月革命"40周年，又是"波匈事件"刚刚平息、社会主义阵营中亟待消弭分歧、重新团结之时。11月2日，毛泽东应苏共领导人赫鲁晓夫之邀率领中国代表团前往苏联，参加十月革命40周年庆祝大会，并对苏联进行参观访

1957年11月，毛泽东访问苏联期间，会见中国留苏学生

问。这是毛泽东继1949年出访后的第二次访苏。

访苏期间,毛泽东在十月革命40周年纪念大会上发表讲话,从战略高度分析了世界共产主义运动的光明前景,并号召社会主义阵营各国放下分歧,重新团结起来。这次访苏,毛泽东的讲话博得全场起立和长时间的掌声,成为新中国外交史上的华彩篇章;毛泽东对苏联成功发射人造卫星的祝词,在国际上传为趣谈;而毛泽东收到苏联建设成就的鼓舞后表示15年赶超英国,也留给后人太多的教训和反思。但这次访苏留下的最伟大的历史回响,还当数毛泽东与青年学生之间的一段佳话。

11月16日,莫斯科各大学的中国留学生得到通知,第二天上午全体同学在莫斯科大学大礼堂集合,由当时正在苏联的、时任中宣部部长陆定一向大家作国内外形势报告。还有一个消息跟着传遍校园:正在苏联访问的毛泽东有可能会来看望大家!

这个激动人心的消息传得飞快,17日早上八点刚过,几

1957年11月,毛泽东率中共代表团访问苏联。左起:彭德怀、邓小平、宋庆龄、尤金、毛泽东、布尔加宁

右上：1957年11月，邓小平陪同毛泽东在克里姆林宫会见苏联部长会议主席布尔加宁

右下：1957年10月29日，毛泽东观看苏联新西伯利亚歌舞剧院芭蕾舞团演出《天鹅湖》，接受演员赠送纪念章

乎全莫斯科的中国留学生便都从四面八方赶到莫斯科大学大礼堂。陆定一的讲话在十点钟开始。此时，能够容纳三千人的大礼堂已经座无虚席了。下午三点多，陆定一结束了报告。这时，中国驻苏大使刘晓带来一个喜讯：毛主席将参加一个重要的国际会议，会后很有可能要到这里来和大家见面。大使还没结束讲话，同学们就欢呼起来。大使接着说："但是，这个会议不知道会开到什么时候，有可能开得很晚。"同学们纷纷高喊："等到什么时候，我们都愿意！"

傍晚六点多，毛泽东到了大礼堂，他身穿灰色中山服，身材魁梧，从台前一端阔步走来，微笑着频频挥手向大家致意。等待已久的在场学生立刻激动起来，全场响起了雷鸣般的掌声。

所有人都离开座位拥向前台，都希望离毛泽东近点、再近一点……

"同志们！我向你们问好！"台下再次爆发出雷鸣般的掌声。"世界是你们的！也是我们的，但是归根结底是你们的！"毛泽东的话语几乎被掌声淹没了。

毛泽东接着说："世界是你们的，当然，我们还在，也是我们的，但是归根结底是你们的。你们青年人朝气蓬勃，好像早晨八九点钟的太阳。中国的前途是你们的，世界的前途是你们的，希望寄托在你们身上！"这时全场立刻响起欢呼，震耳欲聋的掌声经久不息。毛泽东一挥手，又继续了他的讲话："我们已经老到这个样子，你们还年轻，我们老，但我们懂世故。你们年轻，有朝气，我们则有暮气，但你们还没有经验。这叫作各有各的长处，各有各的缺点。"毛泽东这时笑了，大厅里也出现了笑声和掌声。毛泽东说:"你看我们都老了!"台下激动的学生立刻喊:"毛主席不老!""毛主席万岁!"

已经过七点钟,毛泽东离开大礼堂,前往学生俱乐部看望早已在那里等候的同学们。此时,在学生俱乐部的同学们"只闻其声不见其人"已经一个多小时,早已迫不及待。毛泽东一出现,又立即引起了一阵山鸣海啸般的欢呼。毛泽东在学生俱乐部逗留片刻,向同学们提出三点希望:"第一,青年人既要勇敢又要谦虚;第二,祝你们身体好,学习好,工作好;第三,和苏联朋友要亲密团结。"

毛泽东一行人离开了莫斯科大学。可是激动的同学们仍然长久地聚集在大礼堂里,大家齐声唱起了"东方红,太阳升,中国出了个毛泽东……"这时许多人才发现自己的手掌早已拍得肿胀、发痛。

"世界是你们的",这是领袖对青年的厚爱和希望,也激励着广大青年永远跟党走的坚定信心和决心。

"因为我爱他们,我就希望他们进步"

——1957年6月8日毛泽东与外祖文家亲属在中南海的合影

1957年6月,毛泽东的外祖湘乡文家亲戚来北京看望毛泽东,毛泽东亲切接见了他们,并在中南海与他们拍下了这张合影。

在中国这样一个封建历史漫长、官本位主义包袱沉重、专制主义深入民族文化基因的国家,"一人得道,鸡犬升天"几乎是"天下之通例"。在数千年的旧社会,天下之大"公"即是君主之大"私",大到一国、一地,小到一姓、一家,"公"与"私"之间都缺乏明确界线。毛泽东是讲感情的人,更是讲原则的人,对亲友他饱含深情,但在原则问题上却从不逾越原则界线。从毛泽东与他的两位表兄的往事中,今天的我

1957年6月,毛泽东与外祖文家表兄嫂、姨表兄王季范等在中南海合影

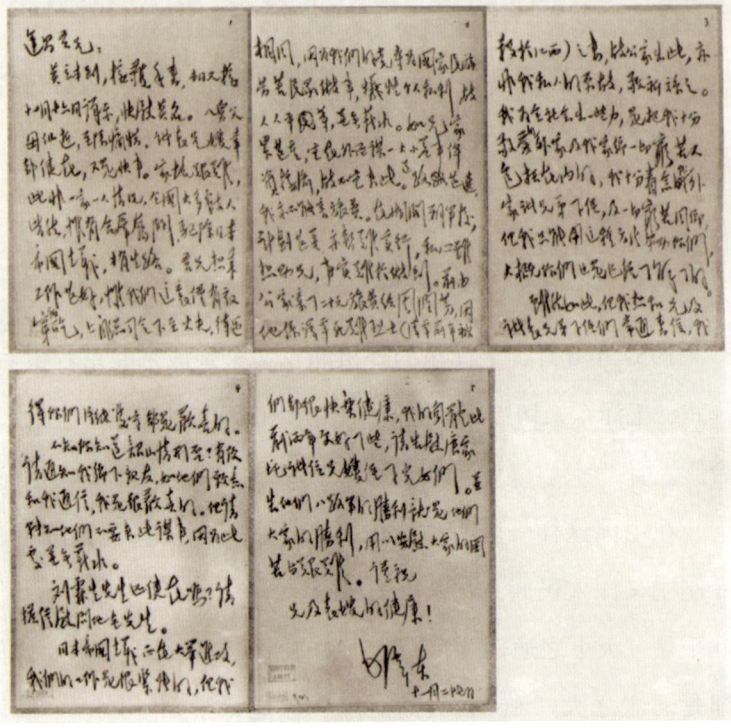

1937年11月27日,毛泽东给表兄文运昌的复信

们仍能获得教育和启发。

毛泽东的外婆家唐家圫文家,人丁兴旺,人口甚多。毛泽东两岁时即由外祖母接来抚养,与文家的亲人关系非常紧密。再后来到湘乡、长沙求学,也常利用假期来看望外婆家的亲人,并有诸多书信往来。1937年11月27日,毛泽东在延安致信表兄文运昌:"我为全社会出一些力,是把我十分敬爱的外家及我家乡一切穷苦人包括在内的,我十分眷念我外家诸兄弟子侄,及一切穷苦同乡……"

毛泽东与外婆家亲戚关系如此亲密,可谓情深谊厚。当文家兄弟子侄生活上遇到困难时,毛泽东总是用稿费慷慨接济,还接他们到北京晤谈叙旧,游览京城名胜。但是,当文家亲戚请求毛泽东为他们及其亲友解决参加工作或帮助入学等问题时，毛泽东却断然拒绝。1954年4月，毛泽东还专门给原湘乡县石城乡（今韶山市大坪乡）政府的工作人员写了一封信，专门提到了自己的一些亲友凭借与自己的关系谋求特殊待遇的事：

> 我的亲戚唐家圫文家，过去几年常有人来北京看我。回去之后，有些人骄傲起来，不大服政府管，这是不对的。文家任何人，都要同乡里众人一样，服从党与政府的领导，勤耕守法，不应特殊。请你们不要因为文家是我的亲戚，觉得不好放手管理。我的态度是：第一，因为他们是劳动人民，又是我的亲戚，我是爱他们的。第二，因为我爱他们，我就希望他们进步，勤耕守法，参加互助合作组织，完全和众人一样，不能有任何特殊。如有落后行为，应受批评，不应因为他们是我的亲戚就不批评他们的缺点错误。

在这封信的末尾，毛泽东还嘱咐乡政府的工作人员把这封信给自己的亲戚们看，"帮助他们改正缺点错误"。

就这样，毛泽东先后拒绝表兄文南松、文涧泉为文运昌、文凯及一些亲戚推荐工作或帮助入学的请求。但是"十六哥"文运昌仍不甘心。他想，对于个人某些要求，毛泽东身为国家主席，可能不便出面解决，也无暇办理这些琐事，这是可以理解的。既然如此，那就找毛泽东身边的工作人员出面解决吧。

1954年7月20日，文运昌给毛泽东的秘书田家英写信，请求为文家十多名亲属推荐工作或安排升学，信中附有"学生表一纸"，开列了毛泽东外祖父文芝仪、伯外祖父文芝兰、叔外祖父文芝祥的后裔共 15 人的名字、年龄、文化程度，请田家英酌情解决。其中有：

文泽湘（文泮香之孙，文赐生之子），17 岁（1937 年 12 月生），初小；

彭述英（文赐生之媳），17 岁（1936 年 12 月生），高小；

文仁山（文泮香之孙），14 岁（1940 年生），高小；

文星山（文泮香之孙），12 岁（1942 年 1 月生），高小；

周力仁（文砥兰之媳，文平山之妻），又名周玉莲，17 岁（1937 年生），高小；

文商山（文南松之孙），12 岁（1942 年 6 月生），初小；

文锡祥（文东仙之子），15 岁（1939 年 9 月生），初小。

此外，还介绍了文期深、文上国、文上为、文上元、文葭知、文爱兰、文美秀、文杰娥等文家亲人的基本情况。

在信的末尾，文运昌写道："以上十四名（实为 15 名）均为高小生（注：也有初小生），体格强壮，可为技工学徒；内商山一名，可入育才学校；葭知和爱兰二女子'最优等'，可深造。均请田秘书家英设法培植一下，并候指示祗遵。"

接到文运昌的来信后，田家英看到毛泽东外婆家这么多人要求参加工作或升学，深感事关重大，便将此信转呈毛泽东阅示。说实在话，在文家亲人中，也确实不乏有学识、有能力的有用之材，有的人为国家、为革命作出过贡献甚至流过血（如文炳璋、文平山、文潞湘等），但是，亲友要求借毛泽东的私人关系和权力解决工作、入学问题，是违反原则的。在旧社会，"一人得道，鸡犬升天"那一套或许行得通，但是在

人民当家做主的新中国,靠"恩荫""裙带""关系""后门",是断断不能许可的。于是,毛泽东在信上批示道:

许多人(要求)介绍工作,不能办,人们会要说话的。

再次拒绝了文运昌的请求。

老百姓的眼睛是雪亮的,领导干部说话做事违背了人民公仆的身份、违背了自己的初心和使命,人民是要说话的。如果领导干部带头为亲属开后门,那各级党员干部上行下效,岂不又回到了解放前?时刻自觉接受人民群众的监督,真正做到除了人民群众的利益之外没有任何特殊利益,不利用职权为自己和亲人谋取私利,才是合格的共产党人。

1952年的春节,古都北京充满了节日的欢乐气氛,大街小巷中的鞭炮声不绝于耳,满脸喜气的人们,脸上荡漾着笑意,到处春意盎然欣欣向荣,一派祥和喜庆的景象。中南海的丰泽园里,毛泽东设宴招待来自湖南家乡的客人。

1953年12月,毛泽东在北京与姨表兄王季范(右二)、堂弟毛泽嵘(左二)、老地下党员毛月秋(右三)、表弟文东仙(右一)、表侄文九明(左一)合影

宴会前，毛泽东亲热地拉着一位面容清癯的老先生的手，向起身迎接的江青、毛岸青、李敏、李讷等家人和站在一旁的工作人员介绍说："这是我的九哥。他家住在湘乡十四都，是我的姨表兄。"他接着又说："没有他，就没有我。"

毛泽东为何如此敬重这位九哥，竟然说没有九哥就没有他呢？

王季范生于1885年，湖南湘乡人，是毛泽东的二姨妈文六妹的次子。他在同辈兄弟中排行第九，后辈都尊称他"九阿公"，毛泽东一直叫他"九哥"。

王季范可称得上毛泽东生命中的"贵人"。青少年时期，他对毛泽东不仅在经济上解囊相助，学业上认真教诲，还竭力支持其革命活动。20世纪二三十年代，毛泽东几次被反动军警追捕，几次都是在他的救援掩护下才得以渡过难关。

1910年，毛泽东有意外出求学，父亲毛顺生却执意让儿子去米店当学徒。王季范得知此事后，专程赶赴韶山，替渴望读书的表弟说情。毛顺生在众亲友的劝说下，答应儿子到湘乡读书的要求，说只是很难筹措学费。王季范连忙对毛顺生说："姨父，那不要紧！到东山学堂去读书，不要太多的钱，包括伙食费，只要交一千五百文铜钱。至于说到其他的零用，我包下来了。"王季范没有食言，他节省家里给自己的每一个铜板，接济表弟毛泽东。

1915年，王季范受聘到一师任教，并担任学监，恰好毛泽东在一师求学。此后，他们不仅是表兄弟，更是师生，交情自然更深了。这时的毛泽东可没少让表哥操心。在1915年的那场著名的学潮中，毛泽东等人在一师发起了驱逐校长张干的运动，张干要开除以毛泽东为首的17名"闹事"学生。后来，是王季范和杨昌济、徐特立、方维夏等先生出面召集一个全校教职员会议，为学生鸣不平，对校方施压力，才使张干收回成命。

1925年8月，带病回故乡韶山开展农民运动的毛泽东，遭到反动军阀赵恒惕围捕，韶山的共产党员事先得到情报，掩护他秘密转移到长沙。当晚，毛泽东潜往王季范家里，告知自己遭赵恒惕通缉追捕的险情，并要表哥帮他准备几套换洗的衣服和一些盘缠，以作前往广州之用。他还委托王季范设法通知在韶山的夫人杨开慧，要她携孩子岸英、岸青前往广州。考虑到自己与毛泽东的亲戚关系人人皆知，王季范立即将他护送到位于乐古道巷颜子庙的湖南私立平民女子职业学校，将其安排在政治上比较可靠的湘乡籍教师谭泮泉处住宿。第二天清晨，毛泽东装扮成商人模样，由韶山地下党负责人庞叔侃和工人骨

1954年4月，毛泽东和程潜（右二）、程星龄（右一）、表兄王季范（左一）在北京十三陵合影

干周振岳护送，由株洲经衡阳，一直南下到达当时的革命中心广州。

1927年，毛泽东领导秋收起义前，曾专程向王季范告别，说他这次要出一趟远门。王季范没有料到，此次分手，直到1950年才在北京再次见面。

新中国成立后，王季范除长期担任政务院（后改名为国务院）参事外，还连续当选为第一、二、三届全国人民代表大会的代表，他积极地参政议政，为祖国的发展和建设建言献策。

晚年的时候，每年收到毛泽东从自己稿费中拿出2000元"特殊津贴"的，除了章士钊之外，还有王季范。但王季范是一个道德十分高尚的人，他一生不慕荣利，两袖清风，时常对自己担任国务院参事、人大代表这些职务感到有些不安，认为有愧。一次，他对毛泽东说："润之，像我这种对革命没有什么贡献的人，占据这样的高位，享受这样的待遇，实在感到惭愧和不安，我看我还是辞掉回家做点力所能及的工作比较好。"

毛泽东听了摆摆手说："九哥，你快别这么讲。且不说你对我本人的大恩大德，光是你几十年如一日奋战在教育战线上，为我们这个民族培养了不计其数的建国人才，这么大的贡献还惭愧和不安？更何况你对革命事业一直很同情，鼓励学生参加革命，还把九哥你唯一的儿子德恒送到延安学习，后来德恒还为革命献出了生命。更何况现在你在自己的岗位上也没有闲着啊，你的建言献策'用贤才、立法制、崇道德'，我看就不是一般人提得出来的。怎么说惭愧不安没贡献呢？以后快不要这么讲了。"一席话说得王季范热泪盈眶。

　　1972年7月11日，王季范病逝于首都北京，终年88岁。7月14日下午，北京举行了隆重的追悼会，周恩来总理等党和国家领导人出席，全国人大常委会副委员长郭沫若主持了追悼会，他的学生——曾任湖南省副省长周世钊致悼词。作为王季范先生表弟的毛泽东，心情非常悲痛。他敬献了一个花圈，花圈的飘带上写着"九哥千古／毛泽东敬挽"。

"要让学习占领工作以外的时间"

——1957年毛泽东在飞机上学英语的照片

1957年,毛泽东外出视察回到北京。飞机已经着陆了,可是,在机场迎接的干部和群众左等右等,不见毛主席走出飞机。机场上的人都很着急,不知机舱里发生了什么事。原来此时,毛泽东正在聚精会神地学英语呢,忘了下飞机的事!随行的摄影师见此情景,拿起相机按下快门,拍下了这张珍贵的照片。

毛泽东历来十分重视外语的学习,主张把学习本国语言和学习外国语言结合起来。他在延安时期自学过英语。但是,由于当时严酷的战争环境,他的学习受到很大限制。新中国成立以后,有了较好的学习条件和环境,学习英语成为他的一种爱好。

1957年,毛泽东在飞机上学英语

毛泽东在杭州刘庄学英语

尽管年逾花甲，工作繁忙，但毛泽东学英语的积极性还是很高。他常常说："要让学习占领工作以外的时间。"学英语不仅是他对外交流、开拓知识面的需要，也是他的一种特殊的休息方式。1959年1月，他接见巴西外宾时说：学外文好，当作一种消遣，换换脑筋。

毛泽东善于利用一切可以利用的时间学英语，经常在刚刚起床，在入睡之前，在饭前饭后，在爬山、散步中间休息时，以及游泳之后晒太阳时学英语。在外地视察工作期间，无论在火车、轮船、飞机上，他随时都挤时间学英语，有时哪怕只有个把小时也要加以利用。

1957年3月，毛泽东先后在天津、济南、南京和上海的干部大会上作报告，讲人民内部矛盾问题。当时他的工作很紧张，但在旅途中仍以学习英语为乐趣。1958年9月，他巡视长江流域的湖北、安徽、江苏、上海、浙江等省市，沿途

毛泽东学英语时手写的卡片

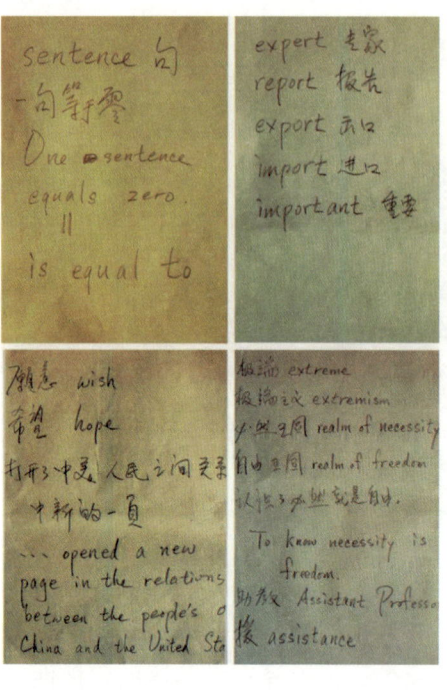

参观工厂、矿山、学校、公社,大部分行程是乘汽车,每天都要乘六七个小时,途中十分辛苦,即使如此,学起英语来仍很有精神。

由于之前基础差,毛泽东学起英语来是比较吃力的,但他不畏困难。他别出心裁,并不使用英语教科书循序渐进地"上课",而是自己设计了一种独特的"学英文"方式:阅读英语文章。他先从阅读英文版的《人民日报》《北京周报》、新华社的英文新闻稿和英文《参考》的新闻、通讯、时事评论和政论文章入手,再逐步学习《矛盾论》《实践论》《莫斯科会议宣言》等的英译本。

毛泽东很重视使用工具书,学英语也是如此,身边经常放着两部字典,一部英汉字典,一部汉英字典,以备查阅。每次到外地视察时,他都带着字典走。遇到生疏的单词和短语,他就翻阅字典,然后在书页空白的地方密密麻麻地记下来。看到主席如此发愤学习英语,考虑到他工作繁忙,他的英语老师就事先将毛泽东未学的单词查好,以卡片的形式抄下来。但是毛泽东往往还要亲自看看字典上的音标和注解。

毛泽东说话的湖南口音很重,英语单词发音不准。他就让秘书林克领读，他跟着读。他自己再练习几遍，让林克纠正他发音不准的地方。

毛泽东把学习英语的重点放在阅读政论文章和马列主义经典著作上，因为这些文章和著作的内容，他非常熟悉，学习时可以把注意力放在句型变化和句子的结构以及英语词类的形式变化上。1960年，《毛泽东选集》第四卷出版以后，毛泽东特地给林克写信道："林克同志：选集第四卷英译本，请即询问是否已经译好？如已译好，请即索取两本，一本给你，另一本交我，为盼！"同年《莫斯科会议声明》发表以后，他又给林克写了一封信，说："莫斯科声明英文译本出版了没有？请你找两本来，我准备和你对读一遍。"在《共产党宣言》和《矛盾论》英译本上，他从第一页直到最后一页，都作了详细的注。每当他重读一遍时，就补注一次。有些著作，他学习过多遍，如《矛盾论》的英译本他就先后学习过三遍，并在封皮的内页记下了三次阅读的时间：1956年5月10日开始读第一遍；1959年10月31日开始读第二遍；1961年10月9日开始读第三遍。

在学习马列主义经典著作英译本时，毛泽东曾经遇到过

毛泽东1956年学习过的英文版《共产党宣言》中的一页

毛泽东读书时做批注用过的毛笔、笔筒和铜墨盒

不少困难。因为这些经典著作英译本的文字比一般政论文章的英文要艰深些，生字也多些。但是，毛泽东不畏困难。1959年1月，一位外宾问他学习英文的情况时，他说：在一字一字地学。若问我问题，我勉强答得上几个字。我要订五年计划，再学五年英文，那时可以看点政治、经济、哲学文章。现在学了一半，看书不容易，好像走路一样，到处碰石头，很麻烦。他还曾风趣地对秘书林克说："我活一天就要学一天，尽可能多学一点。不然，见马克思的时候怎么办？"

毛泽东不仅自己学，还多次提倡干部都要学一点外语，1958年1月在《工作方法六十条（草案）》中，他建议在自愿的原则下，中央和省市的负责同志学一种外国文，争取在5年到10年的时间内达到中等程度。1959年庐山会议初期，他重申了这一建议。在20世纪70年代，他还提倡60岁以下的同志要学习英语。

凭着浓厚的兴趣和顽强的毅力、坚持不懈的精神，毛泽东克服了种种困难，英语水平较初学时有了很大提高，后来可以借助字典阅读一般文章、报刊消息。1973年2月17日晚，毛泽东会见来访的美国总统国家安全事务助理基辛格，会谈中双方就世界局势以及中美、中苏关系等问题交换意见时，毛泽东突然两手相握，对基辛格说："我们两家出于需要，所以

1973年2月17日晚,毛泽东在中南海会见时任美国总统国家安全事务助理亨利·基辛格

就这样 Hand in Hand。"听到毛泽东说英语,基辛格惊讶地问道:"主席现在正学英文吗?"毛泽东谦虚地回答:"我认识几个英文单词,但不懂文法。"基辛格又说:"主席发明了一个英文词。"对此毛泽东爽快地承认了:"是的,我发明了一个英文词汇——paper tiger。"基辛格马上对号入座:"纸老虎。对了,那是指我们。"听闻此语,宾主双方都笑了。

"苍龙日暮还行雨,老树春深更著花"。毛泽东这种不拘泥所学、不故步自封,活到老、学到老的精神永远值得我们后人学习!

"坐了我们自己制造的小汽车了!"
——1958年5月21日毛泽东观看第一辆国产轿车的照片

1958年5月22日,《人民日报》刊登的两幅照片在社会上引起了很大关注,让许多中国人欢欣鼓舞,倍感骄傲。这就是毛泽东和林伯渠试坐第一辆国产"东风"牌小轿车的照片和毛泽东观看"东风"牌小轿车的照片。

1958年5月,毛泽东观看并试乘了第一汽车制造厂生产的"东风"牌小轿车

中国不能造汽车的历史，一直持续到新中国成立。新中国成立初期，中国没有自己的汽车工业，所需车辆完全依赖进口，连毛泽东、周恩来所坐的专车都是苏联赠送的。当时的中国，落后的不只是汽车工业。毛泽东曾感慨地说：现在我们能造什么？能造桌子椅子，能造茶碗茶壶，能种粮食，还能磨成面粉，还能造纸，但是，一辆汽车、一架飞机、一辆坦克、一辆拖拉机都不能造。

1949年底至1950年2月中旬，毛泽东首次访问苏联。在莫斯科他参观了斯大林汽车厂。当看到一辆接一辆的汽车驶下装配线时，他对随行人员说："我们也要有这样的大工厂。"毛泽东深知，没有现代工业的国家是永远不可能强大的。他开始考虑建立新中国自己的工业体系，决心在旧社会的一片工业废墟上建立民族汽车工业。

1950年1月至2月，毛泽东、周恩来在与苏联政府商谈援华建设项目时，将"建设汽车制造厂"的设想纳入了苏联援华重点工程之中，大大加快了我国汽车工业的发展进程。1953年，中央人民政府将汽车制造厂的兴建列为发展国民经济第一个五年计划中的一个重点项目。

尽管苏联给予大力援助，提供成套设备和图纸，但在当时一穷二白的条件下，中国仍面临重重困难。1953年5月，第一机械部党组就苏方三年建成汽车厂的建议和我方筹备情况向毛泽东和党中央提交了专题报告："按我部现有力量，四年完成犹有困难，三年完成更无把握……"

中共中央政治局专门召开会议讨论第一机械部党组的报告。毛泽东、刘少奇、周恩来、朱德、邓小平等在会上一致支

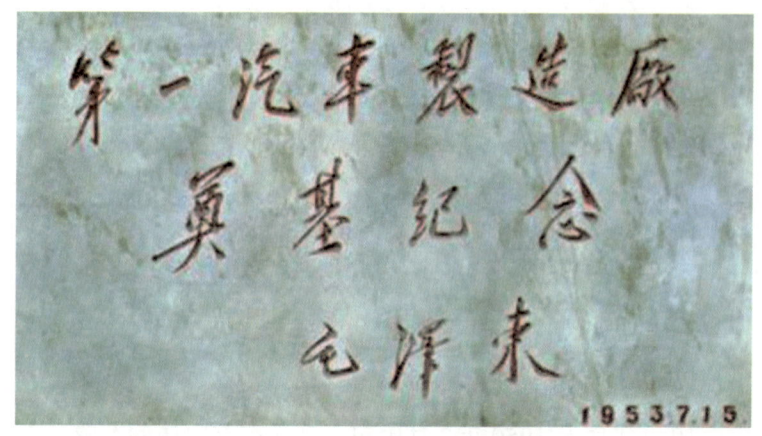

毛泽东题词的"第一汽车制造厂奠基纪念"奠基石

持汽车厂三年建成出车,并决定向全党发文,要求举全国之力兴建汽车厂。6月9日,毛泽东亲自签发了《中共中央关于力争三年建设长春汽车厂的指示》。《指示》指出:"中央认为有必要通报全国,责成有关部门,对长春汽车厂的建设予以最大支持,力争三年建成。"《指示》对干部调配、设备制造、材料和物资供应、交通运输等一一做出了具体规定。中央专为一个工厂的建设发出文件,在中国共产党的历史上还是第一次。

1953年7月,长春第一汽车制造厂举行奠基典礼

"坐了我们自己制造的小汽车了!"

6月下旬,周恩来向毛泽东报告了第一汽车制造厂即将破土动工的喜讯。毛泽东听了非常高兴,欣然提笔,在一张8开的宣纸上,写下了11个遒劲有力的大字——"第一汽车制造厂奠基纪念"。而中央的指示也促成了举全国之力支援一汽建设的局面,大大加快了建厂进度。

1953年7月15日,长春市郊的一片荒芜土地上,镌刻着毛泽东题字的汉白玉基石,被6名年轻的共产党员徐徐地抬放在了基座上,第一汽车制造厂宣告诞生。经过不懈奋战,1956年7月14日,第一批汽车试制成功。一汽建设者按照中央的指示,以3年时间建成了中国有史以来第一个汽车厂,成为中国工业建设史上的里程碑,从此结束了中国不能生产汽车的历史。就在这一年,毛泽东高兴地宣布:"自盘古开天辟地以来,我们不晓得造飞机、造汽车,现在开始能造了。"

第一辆国产汽车的下线,是当时中国工业化的一个缩影。从前连铁钉都要进口的中国,第一次拥有了自己的汽车工业。

1958年2月13日,毛泽东视察长春第一汽车制造厂

也正是在这年的9月15日，中共八大在政协礼堂开幕，毛泽东在会上致开幕词，他表示，希望有一天能坐上国产的轿车。

此前，在1956年4月的党中央政治局扩大会议讨论《论十大关系》时，毛泽东就提到过汽车工业，他说："什么时候我们开会能坐上自己生产的小轿车来就好了。"1957年5月，一汽设计处接到了时任一机部部长黄敬下达的关于加紧试制小轿车的任务，并取"东风压倒西风"之意，定其名为"东风"牌。

1958年2月13日，汽车城春寒料峭。从苏联参加十月革命40周年纪念大会回国不久的毛泽东来一汽视察工作，在肯定工人们制造出"解放"牌汽车后，他对陪同的一汽厂长饶斌说："什么时候能坐上我们自己生产的小轿车呀？"这是毛泽东第三次提到希望坐上自己生产的小轿车，这句话给试制工人带来了一股更加强劲的动力。

4月，一汽全厂动员，组建了突击队，经过23天的日夜苦战，第一辆国产轿车终于诞生了。而此时距毛泽东视察才仅仅3个月时间。闻此，毛泽东兴奋不已。5月14日，第一辆国产"东风"轿车作为长春第一汽车制造厂全体职工献给中共八大二次会议的礼物，运到北京。5月21日下午，毛泽东和部分会议代表在中南海专门观看了这辆崭新的"东风"轿车。毛泽东绕着轿车看了又看，询问了轿车的生产情况和技术性能，以及护送轿车的技术人员和司机的姓名，最后还兴致勃勃地和在场的林伯渠一起坐上"东风"轿车，绕着怀仁堂后花园行驶了两周。下车时，毛泽东满面笑容，他兴奋地说："坐了我们自己制造的小汽车了！"

一汽的工人们更是群情激奋，积极性高涨。8月1日，新中国第一辆"红旗"牌高级轿车又诞生了。不久，他们将精心设计和创造的新型"红旗"牌高级轿车献给毛泽东。1972年，毛泽东还坐上了他们生产的"红旗"防弹车。

1958年10月1日，国庆阅兵仪式庄重井然。在缓缓行进的队伍中，毛泽东看到了第一汽车制造厂送至北京接受检阅的多种汽车——"红旗"牌轿车、"解放"牌载重车、翻斗车、农用车、洒水车……当它们一一驶过时，毛泽东露出了欣慰的笑容。

与人民群众同劳动

——1958年5月25日毛泽东在十三陵水库劳动的照片

1958年5月25日,北京昌平的十三陵水库工程开工已有4个月,工地上的建设者们像往常一样在劳动。下午3点左右,五辆大公共汽车驶进工地,从车上下来许多干部模样的人。不少眼尖的群众认出了毛泽东在其中,大家惊喜过望,立

1958年5月,毛泽东、彭真在北京十三陵水库参加劳动

与人民群众同劳动

即欢呼起来:"毛主席来啦!毛主席来啦!"顿时工地上掌声如潮、人头攒动,许多人立即放下手中的活,快步向毛泽东下车的地方围拢过来,大家兴奋雀跃着,"毛主席万岁"的欢呼声响成一片。原来,毛泽东、刘少奇、周恩来、朱德等党和国家领导人及中央委员、中央候补委员都来了,他们刚刚开完中共八大二次会议,就赶到十三陵水库工地参加义务劳动。

毛泽东一行首先来到工程指挥部,听工程负责人汇报水库建设进展情况。指挥部是一座临时搭建的木板工棚,时值初夏,加上人多,屋内显得有些燥热,不一会儿,毛泽东额上便渗出细汗,白衬衣也被汗水湿透。但毛泽东全然不顾这些,他坐在一个用木板钉的凳子上,指着水库沙盘非常关切地询问:水库大坝的位置、高度如何?蓄水后会不会淹到老百姓的村庄、农田?逐一得到满意的答复之后,毛泽东欣慰地点了点头。

1958年5月,毛泽东在十三陵水库工地上向劳动者致意

在这期间，指挥部的工作人员拿来纸、笔，热切恳请毛泽东等中央领导同志题词。毛泽东欣然提笔，在众人关注下一连写下五六幅苍劲有力的"十三陵水库"五个大字，然后从中挑出一幅自己感到满意的留给大家。随后，刘少奇题写了"劳动万岁"，朱德题写了"移山造海，众志成城"，周恩来题写了"鼓足干劲，力争上游，多快好省地建设社会主义"。

题词以后，毛泽东一行离开指挥部，向大坝走去。现场参加义务劳动的各界群众、部队官兵、工程技术人员立刻拥了过来，很多人都争先恐后地和毛泽东等中央领导握手问好。

毛泽东来到大坝工地，拿起铁锹铲土，以普通劳动者的身份参加义务劳动。在场的摄影记者迅速按动快门，记录下这历史性的一瞬。

刘少奇、周恩来、朱德、邓小平等领导同志也融入水库建设大军，打夯的打夯，挑土的挑土，平地的平地，不一会儿都干得满头大汗。

一位社员非常动情地说："过去的封建皇帝强迫人民替他们修陵墓。今天，共产党领导我们修十三陵水库，多打粮食，改善人民生活。毛主席和我们一起劳动，真是太幸福了！"

毛泽东等党和国家领导人到十三陵水库建设工地参加义务劳动的消息很快传遍北京，轰动全国。社会各界都把能到十三陵水库参加义务劳动视为一种崇高的荣誉，纷纷争先报名。更有不少党团组织、社会团体和各界群众等不及指挥部领导安排，就"擅自"带着各类工具到水库建设工地去参加义务劳动。据当年水库工地后勤办公室的工作人员回忆，就连中国佛教协会的几十名僧人也主动联系，要求到水库工地参加义务劳动。

首都文艺界更是不甘落后，几乎所有在京的文艺团体都到过水库工地，边劳动，边演出。他们歌颂共和国领袖与人民群众的水乳交融之情，激发人民群众艰苦奋斗、众志成城的民族精神，赞美水库建设者们忘我工作、无私奉献的社会主义劳动热情。

十三陵水库工地上，人们正在劳作

据后来统计,在十三陵水库修建过程中,有近40万人参加了义务劳动,其中:解放军驻京部队官兵11.5万人,国家机关干部8.6万人,昌平和其他区县农民2.2万人,中等以上学校师生10.1万人,商业工作者1.4万人,技术工人2400余人,以及在京的各国驻华外交使节、国际友人及其他人员5万余人。

十三陵水库于1958年6月30日胜利建成,水库面积是昆明湖的20倍,总蓄水量为6000多万立方米。水库大坝建在蟒山和汉包山之间,总长627米,高29米,底宽179米,顶宽7.5米。大坝外坡上有毛泽东亲笔题写的"十三陵水库"五个大字,十分壮观。

毛泽东在十三陵水库劳动的照片是那段火红岁月的真实记录。共和国领袖、党的领导干部与人民群众心贴心,同劳动,这种把自己视作普通劳动者、与人民群众打成一片的公仆精神,是中国共产党的宝贵精神财富。

终于见到想念的毛主席

——1958年6月28日毛泽东与库尔班·吐鲁木握手的照片

1958年6月28日,75岁的新疆维吾尔族农民库尔班·吐鲁木受到毛泽东的亲切接见。库尔班握着毛泽东的手,久久地舍不得松开,深情地望着他。瞬间,一张珍贵的照片永远地定格在历史的记忆当中。

新疆和平解放后,全疆各地发生了天翻地覆的变化,各族人民的生活一年比一年好。各族人民没有忘记,是毛泽东、共产党使他们成了国家主人,引领他们走向幸福路。新疆各民

1958年6月,毛泽东与库尔班·吐鲁木亲切握手

族人民广泛流传这样的歌谣来表达自己的感激之情:

让天下的森林都变成笔,

让天下的海洋都变成墨,

让天下的人都变成诗人,

也写不完毛主席、共产党的恩情。

库尔班生于 1883 年。新中国成立前,他家祖孙三代给巴依(地主)当长工,过着牛马不如的生活。全家六七口人,他在很小时就成为孤儿。8 岁起,他给巴依当长工。20 岁时,他和巴依的女佣相爱结婚。为了挣脱被奴役的生活,他们逃到荒漠中,靠吃野果生存。库尔班全家除了一条破毡子、一只破铜壶,便是一身沉重的债务。库尔班往昔的悲惨遭遇,是旧社会

1949 年,在全国政协第一届全体会议上,新疆代表向毛泽东献上民族服装

昆仑山下维吾尔族农民的生活缩影。

　　1949年年底，解放军来了。66岁的库尔班下山后，在土改中分得14亩地、一处房子，还有一头驴。他万分高兴，逢人就说："天大地大，不如党的恩情大，爹亲娘亲，不如毛主席亲。"

　　有了土地，库尔班过上了好日子。到了1952年，家里每顿都能吃饱饭了，而且还能吃到白面馍。库尔班激动地说："要热爱党，热爱毛主席，因为是共产党、毛主席让我们过上了好日子。"

　　水有源，树有根，他深知幸福的生活来自恩人毛泽东，于是他萌发了去北京看望毛泽东的强烈愿望。

　　他把工作在新疆的汉族人当作毛泽东派来的亲人对待。库尔班委托汉族干部当翻译，给远在北京的毛泽东写信，忆过去的苦，思如今的甜，感谢恩人。

　　信笺发出后，中央办公厅给他回信了，鼓励他好好劳动，参加社会主义建设，并且还寄来了一张毛泽东的照片。库尔班一下子成了全世界最幸福的人。他把毛泽东的照片挂在屋子正中央，天天仰望着它说："全托您老人家的福，您的恩情比天高，比海深。"

　　库尔班隔一段时间就托人给毛泽东写信，并寄去干果，表达一位翻身的少数民族农民迫切见到领袖的激动心情。库尔班一共给毛泽东写过7封信，中央办公厅先后四次给他复信，再次给他寄来毛泽东的照片。

　　库尔班收到的复信，其中一封写道：

1950年，毛泽东和少数民族代表在国庆一周年招待会上

库尔班·吐鲁木同志：

　　你寄给毛主席的向日葵、杏仁、葡萄干，我们已于5月30日收到了。谢谢你。中央有规定，不收受群众的礼品。希望你不要再寄东西了。

中共中央办公厅秘书室

　　1955年，库尔班打了上百个馕，准备了去北京看望毛泽东沿途的干粮。1956年10月，库尔班便戴上小花帽，拿着地毯、杏干、葡萄干、哈密瓜、玉米等礼物，告别乡亲，骑着小毛驴，启程去北京看望恩人毛泽东。有的人笑他不知去北京的路有多艰难。但他说，北京在地上，只要我的毛驴不倒下去，一直走，就一定能到北京。

　　小毛驴身上的铃铛叮当作响，一葫芦水和一袋干馕挂在毛驴背两旁。库尔班满面幸福地骑在毛驴背上，向东方走去。

1955 年，毛泽东、周恩来在中南海接见少数民族代表

他不知北京有多远，世界有多大，也不知前方的道路有多难走，只怀揣着一个信念——去北京，去见救星毛泽东。

闻讯从四面八方赶来的父老乡亲站成两条长长的队伍，来给库尔班送行，嘱咐他千万要代乡亲们向救星毛主席问好，让毛主席放心，现在我们新疆于田的维吾尔族群众也过上了好日子……

库尔班骑着小毛驴上北京的消息很快被当地政府知道了。于田县县委书记就急了，跺着脚说：这么远，哪里去得了！赶紧派一位县领导把库尔班追回来！

这次半路上被截下来了，库尔班虽然没有走成，但他从这位县领导那里获知了一个"重要信息"，那就是，要去北京，一定要坐汽车才能到达，小毛驴是走不到的！

以后，他天天到大路上挡过路的汽车，要求驾驶员把他带到北京去。自然，他天真的想法实现不了。

1955年，毛主席阅读少数民族代表的致敬信

1956年，毛泽东接受少数民族代表献礼

库尔班大叔曾用这只木箱装满特产寄给毛主席

1957年春,新疆维吾尔自治区党委第一书记王恩茂在和田地区检查工作时,得知库尔班要骑毛驴去北京见毛泽东的动人事迹后,王恩茂感动了,说:"我要见他!"

他亲自驱车赶去托格日尕孜乡专程看望了库尔班,高度赞扬了他热爱共产党、热爱毛主席的可贵精神,并且劝告他说:"你先在家乡搞好生产,安心劳动,做乡亲们的榜样。等有机会,我一定让你到北京去。"

这话很管用,库尔班听从了。以后,他在合作社更加积极参加生产劳动。

1953年,他不但积极参加了互助组,并且还用自己劳动得来的钱买了12个犁铧,送给全乡的互助组。1954年成立常年互助组,他又买了一头牛捐献给组里,接着他又加入了合作社。1955年和1956年,他曾两次被评为全乡积肥模范,1957年又被评为全县的积肥模范。从1953年到1957年,他向国家交售余粮就有4900多斤,为于田县树起了一面红旗。

在努力劳动的同时,他要去北京见恩人毛泽东的愿望变得更加强烈。然而,日复一日,月复一月,王恩茂书记答应的

1959年,毛泽东等接见参加国庆十周年庆祝活动的少数民族代表观礼团

话一直没有兑现。库尔班终于决定"不等他"了。1957年秋,他再次准备带上新收获的瓜子、桃干、杏干、葡萄干、干馕,要拦汽车上北京去。

县委书记闻讯,不得不再次派人做他的思想工作,希望他再等一等,答应一有机会就第一个带他上北京。随后,县委再次向王恩茂专门作了一次汇报。

1958年5月,机会终于来了。

上级决定和田地委从地直单位和各县选派189名优秀农业社主任、技术员和劳动模范进京参加全国农具改革展览会。在各个部门的关照下,库尔班终于被选进了参观团。

很快,新疆参观团起程去北京了。

6月18日,列车终于到达了伟大的首都——北京。参观团在宾馆住下后,团长就向中央民委递交了自治区党委和和田地委请求毛泽东接见少数民族代表库尔班·吐鲁木的报告。中

毛泽东会见新疆维吾尔自治区前主席、全国政协副主席包尔汉

毛泽东接见新疆著名舞蹈家康巴尔汉

央民委和中央办公厅联系后,答复说:"毛主席的工作特别忙,接见活动要等几天。"

为了尽快见到毛泽东,库尔班托人给毛泽东写了两封信。

6月27日下午,新疆参观团接到了中央办公厅通知:"28日毛主席接见参观团全体成员。"消息传来,大家非常高兴,不少人跳了起来。

28日上午12点左右,大家乘坐中央民委的大客车,到达了毛泽东等人办公和居住的中南海。

在毛泽东居住的丰泽园前,有一块专门接见群众的小草坪,绿草如茵,好似一张绿色地毯。在工作人员安排下,库尔班和参观团成员们依次排好了队,等待着毛泽东的到来。过了一小会儿,有人说:"毛主席来了。"众人抬眼看去,只见毛泽东迈着稳健的步伐,朝他们走来了,边走边向大家招手致意。在场的所有人顿时情绪激昂,热烈地鼓掌,欢呼声一片。库尔班更是按捺不住,好几次要走出队列去,都被旁边的人拦住。

毛泽东与朱德等人一起来接见新疆代表团。大家先一起合影留念。

照相一结束,毛泽东径直朝库尔班走过来。库尔班也快步走出队列,激动地大声高呼:"斯拉木毛主席(毛主席万岁)!"走到毛泽东面前,向他行了一个维吾尔族民族礼。库尔班紧紧握住毛泽东伸过来的大手,紧紧地握着,久久不松开。他的心愿在这一刻终于实现了,只是语言不通,怎么也说不出话来。

就在两人握手的动人时刻,"咔嚓!"新华社摄影师侯波按下了快门,记录了这一珍贵的历史瞬间。

毛泽东似乎知道库尔班有话说不出的难处，叫来了翻译，然后详细地询问他的名字、年龄和生活情况。尽管参观团人数众多，两人还是握着手交谈了近十分钟。然后，库尔班领着毛泽东来到一张藤条圆桌旁，桌上摆放着他送给毛泽东的礼物。他通过翻译告诉毛泽东说："这是我从于田县特地给你带的。"

毛泽东仔细地看了他带来的土特产礼物后，用带着浓浓湘音说："谢谢你。"

库尔班见到毛泽东收下了他从新疆带来的礼物，非常高兴，激动得浑身都轻飘飘的，几乎"醉"了。

毛泽东在接见库尔班时，问他到北京来还有什么愿望，库尔班不知如何回答，急红了脸，最后竟说了一句"很物质"的话："我还没有穿过条绒布。"

让库尔班没料到的是，他送礼物给毛泽东了，第二天，毛泽东也派人看望他并送来了10米条绒布，并且还专门为他题了一幅字："一唱雄鸡天下白，万方乐奏有于阗。"表达了党

毛泽东向红旗公社赠送的拖拉机。这台拖拉机为当时的农业发展带来了很大的作用

中央和毛泽东对新疆少数民族兄弟的亲切问候。

据一位老同志回忆，这10米条绒布背后的故事触人心魄。当时的中国物资匮乏，供应紧张。对如何买这10米布，中央办公厅很是慎重，专门打了报告。报告称，考虑到当时买布需要布票，每个家庭都不宽裕，建议这10米布票请周恩来总理特批；而买布是以毛泽东名义送库尔班的，钱应该由毛泽东个人来出。

这个故事读来使人感到很温暖。我们对一国领袖为一位普通群众的"闲话"那样认真，一点也不怠慢而特别感动。

库尔班将毛泽东赠送的10米条绒布取出来一部分做了条绒大衣，舍不得穿，一直珍藏着，剩下的发给了乡亲们。

这次上北京，是库尔班70多年人生岁月中最幸福的一次远行。

8月21日，《人民日报》发表了摄影师侯波拍摄的《库尔班·吐鲁木见到了毛主席》的照片。一夜之间，库尔班大叔成了全国老幼皆知的人物。随着照片的发表，库尔班不顾七旬高龄，要骑小毛驴到北京见毛泽东的故事，也传出去了。

库尔班之所以要骑小毛驴上北京，是因为毛泽东和共产党是新疆各族人民的救星，带领各族人民翻了身，成了国家的主人，过上了幸福的生活。感情朴实、心地善良的库尔班对共产党、对人民领袖毛泽东充满了由衷感激和热爱之情。

对于库尔班的举动，赛福鼎这样评价说："由一个农奴变成国家主人的库尔班·吐鲁木，日夜思念恩人毛主席，为了表达感激之情，他特意精心培育了两个大甜瓜，不畏路途遥远，骑上小毛驴，驮上两个甜瓜上了路，要去北京见毛主席，献上

右页上：2019年8月4日，本书作者（左四、左六）拜访库尔班大叔长女托乎提汗（左五）

右页下：2019年8月4日，本书作者（左四、左六）参观库尔班·吐鲁木纪念馆

PUMA
BASKET

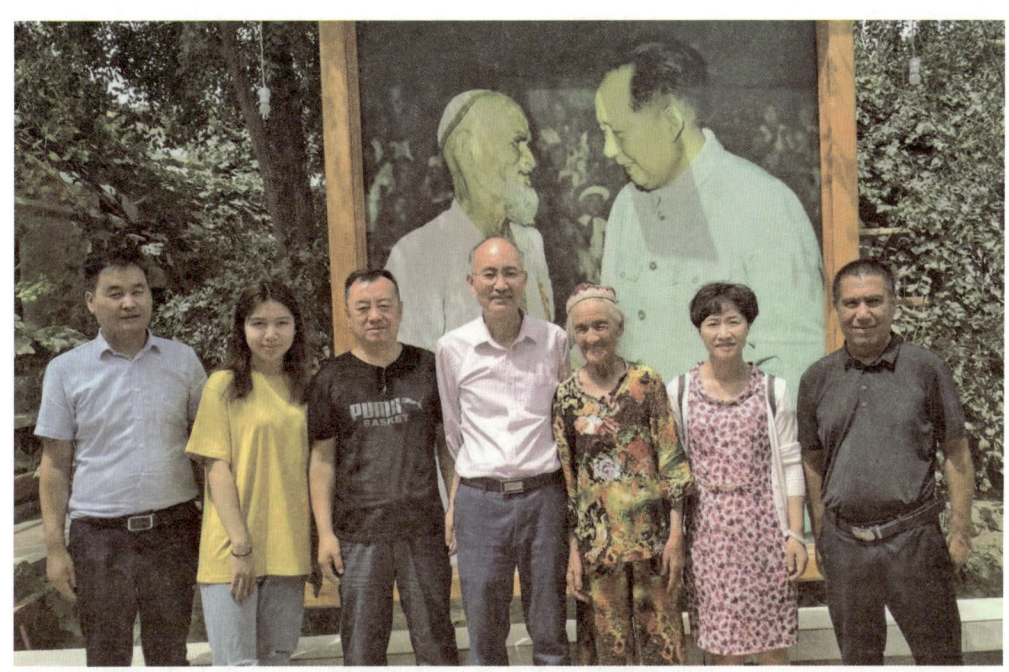

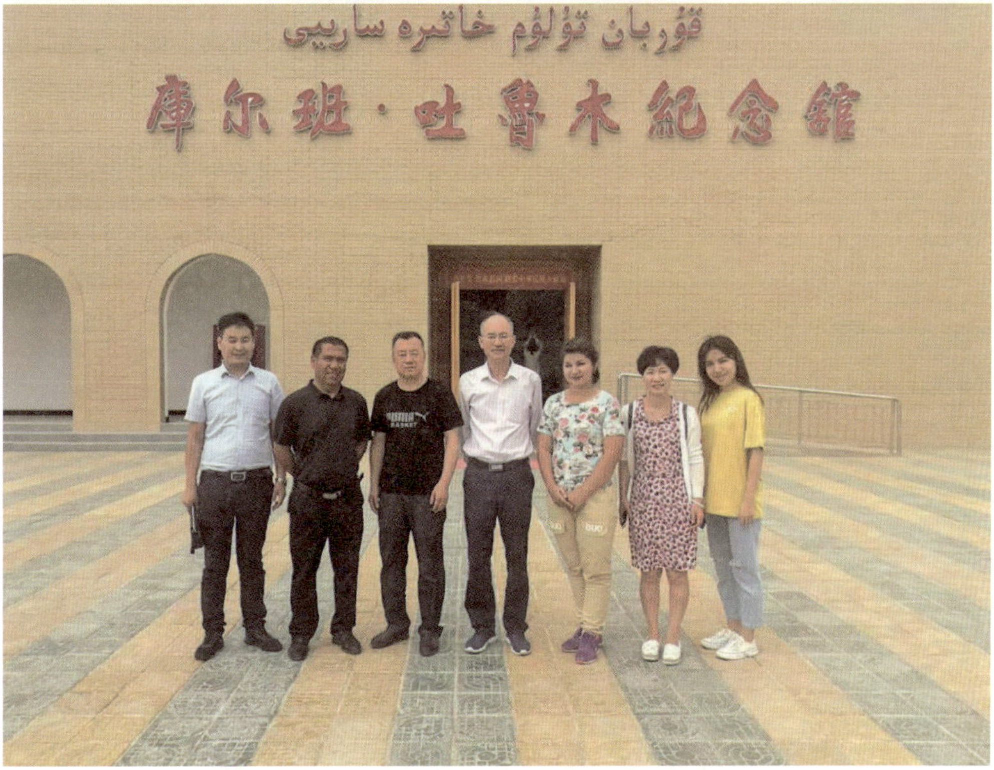
قۇربان تۇلۇم خاتىرە سارىيى
庫尔班·吐魯木紀念館

甜瓜，表达维吾尔人民的心意。这是多么感人的言行！它完全是维吾尔人民纯朴感情的表露，也是对毛主席关心新疆各族人民的回报。"

1964年6月，库尔班给毛泽东写了一封信。他在信中写道："我原是几百万维吾尔族奴隶中的一个，吃不饱，穿不暖，眼泪流不完。共产党解放了我，我不再是奴隶了。现在，我像天空的鸟儿一样，自由地飞翔。我81岁了，时常想起过去的悲痛，现在的欢乐。只有党和您才是我们唯一的救星。我要和阶级弟兄一起，永远跟着党和您走；我要教育下一代，永远跟着党和您走。我们维吾尔族人，只有跟着党走，才是活路。"库尔班的话，反映了几百万维吾尔族人民的心声。

库尔班教育家人永记党的恩情。库尔班对子女们时常说的一句话就是："没有党和毛主席的关心帮助，就没有我们的好日子。你们一定要记住党的恩情，热爱祖国。"

"我们的心是连在一起的"

——1959年5月15日毛泽东接见亚洲、非洲、拉丁美洲青年朋友的照片

有人说，一幅好的摄影作品要抓取"关键瞬间"，要给人身临其境之感，让人感到仿佛置身于按动快门的一刹那的故事和氛围中，感受到摄影家所定格的独特的情绪体验。如果以这个标准来衡量，那么这幅拍摄于1959年5月15日的照片可以说完全达到了"好照片"的标准。这天，毛泽东在中南海紫光阁会见亚洲、非洲、拉丁美洲16个国家和地区访华的青年朋

1959年5月，毛泽东和到访中国的亚非拉青年朋友在一起

友。照片中，各国青年朋友开心地笑着，亲密无间地聚拢在一起，簇拥着毛泽东。每一个看过这幅照片的人都不难为其中那种平等、亲密、对未来满怀希望的气氛所深深地打动。而这种平等、亲密、对未来满怀希望的气氛，正是毛泽东时代中国与亚洲、非洲、拉丁美洲国家平等互信、相互扶持的良好关系的真情流露。

20世纪50年代至70年代，亚洲、非洲、拉丁美洲民族独立运动蓬勃兴起，一批新兴民族国家纷纷独立，成为影响世界局势的一支重要力量。与这些国家相似，中国也有被压迫、被掠夺的历史记忆，也面临着反对殖民主义、霸权主义，捍卫民族独立，深入开展经济社会发展的艰巨使命。特别是20世纪50年代后期开始，中苏关系逐渐恶化，共和国成立之初"一边倒"的外交战略不得不作出重大调整，国际关系的风云变幻使得中国与亚洲、非洲、拉丁美洲新兴民族国家历史性地走到了一起。毛泽东一方面主张坚决支持亚非拉国家民族解放运动和各项正义事业，另一方面也将拓展新中国外交关系的重点放在亚非拉。每当亚非拉客人来访，毛泽东总是表示热烈欢迎，还曾多次表示：我们见到三个地方的朋友最亲，就是亚洲、非洲和拉丁美洲。1959年5月15日，毛泽东对来访的智利政界人士真诚表示：我们的心是连在一起的，我们是友好的。我看到从拉丁美洲、非洲来的朋友就高兴……整个拉丁美洲20个国家，见了这些国家的人我就高兴，我就感到平等。

对于亚洲国家，毛泽东主张大力支持与援助民族解放运动和各项正义事业，优先发展与周边国家的关系，以真诚赢得友谊。1949年10月6日，朝鲜与新中国建立外交关系，成为第一个与新中国建交的亚洲国家。1950年4月1日，中印建交，印度也成为社会主义阵营之外第一个与中国建交的国家。日本、泰国、菲律宾等国虽长期追随美国，毛泽东也主张采取谅解的态度，并且鼓励这些国家的民间人士来华进行友好访问。1961年起，美国开始介入越南战争。越南战争升级为"局部战争"后，美国将战火烧到柬埔寨和老挝。毛泽东多次

左上：1954年10月21日，毛泽东会见印度共和国总理尼赫鲁

左下：1954年10月21日，毛泽东和印度共和国总理尼赫鲁在印度驻华大使馆举行的招待会上

旗帜鲜明地表示，反对美国的霸权主义和一切侵略行径，1970年5月发表题为《全世界人民团结起来，打败美国侵略者及其一切走狗！》的声明，给予越南、柬埔寨、老挝等国的抗美救国斗争以强大声援。此外，由于中国一贯支持阿拉伯国家和巴勒斯坦人民收复失地、恢复民族民主权利的斗争，科威特、黎巴嫩、约旦、阿曼等国家对中国的好感不断提升，20世纪70年代纷纷与中国建交。中国在亚洲的"朋友圈"不断扩大。

中国与拉丁美洲国家的友好关系有着很深的历史渊源，双方也都有着饱受西方殖民者压迫和掠夺的共同的历史记忆。早在19世纪中叶，西班牙、葡萄牙等国殖民者就在中国大量招募华工，贩运至古巴、秘鲁等拉美国家充当苦力。这些中国劳工在被迫承担繁重的体力劳动的同时，也将中国民间的文化、艺术、医学等传播到当地，最终融为当地人的一部分。比如在古巴，当地人在谈到华人时往往充满钦佩之情，甚至表示"古巴民族的血脉中奔流着中国人的血液"；古巴革命先驱何塞·马蒂的挚友冈萨洛·德克萨达将军的《中国人民和古巴独

毛泽东会见拉丁美洲朋友

1961年4月22日,毛泽东接受来访的古巴教育部长阿曼多·阿特·达瓦洛斯的赠礼

立》一书以热情的笔触褒扬了参与革命事业的华人起义战士:在古巴的中国人没有一个不曾投身自由的事业;在古巴争取民族独立的悲壮的战斗中,中国人像猛虎一样在战场上厮杀;他们为古巴独立慷慨无畏地流尽最后一滴鲜血;"没有一个古巴华人是逃兵,没有一个古巴华人是降卒"。

毛泽东认为,拉丁美洲是反对帝国主义的同盟军,中国应该大力支持拉美各国反帝斗争以及和平建设事业。1959年1月,古巴革命取得胜利,首都各界人民举行盛大的群众集会,声援古巴革命,反对美国武装干涉。1964年1月12日,毛泽东发表《中国人民坚决支持巴拿马人民的爱国正义斗争》一文,对巴拿马人民收回运河主权的斗争表示坚定支持。但拉美国家与中国毕竟相距遥远,双方不够了解。对此毛泽东指出,拉美国家不管是否与中国建交,只要是平等友好往来,中国都欢迎。据不完全统计,从新中国成立到毛泽东逝世这26年中,毛泽东五十多次接见拉美国家来访的民间代表团和个人。毛泽东强调中国与拉丁美洲都面临争取独立自由的斗争和发展经济的艰巨使命,有许多共同点,完全有可能也应该团结起来。真诚自然能够赢得朋友,1970年至1977年,有11个拉丁美洲国家与新中国建立了外交关系。

在亚非拉范围内,大力发展与非洲新兴民族国家的关系是中国对外战略的一个重点。新中国成立后,毛泽东会见了约120批来自非洲国家的外宾,坦桑尼亚前总统尼雷尔访华甚至达到13次。有学者指出,毛泽东的性格中有一种根深蒂固的"弱者思维",时刻关心弱者、同情弱者,与弱者心心相通、施以援手,共同反对一切恃强凌弱的霸凌行径。这一点在毛泽东处理中国与非洲国家关系时表现得尤为突出。

1935年,意大利侵略者向阿比西尼亚(即今埃塞俄比亚)发动全面军事入侵。1938年5月,毛泽东就在延安抗日战争研究会发表演讲,明确表示坚决支持埃塞俄比亚人民的反侵略斗争,并坚信这一斗争必将取得胜利。毛泽东指出:在埃塞俄比亚境内,还有相当大的地区存在游击战争,如能坚持下去,是可以在未来的世界变动中据以恢复其祖国的。

1949年新中国的成立极大地鼓舞了亚非拉第三世界国家的民族解放运动。不少国家都意欲以中国为师,学习中国革命的先进经验来指导本国的斗争。毛泽东一方面深知侵略者、殖民者的险恶用心和殖民地人民的水深火热,乐于介绍中国经验,但另一方面他又明确表示不赞成这些国家模仿和照搬中国革命的经验,强调必须根据本国的具体实际开展斗争。毛泽东曾多次表示,要依靠非洲人自己解放非洲,民族解放事业要依靠人民自己的团结、觉悟和组织。与此同时,毛泽东主张积极

1960年9月30日,毛泽东接受来访的阿尔及利亚总理阿巴斯的赠礼

帮助民族解放运动中的人民自主开展斗争。阿尔及利亚民族解放运动兴起后,中国不仅明确表态支持,而且在物资等方面进行支援,帮助该国反抗法国殖民者的压迫。1958年9月19日,阿尔及利亚宣布成立临时政府,三天之内中国就表示承认,这使得中国成为继一些阿拉伯国家之后较早明确宣布承认阿尔及利亚临时政府的国家。这年12月,阿尔及利亚临时政府派代表访华,对中国的承认和支援表示感谢。毛泽东则连声说,中国理应表示支持,因为你们在反对帝国主义,跟我们的斗争一样,这是我们的国际义务。1960年5月,毛泽东又向来访的阿尔及利亚客人表示,我们是站在你们一边,不站在戴高乐一边的,我们不怕戴高乐生气。而当时,中国刚刚经历了严重的经济困难,在国际上又面临着中苏关系破裂、苏联施加的强大的外交和军事压力,需要同西方发达资本主义国家改善关系以打开外交局面。法国曾经试探中国能否在支援阿尔及利亚问题上做些让步,而中方明确表示,坚决支持一切要求解放的民

1956年9月,毛泽东会见埃及首任驻华大使拉加卜

族反抗侵略者是中国的一贯立场。这使得中国与法国推迟到1964年才建立外交关系。1962年7月5日,阿尔及利亚宣布独立。其总统布特弗利卡曾明确表示,阿尔及利亚的解放要归功于中国人民和中国领导人,特别是毛泽东的影响。

民族独立来之不易,而捍卫民族独立有时比争取民族独立更加困难。许多非洲国家在西方殖民者到来之前,或处于封建王朝专制统治之下,或长期处于部族杂居、冲突多发的混乱状态中,缺乏民族统一的制度和文化基础。而争得民族独立后,老牌帝国主义国家不甘心放弃自身的殖民利益,对这些新兴国家频加干涉、破坏、颠覆,这些都使得非洲国家的处境更加艰难。

1956年英法借口苏伊士运河事务,组成联军向埃及发动侵略战争。埃及人民在总统纳赛尔的领导下英勇抗争。毛泽东在中共八大上义正词严地指出:我们"坚决反对任何侵犯埃及主权和对于埃及实行武装干涉的企图。"后又向埃及首任驻华大使哈桑·拉加卜表示:"纳赛尔总统是亚非地区的民族英雄","中国政府和中国人民将尽一切可能支持埃及人民维护苏伊士运河主权的英勇斗争",并重申,埃及做了一件非常好的事情，对此，"全中国人民都支持你们"，而且"我们帮助你们没有任何条件，你们有什么需要，只要我们力所能及，一定帮助"。时任埃及总统的纳赛尔闻言十分感动，致电毛泽东称"你们对于我们维护自由和独立而进行的斗争所给予的支持，增强了我们对自己的正义事业的信心"。在埃及面临老牌帝国主义国家强大军事和政治压力的情形下，中国各地连续举行游行集会，声援埃及人民的反殖民、反侵略斗争，此外中国政府还向埃及提供资金和医药物资等方面的支援。这些直接或间接的援助，为中国国际地位的提升发挥着重要作用，对中国与埃及乃至与整个阿拉伯世界的友好关系奠定了坚实的基础。

毛泽东认为，已经获得革命胜利的人民，应该援助正在争取解放的人民的斗争，这是一种国际义务。他指出："亚洲、非洲、拉丁美洲各国的民族独立解放运动，以及世界上一切国家的和平运动和正义斗争，我们都必须给以积极的支持"，而且"已经获得革命胜利的人民，应该援助正在争取解放的人民的斗争"，"先独立的国家有义务帮助后独立的国家"。基于此，除了主张直接对非洲民族解放斗争予以支持，毛泽东还认为中国应当为非洲国家的建设和发展提供力所能及的帮助。

位于东非的坦噶尼喀和桑给巴尔分别曾是德国和英国的势力范围，两国于1961年、1964年先后独立。1964年两国组成坦桑尼亚联合共和国，尼雷尔担任首任总统。原属英国殖民地的北罗德西亚地区改称赞比亚共和国，也于1964年取得独立，卡翁达任首任总统。由于受到周边殖民政权的敌视，位于内陆的赞比亚处境艰难。为了在反对殖民主义、帝国主义和种族主义方面相互支持，并且冲破南非种族主义政权对赞比亚的

右上：1965年2月19日，毛泽东观看坦桑尼亚总统尼雷尔赠送的礼品

右下：1965年2月，毛泽东会见坦桑尼亚总统尼雷尔

封锁，坦桑尼亚和赞比亚两国迫切希望修建铁路以改善处境。两国申请世界银行援建，却被婉拒；求助于苏联也遭到拒绝。1965年2月，坦桑尼亚总统尼雷尔访华时向毛泽东、刘少奇等人诚挚地提出了援建这条铁路的请求。当时铁路部门提出我国的技术能力和经济实力恐怕不足以承担这项工程，但毛泽东和周恩来、刘少奇等出于国际义务的考虑，还是批准了这项工程。

坦赞铁路全长1860公里，但因为穿越东非大峡谷，沿途野兽出没、地形复杂、人烟稀少，所以工程难度极大。接到任

坦赞铁路列车试运行前，中、坦、赞三国筑路工人共同拨正路轨

务后，中国中铁二院自1965年当年开始，一面派出勘察设计团队前往沿线地区开展勘测，一面加紧进行设计和论证。1970年10月开始，五万余名中国铁路建设者陆续来到这片古老的大地，克服千难万险，历时近六年终于完成这项工程的施工。中方先后有68人为这项工程献出了宝贵的生命。此外，中国政府还提供9.88亿元人民币的无息贷款，运送各类设备、材料100万吨。坦赞铁路建成后，坦桑尼亚和赞比亚两国得以紧紧联系在一起，这条被称作"自由之路"的铁路使两国经济获得了新生，更是"南南合作"的丰碑。坦桑尼亚总统尼雷尔表示，"历史上外国人在非洲修建铁路，都是为了掠夺非洲的财富，而中国人相反，是为了帮助我们发展民族经济"。

中国对非洲的深情厚谊，非洲人民看在眼里，并在外交领域给了中国宝贵的支持。

时间拨回到1971年。在这一年10月召开的联合国大会第26届会议上，除了中国代表外，还有一个国家的代表身着中

1971年10月25日，第26届联合国大会通过阿尔巴尼亚、阿尔及利亚等23国的提案，驱逐台湾当局代表，恢复中华人民共和国在联合国的一切合法权利。图为1971年11月15日乔冠华在第二十六届联大会议上开怀大笑

山装出席会议，这个国家就是坦桑尼亚。使这次大会在国际外交史上留下浓墨重彩的一笔的，是中国在联合国合法席位的恢复。新中国成立后，中华人民共和国政府是唯一合法政府，作为联合国创始会员国的中国的合法席位理应由中华人民共和国政府继承。早在1950年，苏联等国即在联大年会上提出审议"中国代表权问题"。但蒋介石在以美国为首的西方国家支持下百般阻挠新中国在联合国合法席位的恢复。在1971年第26届联合国大会上，由阿尔巴尼亚、阿尔及利亚等23个友好国家联名提出的决议草案（史称"双阿提案"）付诸表决，并以76票赞成、35票反对、17票弃权的压倒性多数顺利通过，决定立即恢复中华人民共和国在联合国及其一切专门机构的合法席位，同时立即将蒋介石政府的台湾当局代表驱逐出去。这就是具有历史意义的第2758号联大决议。投下赞成票的76个

1963年8月9日,毛泽东会见索马里共和国总理阿卜迪拉希德·阿里·舍马克

左一:1963年9月6日,毛泽东会见肯尼亚下院议员、下院执政党议会党团首席督导约翰·戴维·卡利

左二:1964年9月29日,毛泽东与刚果(布)总统马桑巴-代巴交谈

1964年11月29日,毛泽东、刘少奇等党和国家领导人出席首都各界人民支持刚果人民正义斗争的集会

国家中很多都是与中国保持着良好外交关系的非洲国家。对此，美国媒体惊呼："非洲国家同红色中国站在一起！"毛泽东闻讯欣慰不已，他形象地说："是非洲兄弟把我们'抬'进去的。"一个"抬"字，十分传神地描摹了非洲人民的真挚和热情，更形象地表达了中国对非洲国家的感激。

国家无论大小，一律平等，同时支持一切要求解放的民族反抗侵略者，这就是毛泽东和那个年代的中国处理同亚非拉国家关系的鲜明立场。这个立场以及基于该立场的具体行动，有力支援了20世纪中叶亚非拉地区的民族解放运动，同时为中国、为毛泽东赢得了巨大的国际声望。毛泽东逝世后，此前曾多次访华的赞比亚总统卡翁达发来长长的唁电，盛赞毛泽东作为"伟大的革命领袖""伟大的哲学家和政治家"的"无私地献身于全人类事业"的功绩。自那时起，从阿尔及利亚到突尼斯，从尼日利亚到马里，从坦桑尼亚到赞比亚，再到加蓬、扎伊尔等中非国家，"独立""自由""发展"等振奋人心的字眼始终与"中国""毛泽东"紧密联结起来。

1976年9月9日，毛泽东与世长辞之时，有许多非洲国家自发降半旗志哀，领导人纷纷发来唁电盛赞毛泽东的丰功伟绩，当地群众也排着长长的队伍走进中国大使馆，或鞠躬，或献花，真诚缅怀这位世纪伟人。是什么使毛泽东赢得了远隔千山万水的国际友人的尊敬？背后的故事直到今天仍然值得细细品味。

"喜看稻菽千重浪，遍地英雄下夕烟"

——1959年6月26日毛泽东与韶山乡亲们在一起的照片

1959年6月25日，毛泽东回到了阔别32年的故乡——湖南省湘潭市韶山冲。因为他的归来，韶山冲沸腾了。

毛泽东到达韶山时，天已经黑了。第二天早上，毛泽东很早起来，没吃早饭就一言不发地径直朝韶山冲南岸附近的小山方向走去。随行工作人员不知道他要去哪里，只是紧随其后。沿着一条曲曲折折的羊肠小道，毛泽东来到了自己的父母坟前，恭敬站立，表情庄严肃穆。由于没有带祭品、花圈，一位机灵的工作人员在山上采了一束松枝扎好递给毛泽东。毛泽东接过松枝，恭恭敬敬地将它放在父母的合葬坟前，然后鞠

1959年6月，毛泽东在故乡韶山与乡亲们在一起

右上：1959年6月，毛泽东在韶山为父母扫墓

右下：1959年6月26日，毛泽东同韶山农民亲切交谈

躬，说："前人辛苦，后人幸福，下次再来看你们！"

下山路上，毛泽东的旧居前已是人山人海。毛泽东先去老邻居家。他递给老邻居一支烟，用他多年未改的乡音和乡亲们亲切地聊起家常。摄影师侯波站在门外，拍下了这欢乐的瞬间。这张照片，真切地反映了毛泽东与乡亲们之间的深情厚谊。

中华民族堪称最看重"家"的观念的民族。安土重迁的中国人非特殊情况不愿"背井离乡"，父母俱在时主张"父母在不远游"，在外打拼没有取得预期的成功往往"无颜见江东父老"，而功成名就之后最高的荣耀往往就是"光耀门楣""衣锦还乡"……然而，对20世纪上半叶那一代革命者来说，"家"的概念却是模糊的：有许多人年少时离开家，再也没能回来；也有的人革命成功后回到父母之邦，发现早已家破人亡；更多的人则是在民族危亡中意识到，先有国、后有家，没有民族解放就没有阖家团圆。毛泽东就是那一辈革命者的杰出代表。1927年毛泽东离开故乡韶山，投入艰苦卓绝的革命斗争，先后失去了6位亲人。1950年5月，毛泽东特地派长子毛岸英回韶山，还叮嘱儿子在离韶山冲30里路的银田寺下车步行，以示对故乡和乡亲们的尊敬。9年后，毛泽东阔别故乡32年第一次回家。

也是在这天下午，毛泽东找来韶山公社党委书记毛继生，对他说："我离开韶山几十年了，想请乡亲们吃餐饭。"他一边掰着指头，一边计算，"一是我的亲族——老表、堂兄弟，二是韶山冲的烈属、军属，三是老地下党员，四是农协会自卫队员等50人。"

1959年6月26日,毛泽东同他的私塾老师毛宇居携手同行

1959年6月,毛泽东在韶山看望毛福轩烈士的遗孀贺菊英。毛泽东紧紧握着贺菊英的手说:毛福轩同志为了革命事业牺牲了,死得光荣,他是党和人民的好儿子

毛泽东首先提到的是他堂兄、幼时的塾师毛宇居,外婆家的表兄弟文南松、文东仙,表侄文九明。其次是毛福轩的妻子、毛迪秋的母亲贺菊英,毛新梅烈士的妻子沈素华。再次是毛泽东的堂弟毛泽连、毛笔珠,老自卫队员毛韶春,大革命时期担任过毛泽东秘书的老农会会员谭熙春,及原韶山特区第一乡妇女主任郭伯田等。毛泽东提到的这些人,都是为韶山的革命运动作出过重要贡献的革命者。贺菊英的丈夫毛福轩是参加过安源路矿工人运动的老共产党员,沈素华的丈夫毛新梅则是被敌人刑讯逼供却始终坚贞不屈、最后壮烈牺牲的烈士,毛福轩、毛新梅两人都是毛泽东亲手建立的中国第一个农村党支部——中共韶山特别支部的最早一批党员,又都是最早为革命牺牲的"韶山五杰"之一……

次日晚宴,韶山冲洋溢着欢乐的笑声。宾主各就其位之后,毛泽东站了起来,举杯环视四周,微微笑道:"今天,各

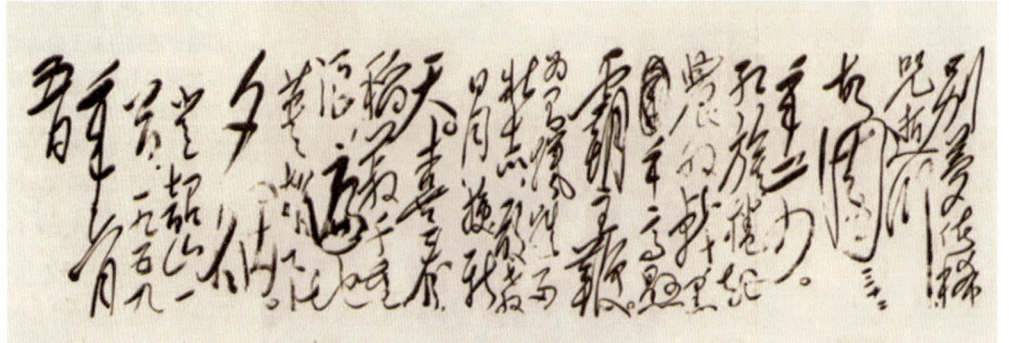

毛泽东《七律·到韶山》手迹

位父老乡亲都到齐了,就只差我干娘没来呢。"顿了顿,他用商量的口气说:"是不是还等呢?"当大家了解到原来毛泽东讲的"干娘"就是幼年时母亲文素勤怕毛泽东"根基不牢"而拜的山里的巨石观音时,都笑了起来。

前往参加晚宴的乡村父老,因为看到久违的鸡鱼肉等佳肴,不禁热泪盈眶,又因为是毛泽东请客,尽管已经垂涎三尺,但不敢动筷子。毛泽东见到如此情景,心里很不是滋味,他说:"你们不要客气,随便吃,吃菜的吃菜,喝酒的喝酒,不然就是不给我面子。"很快,气氛热闹起来。不过,很多人当时舍不得吃,而是把自己的那部分用荷叶包起来,带回家给家人吃。毛泽东只好招呼大家多吃,慢点吃,还有很多菜,并说:"筵席筵席,延席嘛!"

毛泽东挨桌向乡亲们敬酒,自己几乎没有吃饭菜。当敬到堂兄毛宇居那里时,毛宇居站起来说:"主席敬酒,岂敢岂敢。"毛泽东一听笑着说:"尊老敬贤,应当应当。"大家一听,都大笑起来。

离家三十多年再回乡,亲人的乡音令毛泽东倍感亲切,严父慈母的音容笑貌浮现在眼前,家乡的一草一木都能勾起毛泽东不尽的回忆。

夜深人静的时候,毛泽东仍然心潮起伏,辗转难眠。32年转瞬即逝,故乡物是人非,亲人们的音容笑貌时而清晰时而模糊地在脑海中浮现。他仿佛想起了自己小时候因为晚上点灯读"闲书"受父亲责怪时的情景,想起了慈祥的母亲在厨房里做饭菜时的情景,想起了在火炉边引导兄弟姐妹走出韶山冲干革命时的情景,想起了他大革命时期回韶山考察农运在毛氏宗祠受到群众热烈欢迎时的情景……革命成功了,亲人们却都献身了,真是令人感慨万千!毛泽东就这样坐着,无言地抽着烟,胸中逐渐涌动着诗情。毛泽东挥笔写下《七律·到韶山》:

别梦依稀咒逝川,故园三十二年前。红旗卷起农奴戟,黑手高悬霸主鞭。

为有牺牲多壮志,敢教日月换新天。喜看稻菽千重浪,遍地英雄下夕烟。

离家的这32年间,不知毛泽东多少次梦回故乡,不知道多少次梦见亲人。然而,家是最小国、国是千万家,选择了为千万家的幸福和团圆而奋斗,就注定要舍弃自己的小家;选择了打破一个旧中国、建立一个新中国,就注定无法做大官、赚大钱、"衣锦还乡"。

6月27日下午4时,毛泽东与拥挤的送行队伍挥手作别,结束了3天的返乡之行。3天之中,他接见了3000多名群众,他对罗瑞卿说:"这次怕是我握手最多的一次了,我的手都握劳(酸)了。"

"笑的风要把人身撼动"

——1959年6月26日毛泽东和韶山学校师生在一起的照片

这是1959年6月26日毛泽东在阔别故乡32年后再次回到韶山视察时,与韶山学校师生在一起的合影。这张照片出自著名摄影记者侯波之手,完美展现了毛泽东戴着红领巾与韶山学校师生在一起幸福微笑的场景。很快,这张《毛主席戴上红领巾》的照片先后被《人民日报》等许多报纸、画报刊用,成为深受人民群众喜爱的经典作品。

毛泽东与韶山学校的孩子们在一起

1944年,毛泽东在延安中央机关和孩子们在一起

1953年6月28日,毛泽东同李讷、刘松林等在北京安定门外看孩子们捉蝉

韶山是毛泽东魂牵梦绕的家乡,也是他最早领导开展农民运动的地方。1927年毛泽东离开韶山,此后他为领导中国革命和建设殚精竭虑,32年间再未回过韶山。1959年6月24日,毛泽东乘专列到长沙考察,突然萌生了回家乡看看,顺便进行调研的想法,临时改变行程,前往韶山。25日,毛泽东

上左：1954年5月1日，毛泽东与儿童在一起

上右：1959年，毛泽东和农家儿童逗趣

在公安部部长罗瑞卿、湖南省委第一书记周小舟、湖北省委第一书记王任重等随行人员的陪同下，回到了阔别32年的家乡——韶山。当晚，毛泽东在下榻的韶山招待所会见了韶山当地领导干部。26日清晨，毛泽东到招待所附近的小山上祭拜了父母后，回到了自己的旧居，并看望了以前的邻居们，亲切询问乡亲们的生产生活情况。随后，毛泽东在韶山当地干部的陪同下，前往由他亲笔题写校名的韶山学校视察。

此时，韶山学校600多名师生已得到消息，在校门至儿童桥马路两边列队迎候毛泽东。随着"毛主席来了"的欢呼声，毛泽东走过儿童桥，韶山学校两名少先队员蒋含宇、彭淑清，赶紧迎上前去，向着毛泽东行少先队队礼，并献上两束鲜花。毛泽东接过鲜花，慈祥地问道："今年多大，读几年级？""14

岁,刚上初中二年级。"两人齐声回答。毛泽东满意地点了点头并鼓励他们:"要努力学习,争做三好学生。"紧接着,韶山学校领导上前同毛泽东握手寒暄。

随后,众人簇拥着毛泽东向学校走去。师生们的掌声、歌声、欢呼声,响成一片,红花、红霞、红领巾,映红着张张笑脸迎接毛泽东。毛泽东不断挥手向人群致意,并和身旁的老师们握手聊天,说道:"学校变化不小。"

进了校门,毛泽东站在操坪的一端向四周环顾。看到左右两栋教室入门处白粉墙上端书有"小学部""中学部"时问道:"咯(这)是小学,还是中学?""这里原来是小学,1956年开始招收初中班,以后还准备办高中。"学校负责人回答。"噢!原来咯是一所戴帽子的学校(当时小学招收初中班叫戴帽),你们是要搞'一条龙'啰。"继而毛泽东指着两名少先队员说:"那你们就是帽子底下的人啰。"说得大家一阵欢笑。

这天天气晴朗,阳光洒满校园,虽是上午八九点钟,但气温却在30℃左右,毛泽东的衬衣微露汗渍。蒋宋仁老师很快搬来一把黄色木靠椅请毛泽东坐。毛泽东握着他的手说了声"谢谢"坐下了。蒋宋仁老师年纪轻,个头不高,脖子上常系一条红领巾。毛泽东问道:"你在这里搞什么工作?""我在这里担任学生团队工作。"蒋宋仁回答。"你是学生的头、孩子王,青少年工作很重要。"毛泽东强调着说。

"要不要沏杯茶给主席?"有人问陪同人员。"主席还没吃早饭,很快就走,等下还要和你们照相。"陪同人员回答。一听毛泽东要和大家照相,顿时,整个校园沸腾起来了,师生们纷纷朝指定的地方跑去。不一会儿,大家在中学部斜坡处排好了队。

1952年,毛泽东在中南海与八一学校的少先队员一起欢度"六一"国际儿童节

1959年6月,毛泽东与韶山学校的少先队员合影,孩子们向毛泽东敬献红领巾

毛泽东抽了支烟，起身向人群走去，转过身站在人群前面的正中间。蒋含宇立即走到毛泽东跟前，庄严地行了个少先队礼，解下脖子上的红领巾，踮着脚跟，敏捷而熟练地给毛泽东系上。这时，校园里又响起了长时间的热烈掌声。毛泽东抚摸着胸前的红领巾和蔼地问蒋含宇："你真的把红领巾送给我了？""真的。"蒋含宇恳切地回答。接着，毛泽东向大家说："他把红领巾送给我，那我就把它带到北京去了。你们看，我又年轻了，变成少先队员了。"

　　众人听了毛泽东风趣的话，都开心地笑了，毛泽东也笑了。这一美好瞬间，被摄影记者侯波敏锐地捕捉到，便迅速按下快门，拍下了这张经典照片《毛主席戴上了红领巾》。

　　著名诗人臧克家曾为这张照片写了一首诗："毛主席戴上了红领巾，少先队里高大的人，笑的风要把人身撼动，纸面上仿佛听出声音。'峥嵘岁月'成过去，故乡山河一片新，斗争历史作背景，方才知道这笑意深。"

活到老,学到老
——1961年毛泽东读书的照片

毛泽东从青少年时代起就酷爱读书,一直到他生命的最后一天,都是孜孜不倦。他一生读过数万册的书刊,是全党公认的活到老、学到老的光辉典范。

毛泽东除了工作,最大的爱好就是读书,一生与书为伴,孜孜不倦。在延安时期,他号召青年同志读书时说:"年老的也要学,我如果再过10年死了,那么就要学9年零359天。"总之,是天天都要学习,一刻也不能停止。

1961年,毛泽东在读书

新中国成立后，毛泽东出国访问、去外地开会或视察工作的途中，也是千方百计地挤出时间来学习。

1957年10月9日，毛泽东在中国共产党第八届中央委员会扩大的第三次会议上说道："我们要振作精神，下苦功学习。下苦功，三个字，一个叫下，一个叫苦，一个叫功，一定要振作精神，下苦功。我们现在许多同志不下苦功，有些同志把工作以外的剩余精力主要放在打纸牌、打麻将、跳舞这些方面，我看不好。应当把工作以外的剩余精力主要放在学习上，养成学习的习惯。"

毛泽东在延安窑洞中读书

1958年9月，张治中在随毛泽东外出视察期间看到他在读冶金方面的书，便诧异地问他："你也要钻研科技的书？"毛泽东说："是呀，人的知识面要宽些。"

延安时期毛泽东读斯大林的著作

曾在毛泽东身边工作的逄先知同志回忆："毛泽东是一个读书不知疲倦的人。读书忘记睡觉，读书忘记吃饭，是常有的事。"毛泽东外出开会或考察时，在飞机上读书，在火车上读书，每到一地，先要借地方志来读。1959年毛泽东外出时，携带上百种图书。每次出差到外地，毛泽东总要和在北京一样，卧室的床上、办公桌旁、会客室里，甚至是吃饭的地方，都摆放着各种书籍。一有时间，他就手不释卷地看起来。

毛泽东终身酷爱读书。在他的一生中，读的遍数最多、读得最熟、读的时间最长的一本书是马克思、恩格斯著的《共产党宣言》。

《共产党宣言》是毛泽东青年时代读到的第一本马列主义经典著作，时间是1920年，毛泽东时年27岁。这本书他一生反复读过多次，书中的许多精辟论断，他几乎都能背下来。正

1959年12月至1960年1月,毛泽东在杭州带领读书组于刘庄丁家山研读苏联《政治经济学(教科书)》第三版

是这本马克思主义的划时代著作,成了毛泽东选择科学社会主义的入门向导。

1936年,毛泽东与美国记者斯诺谈话时说:正是《共产党宣言》这部马克思主义著作,使我树立起对马克思主义的信仰。我接受了马克思主义,认为它是对历史的正确解释,以后,就一直没有动摇过。从此,毛泽东就确立了对《共产党宣言》基本原理的终身信仰,开始了他对真理的执着追求。

从1920年到1976年,从青年到晚年,一直到生命的最后岁月,毛泽东对《共产党宣言》都充满着浓厚的兴趣。《共产党宣言》是毛泽东一生最爱读的一本马列主义经典著作。

毛泽东读书的范围十分广泛。幼时喜欢读历史小说,稍长对时事新闻、国家的前途发生极大的兴趣。19岁那年曾在湖南省立图书馆自修半年,废寝忘食地阅读古今中外的各种书籍。青年时代的他主张先博而后约,"庇千山之材而为一台,汇百家之说而成一学",如此来达到"取精用宏,根茂实盛"的境界。和老师、同学通信与交流,他都离不开谈读书、谈形势。这期间他广泛涉猎了《二十四史》《资治通鉴》《昭明文选》《韩昌黎全集》《读史方舆纪要》，西方的"伦理学原理"，以及《楚辞》《诗经》，先秦诸子的学说，还有唐诗宋词和历代各家骈散文，等等。延安时期他在抗大的一次校务办公会议上提出："只要是书，不管是中国的、外国的、古典的、现代的、正面的、反面的，大家都可以涉猎。"新中国成立后，他曾提出要把商务印书馆和中华书局在新中国成立前出版的所有图书都给他配置起来。到他逝世时，他的藏书已近十万册，其中批注、圈划过的达四千余册。

毛泽东阅读的范围，从社会科学到自然科学，从马列主义著作到西方资产阶级著作，从古代的到近代的，从中国的到外国的，包括哲学、经济学、政治、军事、文学、历史、地理、自然科学、技术科学等方面的书籍以及各种杂志。就哲学来说，不但读基本原理，也读中外哲学思想史，还读逻辑学、美学、宗教哲学，等等。所以不论是外国政要还是中外学者，一般来说都会被他的渊博学识所征服。我国现代著名作家、文

毛泽东在中南海丰泽园的书房一角

学史家和翻译家刘大杰说:"毛主席对中国历史、文学资料之熟悉实在惊人,古今中外有这么大学问的领袖实在少见。"

从内容上来说,马列主义著作、哲学著作、历史著作、经济学著作、军事著作、文学著作、自然科学著作、技术科学著作等,他都爱读。从时间上来说,古代的,现代的,当代的,从社会科学到自然科学,他都有兴趣。除读《共产党宣言》等马列著作之外,19世纪30年代上海出版的精装二十卷本《鲁迅全集》与毛泽东朝夕相伴近40年,清乾隆武英殿木刻线装大字版《二十四史》与毛泽东朝夕相伴24年,《资治通鉴》、历朝历史演义、古典小说、名人传记、诗词曲赋、丛书、类书、工具书及其他多种经、史、子、集等方面的读物都是他爱读的。他不仅对哲学著作有兴趣,而且对逻辑学、美学、佛学等宗教哲学著作也有兴趣,佛教的经典《金刚经》《六祖坛经》《华严经》等经典他都读过,基督教的《圣经》也读过。各门自然科学、自然科学史,包括《无线电话是怎样工作的》等通俗书籍,他也有兴趣涉猎。1959年1月2日,苏联发射一枚宇宙火箭,6日他就要了几本关于火箭、人造卫星和宇宙飞行的通俗读物来读。1975年,他还要读李约瑟著的《中国科学技术史》、杨振宁的《基本粒子发现简史》、李政道的《不平常的核态》等理论著作。1974年、1975年,他还读过《化石》《动物学》杂志。对生命科学、天文学、物理学、土壤学等著作都有兴趣。历代字帖、名人墨迹、名家书画作品、《楹联丛话》,等等,他更是爱不释手,看了又看,读了又读。

在他生命的最后一天,其上下肢插着静脉输液导管,胸部安有心电监护导线，鼻子里插着鼻饲管，在医生对他全力抢救的情况下，他还看文件、看书11次，共2小时50分钟，而这些文件和书则是由别人用手托着来看的。他真正做到了生命不止，读书不止。

毛泽东实践了自己的诺言。他这种活到老、学到老，生命不息、读书学习不止的精神是多么值得我们学习啊！

"敬爱的主席"与"亲爱的大姐"

——1961年5月11日毛泽东在上海拜访宋庆龄的照片

上海淮海中路1843号,中华人民共和国名誉主席宋庆龄故居的客厅里,悬挂着一幅珍贵的照片,永恒地留下了1961年5月11日毛泽东来这里看望宋庆龄的情景。两位20世纪伟人的双手亲切地握着,脸上洋溢着诚挚的微笑。

毛泽东和宋庆龄都出生于1893年。宋庆龄1月27日诞生于上海,比12月26日在湖南韶山诞生的毛泽东差不多大1岁。一个是农民的儿子,一个是民族资本家的千金,两位出身、性格、经历都不同的伟人之间,却有着长达半个多世纪的交往和友谊。

1961年5月11日,毛泽东在上海拜访宋庆龄

早在20世纪20年代第一次国共合作期间,毛泽东和宋庆龄就已相识。毛泽东在1936年9月18日给宋庆龄的信中写道:"武汉分别,忽近十年。每从报端及外来同志口中得知先生革命救国的言论行动,引起我们无限的敬爱。

1927年3月10日,国民党二届三中全会开幕合影。中排右三为毛泽东,前排右五为宋庆龄

一九二七年后,真能继续孙中山先生革命救国之精神的,只有先生与我们的同志们。"

作为中国革命先驱孙中山的遗孀,宋庆龄对共产党、对中国革命帮助很多。孙中山去世后,她跟吴玉章等共产党人合作,成功召开了中国国民党第二次全国代表大会,惩处了邹鲁、谢持、张继等打击共产党的西山会议派人物。第一次大革命失败后,宋庆龄在极其险恶的政治环境中继续鼎力支持共产党。1927年,为声讨以蒋介石、汪精卫为代表的分裂主义势力,她先后发表了著名的《为抗议违反孙中山的革命原则和政策的声明》《中央委员宣言》等,表明自己坚持国共合作的立场。20世纪30年代初,她组织中国民权保障同盟,专门负责营救被捕共产党人和革命者。抗日战争爆发后的8年艰苦岁月里,她又发起组织"保卫中国同盟",致力于接济伤兵、难民和儿童保育工作。她还把募集到的大批医药和物资提供给共产

右上：毛泽东在延安。身旁的汽车是宋庆龄赠送的

右下：1949年8月28日，毛泽东、朱德、周恩来及各界代表到北平前门火车站迎接从上海来北平的宋庆龄。图为毛泽东、周恩来、张治中在火车站

党领导的陕甘宁边区和其他革命根据地。抗战胜利后，"保卫中国同盟"改名为"中国福利基金会"，继续为苏北解放区提供医疗器械和药品。

宋庆龄为中国革命作出的贡献和她对中国共产党的关心，让毛泽东铭记在心。1949年1月19日，中国革命胜利在望。

毛泽东、周恩来联名写信邀请宋庆龄北上参加政治协商会议。宋庆龄由于身体原因，未能立即成行。上海解放后，毛泽东于6月19日派邓颖超携信专程前往上海迎接宋庆龄。在这封亲笔信中他热情地表示：

> 仰望之诚，与日俱积。兹者全国革命胜利在即，建设大计，亟待商筹，特派邓颖超同志趋前致候，专诚欢迎先生北上。敬希命驾莅平，以便就近请教，至祈勿却为盼！

8月28日，宋庆龄专列驶近北平。毛泽东一早就向工作人员打了招呼，要亲自去火车站迎接，他特意把常穿的补丁衣服换掉，穿上一套干净整洁的衣服。尽管到火车站的路途不远，但在毛泽东的催促下，迎接队伍还是提前出发并到达了。

1949年9月30日，新当选的中央人民政府主席毛泽东和副主席刘少奇、朱德、宋庆龄、李济深、张澜、高岗在全国政协一届会议主席台上

1957年11月，宋庆龄随毛泽东出席在莫斯科召开的社会主义国家共产党和工人党代表会议

等待了半个多小时，宋庆龄的专列才到站，车刚刚停稳，毛泽东便走上车厢，亲自欢迎宋庆龄下车。当晚，毛泽东专门设宴为她洗尘。

在北平，宋庆龄参加了政治协商会议和中央人民政府的筹备工作。9月30日，中国人民政治协商会议第一届全体会议选举毛泽东为中央人民政府主席，宋庆龄为六位副主席之一。

新中国成立后，宋庆龄经常和毛泽东一起从事重要的国务活动，共同担负的历史使命使他们的友谊与日俱增。毛泽东对宋庆龄敬仰而关切，宋庆龄则视毛泽东为导师和挚友。

1952年，宋庆龄将她刚出版的著作《为新中国奋斗》赠予毛泽东，毛泽东致函答谢，称她为"宋副主席"，而1957年初在给宋庆龄的信中则亲切地称她为"亲爱的大姐"。信中，毛泽东以他特有的幽默与宋庆龄"聊天"："……你好吗？睡眠尚好吧？我仍如旧，十分能吃，七分能睡。最近几年大概还不至于要见上帝，然而甚矣吾衰矣。望你好生宝（保）养身体。"毛泽东第一次出巡到上海，顺路看望宋庆龄，发现她的客厅在一楼，卧室在二楼，细心的毛泽东后来派人送去了一卷铺在楼梯上的红地毯，以保证宋庆龄行走安全。

宋庆龄同样非常牵挂毛泽东的身体和生活。她得知毛泽东喜欢躺在床上办公和学习，特意买了一个柔软的鸭绒枕头派人送去，让毛泽东看书时可以枕得更舒服。一向不收礼的毛泽东，出于对宋庆龄的尊重，收下了这份特别的礼物。

1957年11月，宋庆龄陪同毛泽东前往苏联访问，参加庆祝十月革命40周年、社会主义国家共产党和工人党代表会议。虽然当时她还不是中共党员，却是中共代表团正式成员，受到中苏领导人的特别敬重。当毛泽东在会议通过的《社会主义国家共产党和工人党宣言》上签字时，宋庆龄坐在毛泽东左边，邓小平坐在右边。

从苏联回国后，正是北方贮菜时节，毛泽东派人给宋庆龄送去了一些山东大白菜。宋庆龄非常高兴，回了一封热情洋溢的信："敬爱的主席：承惠赠山东大白菜已收领。这样大的白菜是我出生后头一次看到的。十分感谢！您回来后一定很忙，希望您好好休息。"

1961年5月，毛泽东在上海视察时，专程到宋庆龄家中

右上：1958年，毛泽东和宋庆龄在一起

右下：1959年4月，毛泽东主持召开扩大的最高国务会议，宋庆龄等在座

探望她。11日那天，宋庆龄得知毛泽东要来登门拜访，非常高兴。她立即嘱咐工作人员做好准备，亲自检查了客厅和走廊里每盆鲜花摆放的位置，派人去锦江饭店取回了预定的糕点。当一切准备就绪后，她便早早地来到楼下客厅，迎候毛泽东的到来。

下午4时，毛泽东乘坐的轿车缓缓驶到香樟树环绕的白色小楼前，受到宋庆龄最热忱的欢迎。在客厅里，毛泽东亲切

问候宋庆龄："你身体好吗？"宋庆龄微笑着说："我很好，主席，你这么忙还来看我，太感谢你了。"当他们在孙中山先生遗像前亲切握手互致问候的时候，摄影记者拍下了这一历史性的镜头。

新中国成立后，毛泽东多次到上海，会见过许多著名人士，但都未登门访问，这次专门来看望宋庆龄，是唯一的例外。这充分体现了两位伟人在漫长的革命斗争中形成的无比深厚的革命情谊。

1976年，毛泽东逝世了。宋庆龄怀着悲痛的心情担任了毛泽东治丧委员会的成员，并不顾年迈体弱，两次为毛泽东守灵。

毛泽东逝世后，随着粉碎"四人帮"，国家民族走上了复兴之路，宋庆龄与全国人民一样，感到欢欣鼓舞。但在思想战线上拨乱反正之初，有些人在评价毛泽东的功过时失之偏颇。对此，宋庆龄极为敏感，她在1978年写下了《追念毛主席》一文，回顾了他们几十年并肩战斗的历程，论述毛泽东的不可磨灭的历史功勋。她说："我在上海时毛主席亦曾访谈，和毛主席的几次见面和谈话，给我留下很深刻印象。回忆起来，他是一位目光远大、举世无双的领袖和导师，他是伟大事业的引路人。"这绝不是一般的纪念，而是捍卫自己为之奋斗了大半生的伟大事业，捍卫颠扑不破的真理。

照片中的两位伟人已经离开了，但他们的杰出贡献和革命精神永远镌刻在共和国的史册上，他们的交往和友谊成为流传后世的感人佳话，他们共同为之奋斗的国家富强、民族振兴、人民幸福的理想，正在新时代一步步变成现实！

"暮色苍茫看劲松,乱云飞渡仍从容"

——1961年8月毛泽东在庐山的照片

这是摄影师吕厚民在庐山为毛泽东拍的一张经典照片:毛泽东凝神远方,身后风起云涌,景色蔚为壮观。苍茫天地间,一位历史伟人坐在石凳上,陷入深深的思索之中……

照片拍摄于1961年夏天中共中央工作会议在庐山召开期间。这次会议是在经历了国民经济严重困难后,党中央对农村政策进行调整过程中召开的。8月21日,毛泽东来到庐山。8

1961年8月,毛泽东在庐山

月23日，他召集中央常委和大区负责人开会。毛泽东先问了各地的年成，又问到贯彻《农村人民公社条例（草案）》（"农业六十条"）及农村的情况。中南的同志谈到"农业六十条"解决了生产队的问题，但土地、耕畜、劳力等归生产队所有，而分配则是以生产大队为单位，这样，所有制与分配有矛盾。这正是毛泽东长时间以来反复考虑的一个问题，他说这个问题应当加以研究。

对于搞社会主义建设，搞工业，毛泽东曾经很自信，认为没有什么神秘，不要把它看得那么困难。但经过1960年的大挫折，他改变了看法，认为人们对社会主义有些了解，但不甚了了；对工业，就他个人来说，也是不甚了了。他在会上讲了这样一段话：

> 我们有把握的、有成套经验的还是民主革命。民主革命搞了几十年，经过了陈独秀的错误，三次"左"倾错误，又经过了抗日战争时期的右倾错误，犯了许多错误，碰了许多钉子，最后经过了整风，才搞出了一套包括理论的和具体政策的为大家所公认的教科书。
>
> 讲到社会主义革命，则不甚了了。公社工作六十条，讲的是所有制、分配、人与人的关系，都是社会主义。这个问题究竟如何？你们说有了一套了，我还不大相信。不要迷信广州会议、北京会议搞了一套，认为彻底解决问题了。我看还要碰三年，还要碰大钉子。会不会亡国（蒋介石来，打世界大战）？不会。会不会遭许多挫折和失败？一定会。现在遭了挫折和失败，碰了钉子，但还碰得不够，还要碰。再搞两三年看

看能不能搞出一套来。对社会主义,我们现在有些了解,但不甚了了。我们搞社会主义是边建设边学习的。搞社会主义,才有社会主义经验,"未有先学养子而后嫁者也"。说没经验,已经搞了十二年,也有些,但也只有十二年。我们现在还处在斯大林时代即苏联两个五年计划时期。我们还没有原子弹。这不能怪我们,因为我们时间还短。……现在刚搞了一个"六十条",不要认为一切问题都解决了。搞社会主义我们没有一套,没有把握。比如工业,我就不甚了了。计划工作怎么搞,现在总搞不好。

会议经过讨论,通过了《中共中央关于当前工业问题的指示》、"工业七十条"、"高教六十条",还作出《中共中央关于轮训干部的决定》。毛泽东没有在全体会上讲话,在中央常委扩大会议上讲了几次话。关于经济形势,他认为,问题暴露出来了,将走向反面,现在是退到谷底了,形势到了今年,是一天天向上升了。达于极点,天下大乱,要转向治了。困难是暂时的,会逐步好转的。我们碰了钉子,有了经验,这是最宝贵的,现在向好的方面转化了。他说:"这次会议搞了几个好文件,如'工业七十条''高教六十条'等,证明我们的经验比较多了。"

毛泽东认为,经济形势1961年到了谷底,从此一天一天向上。他的心情也比较轻松,有闲游览庐山含鄱口、仙人洞等名胜。

据回忆,一个晴朗的上午,毛泽东停止办公,走出了几天没有离开的居住和办公的屋子,登上了含鄱口。开始时,毛泽东右手叉腰不说话，站在一个石凳边望着远方，大约半小时的时间后，便坐在了石凳上，同秘书林克谈话，过了一会儿，林克走了。毛泽东仍然坐着没有动，望着远方的天空，眉宇不展，表情凝重，在沉重地思考着什么。这时吕厚民发现毛泽东身后的背景十分奇妙：天空湛蓝，白云时卷时舒，漫天飞渡；云雾中时隐时现的山峦，显得愈加挺拔坚韧；山下的鄱阳湖，云蒸霞蔚，紫气升腾。他立即取出一只深黄滤色镜片装在镜头上，使天空灰暗一些，白云更白一些，毛泽东的整个轮廓更加鲜明。于是，这一瞬间成为历史的永恒。

这幅照片在当时引起了巨大反响，后来也广为流传称赞，被称为"天赐之作""神来之作"：它把时代的背景、大自然的背景、毛泽东的心境，绝妙地融合在一起，是一幅绝对不可多得的寓意深刻的历史画卷。

"我跟鲁迅的心是相通的"
——1961年毛泽东翻阅《鲁迅全集》的照片

鲁迅是现代伟大的文学家、思想家和革命家。毛泽东与鲁迅是同时代的人。鲁迅比毛泽东大12岁。两人虽然从未谋面,但毛泽东十分尊崇鲁迅,赞誉鲁迅是新文化革命的旗手,号召一切共产党人都要向鲁迅学习。

无论是新文化革命的旗手,还是现代中国的圣人,同时得到毛泽东这样的赞誉,这是绝无仅有的事。1937年10月19

1961年,毛泽东翻阅《鲁迅全集》

日，毛泽东在延安陕北公学纪念鲁迅逝世周年大会上发表讲话。他说：

> 我们今天纪念鲁迅先生，首先要认识鲁迅先生，要懂得他在中国革命史中所占的地位。我们纪念他，不仅因为他的文章写得好，是一个伟大的文学家，而且因为他是一个民族解放的急先锋，给革命以很大的助力。他并不是共产党组织中的一人，然而他的思想、行动、著作，都是马克思主义的。他是党外的布尔什维克。尤其在他的晚年，表现了更年青的力量。他一贯地不屈不挠地与封建势力和帝国主义做坚决的斗争，在敌人压迫他、摧残他的恶劣的环境里，他忍受着，反抗着。

> 他用他那一支又泼辣，又幽默，又有力的笔，画出了黑暗势力的鬼脸，画出了丑恶的帝国主义的鬼脸，他简直是一个高等的画家。他近年来站在无产阶级与民族解放的立场，为真理与自由而斗争。

接着，毛泽东总结鲁迅精神的三个特点。他说道：

> 鲁迅先生的第一个特点，是他的政治的远见。他用望远镜和显微镜观察社会，所以看得远，看得真。
>
> 鲁迅的第二个特点，就是他的斗争精神。他看清了政治的方向，就向着一个目标奋勇地斗争下去，决不中途投降妥协。
>
> 鲁迅的第三个特点是他的牺牲精神。他一点也不畏惧敌人对于他的威胁、利诱与残害，他一点不避锋芒地把钢刀一样的笔刺向他所憎恨的一切。

这三个特点，即政治远见、斗争精神、牺牲精神，构成一种伟大的"鲁迅精神"。鲁迅的一生就贯穿了这种精神。我们纪念鲁迅，就要学习鲁迅精神，为中华民族的解放而奋斗。

在这篇讲话中，毛泽东进一步赞誉鲁迅是现代中国的圣人。他强调："鲁迅在中国的价值，据我看要算是中国的第一等圣人。孔夫子是封建社会的圣人，鲁迅则是现代中国的圣人。"

毛泽东赞誉鲁迅为现代中国的圣人，而且是中国的第一等圣人。这个评价不可谓不高啊。

两年后，毛泽东在《新民主主义论》中赞誉鲁迅是新文化革命的旗手。他说道：

而鲁迅，就是这个文化新军的最伟大和最英勇的旗手。鲁迅是中国文化革命的主将，他不但是伟大的文学家，而且是伟大的思想家和伟大的革命家。鲁迅的骨头是最硬的，他没有

1938年，毛泽东在鲁迅艺术学院讲演

丝毫的奴颜和媚骨，这是殖民地半殖民地人民最可宝贵的性格。鲁迅是在文化战线上，代表全民族的大多数，向着敌人冲锋陷阵的最正确、最勇敢、最坚决、最忠实、最热忱的空前的民族英雄。鲁迅的方向，就是中华民族新文化的方向。

1942年5月23日，毛泽东《在延安文艺座谈会上的讲话》中这样高度评价鲁迅：鲁迅的两句诗，"横眉冷对千夫指，俯首甘为孺子牛"，应该成为我们的座右铭。"千夫"在这里就是说敌人，对于无论什么凶恶的敌人我们决不屈服。"孺子"在这里就是说无产阶级和人民大众。一切共产党员，一切革命家，一切革命的文艺工作者，都应该学鲁迅的榜样，做无产阶级和人民大众的"牛"，鞠躬尽瘁，死而后已。

5天后，5月28日，毛泽东在中央学习组会上指出：文艺是一支军队，它的干部是文艺工作者。它还要有一个总司令，如果没有总司令，它的方向就会错的。鲁迅、高尔基就相当于总司令，他们的作品，他们说的话，就当作方向的指导。

新中国成立后，毛泽东一直高度评价鲁迅的历史地位，除继续肯定他是中国的第一个圣人外，还赞誉他为马克思主义者。1957年3月10日，毛泽东同新闻出版界代表座谈时说：鲁迅是真正的马克思主义者，是彻底的唯物论者。1971年11月20日，毛泽东同参加武汉地区座谈会人员谈话时说："我劝同志们看看鲁迅的杂文。鲁迅是中国的第一个圣人。中国第一个圣人不是孔夫子，也不是我。我算贤人，是圣人的学生。"

从多次书写鲁迅的诗赠与客人可见，毛泽东对鲁迅的尊崇与日俱增。1958年，毛泽东将鲁迅诗句"横眉冷对千夫指，俯首甘为孺子牛"题赠红线女。1959 年，他还说："这两句话合符辩证法。"毛泽东将这联诗多次书赠与人，足见其深爱的程度。1961 年 10 月，毛泽东在接见来访的日本朋友时说："我把我书写的一首鲁迅的诗送给你们……这一首诗，是鲁迅在中国黎明前最黑暗的年代里写的，说明他在完全黑暗的统治下看到了光明。"

毛泽东酷爱读鲁迅的作品。他多次说过，他跟鲁迅的心是相通的。1949 年 12 月，毛泽东率中国代表团访问苏联。出访前夕，他亲手挑选了几本鲁迅的著作带走。在赴莫斯科的途中，他有时还读鲁迅的著作。到了莫斯科，有不少外事活动。可是，他还利用零星时间阅读鲁迅著作。有一天，外事活动后回到驻地，离开饭时间不到半小时，他又拿出鲁迅的书读了起来。开饭的时间到了，工作人员把饭菜放在桌上，轻声催他吃饭。他说："还有一点，看完就吃。"工作人员亲眼看到，他用

1963 年，毛泽东与鲁迅夫人许广平握手

笔在书上圈圈画画，还自言自语："说得好！说得好！"一直把20来页书看完才吃饭。他一边吃，一边笑着对工作人员说："我就是爱读鲁迅的书，鲁迅的心和我们是息息相通的。我在延安，夜晚读鲁迅的书，常常忘记了睡觉。"

1958年1月，毛泽东在《工作方法六十条（草案）》中，谈到以真正平等的态度对待干部和群众时说："学习鲁迅。鲁迅的思想是和他的读者交流的，是和他的读者共鸣的。"

1966年7月8日，毛泽东在韶山滴水洞所写的一封信中指出："我跟鲁迅的心是相通的。"又说："我喜欢他那样坦率。他说，解剖自己，往往严于解剖别人。在跌了几跤之后，我亦往往如此。"

为什么毛泽东说他的心跟鲁迅的心是相通的？引起他们心灵共鸣的东西到底是什么？从历史中可以找到答案。鲁迅对什么是路的回答，与中国共产党人独立自主探寻自己的革命道

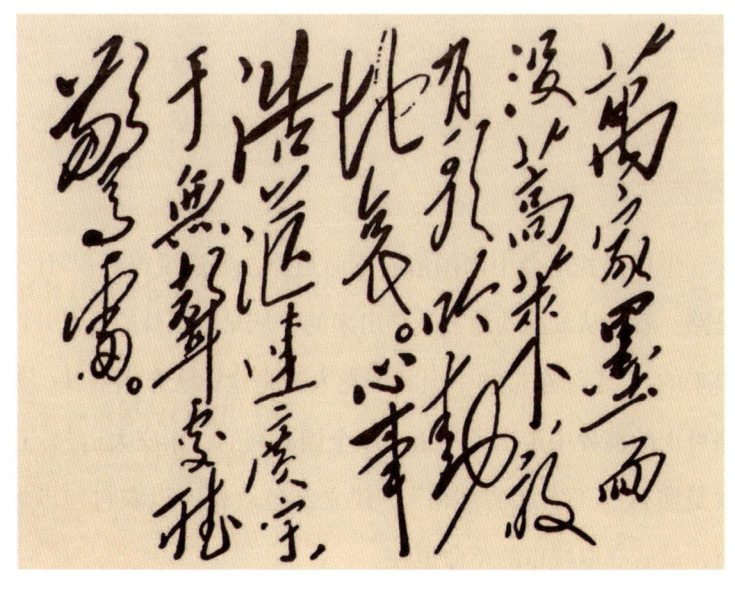

毛泽东手书鲁迅诗句

路，异曲同工。可以说，对"路"的回答与探索，是毛泽东与鲁迅心灵相通的桥梁。

毛泽东在中国共产党第七次全国代表大会上作口头政治报告时说：

> 力争领导权，力争独立自主的路线，是我们党中央的路线，是反映了全党大多数同志要求的路线，是反映了全国大多数人民要求的路线。这条路线是从哪里来的呢？是从天上掉下来的吗？不是。是从外国送来的吗？也不是。它是从中国自己的土地上生长出来的。鲁迅讲过：路是人走出来的。我们这条路线，也是中国人民用脚踩成的。

毛泽东继续说道：

> 我曾经讲过：鲁迅的骨头很硬，半殖民地的国家有像鲁迅这样硬的骨头是很可贵的。中国共产党代表全国人民要求独立！中国如果没有独立就没有个性，民族解放就是解放个性，政治上要这样做，经济上要这样做，文化上也要这样做。广大群众没有清楚的、觉醒的、民主的、独立的意识，是不会被尊敬的。

怎样寻找适合中国国情的革命道路？鲁迅说得好："什么是路？就是从没路的地方践踏出来的，从只有荆棘的地方开辟出来的。"毛泽东带领中国共产党人就是这样从布满荆棘、无路可走的境界中走出了一条夺取全国胜利的"康庄大道"。这就是实行"工农武装割据"，建立红色政权，以农村包围城市，最后夺取城市的革命道路。

要独立地闯出一条中国自己的路子来，要冒很大的风险，甚至不排除会遭受某些严重挫折或暂时失败的可能性。在这种情况下，要坚持独立自主的精神，如果没有真知灼见，没有无所畏惧的英雄气概和坚韧不拔的顽强意志，没有在激流中游泳的勇气和智慧，是做不到的。毛泽东在《新民主主义论》中赞扬鲁迅道："鲁迅的骨头是最硬的。他没有丝毫的奴颜和媚骨，这是殖民地半殖民地人民最可宝贵的性格。"其实，毛泽东自己就是如此，在他身上也没有丝毫的奴颜和媚骨，而是充满着中华民族的高度的自尊自信和大智大勇，令人肃然起敬。因此，把毛泽东称为伟大的民族英雄，他是当之无愧的。

晚年的毛泽东，在考虑起用一大批老干部时说，要"打破'金要足赤''人要完人'的形而上学错误思想"，大概也是借用了鲁迅在《准风月谈·关于翻译（下）》中的说法。他还号召各级领导干部"读点鲁迅"。

《鲁迅全集》第五卷《准风月谈·关于翻译（下）》，是篇谈文艺批评的文章。鲁迅在这篇文章里尖锐地批评了文艺界那种因为有点烂疤，就一下把整个苹果都抛掉的做法。鲁迅指出，"首饰要'足赤'，人物要'完人'"的思想是很错误的。鲁迅用吃烂苹果的

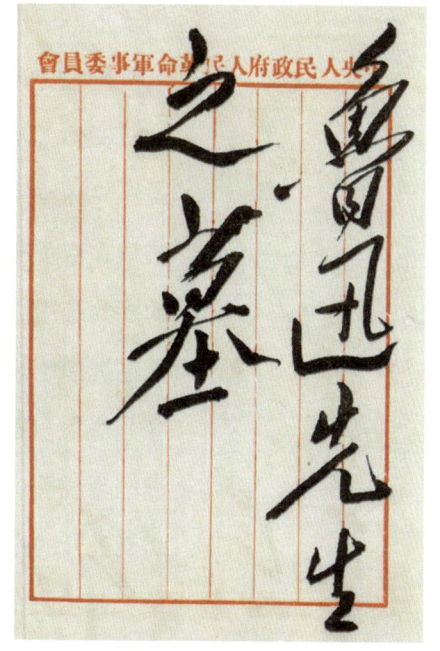

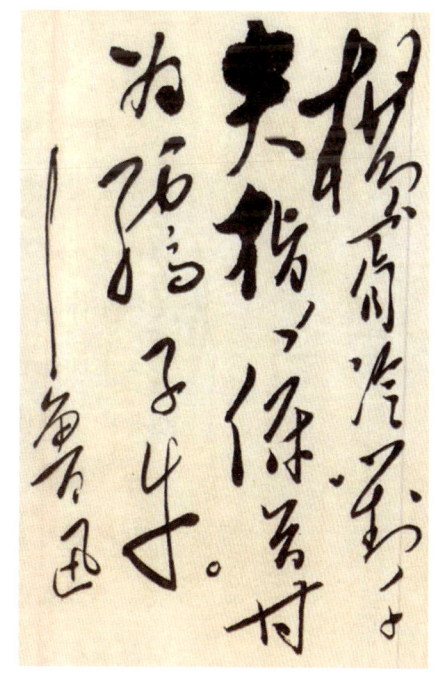

上：1956年毛泽东为鲁迅迁葬墓碑题写的碑文
下：毛泽东手书鲁迅诗句

例子来谆谆告诫人们要正确对待有缺点的人和文艺作品。毛泽东赞同鲁迅的见解。1975年，他在病中还叫工作人员给他读这篇文章。当工作人员读到有关内容时，他高兴得连声称赞说："写得好！写得好！"

在有关传达1975年7月14日毛泽东同江青、张春桥谈话的一封信上，毛泽东又批示，"我讲的不完全，至少应该提到鲁迅提倡削烂苹果一篇"。这里，他用鲁迅提倡对那些"不是穿心烂"、仅是"有着烂疤"的苹果应该削着吃的生动比喻，进一步说明"金无足赤、人无完人"、不能因为一个人有点毛病就丢开的这种错误做法的道理。

鲁迅提倡削烂苹果的做法，符合辩证法，符合社会发展实际，这与"文化大革命"后期毛泽东考虑起用老干部政策相契合，自然引起毛泽东的强烈共鸣。

绍兴古称会稽，是中国的历史文化名城，也是吴越文化的重要发源地。近代以来，这里有两个著名人物为毛泽东所称道。一是清末女革命家秋瑾，自号"鉴湖女侠"；另一个是被毛泽东称为"文化新军的最伟大和最英勇的旗手"鲁迅。

毛泽东曾对谭启龙说：绍兴是越王勾践卧薪尝胆的地方，也是中国当代文豪鲁迅先生的家乡。鲁迅生前有两句名言，一句是"横眉冷对千夫指"，另一句是"俯首甘为孺子牛"。我们共产党人就是要有这种为人民甘做牛马的精神。

毛泽东与鲁迅虽然素未谋面，但惺惺相惜。1933年底，与鲁迅有较多交往的冯雪峰从上海来到瑞金，曾与毛泽东谈及鲁迅在新文化运动和革命斗争中的重要贡献。据冯雪峰回忆，毛泽东曾遗憾地对他说过："五四时期在北京，弄新文学的人我见过李大钊、陈独秀、胡适、周作人，就是没有见过鲁迅。"

冯雪峰还告诉毛泽东，鲁迅读过他的《西江月·井冈山》等诗词，认为诗中有"山大王"气概，毛泽东听了开怀大笑，大概认为鲁迅这个评说颇为有趣正中下怀吧。"山大王"气概，显然是鲁迅对毛泽东所领导的艰苦卓绝的武装革命斗争和毛泽东诗词的大气磅礴的神韵与雄奇豪放的风格给予的高度赞赏。

1936年2月，当美国进步作家史沫特莱告诉鲁迅：中国工农红军在毛泽东领导下，已经胜利地结束长征到达陕北时，正在病中的鲁迅闻讯，于"寒凝大地"之时立即拟就一份热情诚挚的贺电，托史沫特莱发往陕北，贺电说："……你们的英勇斗争，你们的伟大胜利是中华民族解放史上最光荣的一页！全中国民众期待着你们更大的胜利……在你们身上寄托着人类的光荣和幸福的未来。"1936年4月，病中的鲁迅深情地对冯雪峰说道："我想，我做一个小兵是还胜任的，用笔！"鲁迅生命垂危时，在《答托洛斯基派的信》中，公开表示站在"毛泽东先生们"一边，并坚定地宣称："那切切实实，足踏在地上，为着现在中国人的生存而流血奋斗者，我将引为同志，是自以为光荣的。"鲁迅这些话语对尚处于国民党"围剿"中的毛泽东和中国共产党人来说，是很大的鼓舞。

1936年，中共中央派冯雪峰到上海去工作。行前，毛泽东特意和他长谈了一次，嘱咐他到上海后一定要好好团结鲁迅先生，因为他是一面大旗，能够唤起民族的抗战热情。

在中国现代作家中，毛泽东十分爱读鲁迅的著作。还在延安时期，1938年1月12日，他给当时在延安抗日军政大学任教的艾思奇写过一封信。他写道，"我没有《鲁迅全集》，

毛泽东与鲁迅头像像章

有几个零的,《朝花夕拾》也在内,遍寻都不见了。"这说明在写此信之前,毛泽东已经读过一些鲁迅的著作,但限于当时的客观环境,他还没能系统地读到鲁迅的著作。

1938年8月,鲁迅先生纪念委员会编辑的二十卷本的《鲁迅全集》(内容包括鲁迅的著作、译作和他所整理的部分古籍)出版。这是我国第一次出版的《鲁迅全集》。书是在上海出版的,通过党的地下组织,从上海辗转到陕北根据地,毛泽东得到了一套。

《鲁迅全集》特印了200套编号发行的"纪念本"。这套"纪念本",在每册的版权页上均注明"非卖品"。毛泽东得到的是第58号,封面是紫色的,书脊是黑色的,每卷的封底、封面的两角都是同书脊黑色一样的布料包角。这套书印装别致,做工精细,非常珍贵。

毛泽东收到《鲁迅全集》之后,就把书放在自己的办公桌旁。尽管当时战事忙碌、环境简陋,但他总是忙中找闲,在低矮的窑洞里秉烛夜读。后来新华社发表过一张毛泽东在延安枣园窑洞工作的照片,办公桌上放着三卷《鲁迅全集》,这是毛泽东爱读鲁迅著作的真实的历史记录。

经过较为系统地阅读鲁迅的著作,毛泽东对鲁迅著作的思想性、战斗性、人民性的了解更多了。后来毛泽东在著作、讲话、谈话、报告和一些书信中,多次谈到鲁迅和鲁迅的著作,并对鲁迅在中国革命和文化发展史中的地位给予了很高的评价。

毛泽东逝世后,报刊上发表过一张他站在书柜前看书的照片(见336页图)。他手里拿着的正在翻看的书,就是新版的《鲁迅全集》。

"向雷锋同志学习"

——1963年8月1日毛泽东观看话剧《雷锋》后与演员们的合影

这张照片是1963年8月毛泽东在观看沈阳部队抗敌话剧团排演的话剧《雷锋》之后与演员们的合影。自1963年毛泽东发出"向雷锋同志学习"的伟大号召以来，雷锋已成为家喻户晓的人物，雷锋精神哺育着一代又一代青年人成长，已成为中国共产党人精神谱系的一部分，融入共产党人乃至全中国人的血脉之中。

1963年3月5日，《人民日报》刊登毛泽东的题词"向雷锋同志学习"。这个题词是应《中国青年》杂志社要求，于2

1963年8月1日，毛泽东观看话剧《雷锋》后与演员们合影

雷锋向少先队员介绍自己的节约箱

月20日为该刊1963年第5、第6期合刊——学习雷锋专辑题写的,发表在3月2日出版的这两期合刊上。3月4日,新华社将毛泽东题词发通稿。毛泽东于2月20日题词后,对林克说:学雷锋不是学他哪一两件先进事迹,也不只是学他的某一方面的优点,而是要学他的好思想、好作风、好品德;学习他长期一贯地做好事,而不做坏事;学习他一切从人民的利益出发,全心全意为人民服务的精神。当然,学雷锋要实事求是,扎扎实实,讲究实效,不要搞形式主义。不但普通干部、群众学雷锋,领导干部要带头学,才能形成好风气。

雷锋是中国人民解放军沈阳军区工程兵第十团运输连班长,1962年8月不幸因公牺牲。1963年是国民经济迅速恢复的一年,各行各业重现生机。这年2月解放军总政治部召开全军政治工作会议,总参谋长罗瑞卿在讲话中提出了宣扬典型、运用典型的问题,引起了各级领导的重视。总政治部随即向全军发出学习雷锋和"南京路上好八连"的通知,在全军大力宣传他们的事迹。这样,雷锋和"南京路上好八连"两个典型同时进入毛泽东的视野。在学习雷锋的热潮中,毛泽东还应《中国青年》杂志的邀请题写了"向雷锋同志学习"的题词。毛泽东认为,人民军队必须始终坚持全心全意为人民服务的宗旨。当他挥毫写下"向雷锋同志学习"的题词时,正是对雷锋那种"把有限的生命投入无限的为人民服务之中"的人生观的高度肯定,从而使这一典型迅速推向全军、全国。

毛泽东认为,中国共产党人和一切立志为共产主义事业奋斗终身的人应该把全心全意为人民服务作为其人生观的核

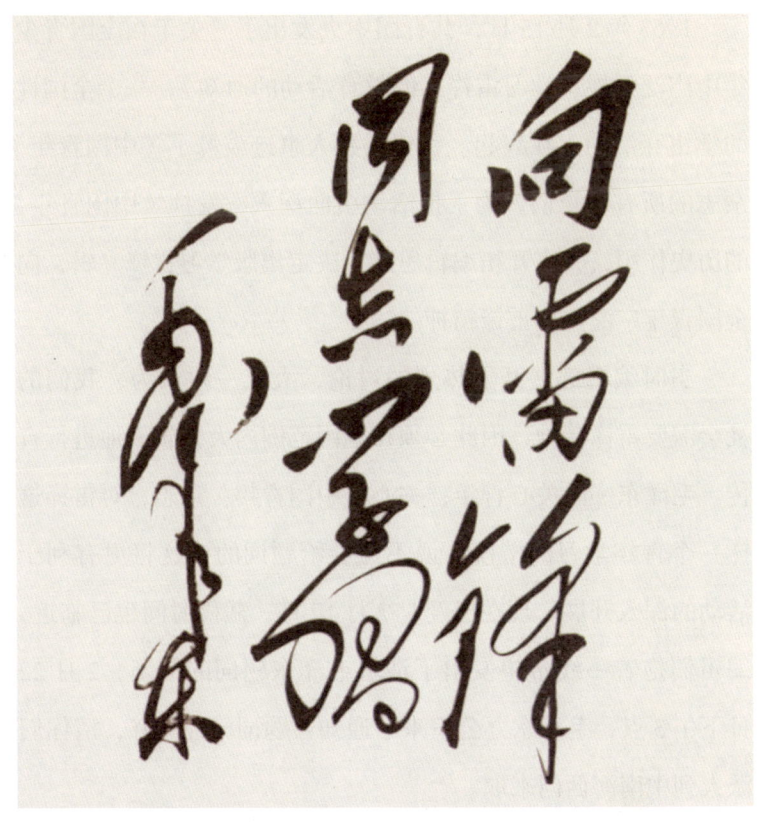

毛泽东的题词:向雷锋同志学习

心和基石。早在1942年，毛泽东在《在延安文艺座谈会上的讲话》中就明确指出："为什么人的问题，是一个根本的问题。"1944年，毛泽东在张思德同志牺牲追悼会上专门作了"为人民服务"的讲演，全面系统阐述了他的为人民服务的思想。新中国成立后，毛泽东时刻用"全心全意为人民服务"的人生观教育广大干部群众。1957年，他在《坚持艰苦奋斗，密切联系群众》的讲话中强调："共产党就是要奋斗，就是要全心全意为人民服务，不要半心半意或者三分之二的心三分之二的意为人民服务。"1963年3月5日，毛泽东向全国发出了"向雷锋同志学习"的号召，1964年他又为全国人民树立了全心全意为人民服务的好干部榜样焦裕禄。

1963年2月15日，共青团中央发出了《关于在全国青少年中广泛开展"学习雷锋"的教育活动的通知》，一个全国性的学雷锋活动正在兴起。雷锋的感人事迹鼓舞了《中国青年》杂志的所有编辑们，为了把活动引向深入，发挥《中国青年》的历史作用，大家开拓编辑思路，决定出版学习雷锋专辑，向全国青年广泛宣传雷锋精神。

当时编辑部展开了热烈的讨论，大家一致认为，我们的社会需要雷锋精神，因此必须在全国范围内大张旗鼓地进行宣传。毛泽东一向关心青年，关心《中国青年》杂志，对雷锋这样一个青年学习的楷模，说不定会给题词的，这将更有利于活动的深入开展。现在已经是2月17日，截稿时间也已临近，编辑们抱着一线希望发出了请求毛泽东题词的信函。2月22日下午3点，毛泽东办公室来了通知：题词已经写好，请你们派人到中南海西门来取。

"向雷锋同志学习"，毛泽东遒劲有力的题词，庄重地挂在编辑部的墙壁上，大家凝望着毛泽东的题词，非常激动。

据记载，毛泽东一生中只给两位英雄模范人物题词：一位是刘胡兰，"生的伟大，死的光荣"；另一位就是雷锋。

毛泽东题词号召"向雷锋同志学习"，再一次为全国青年树立了一个在社会主义建设时期，全心全意为人民服务的好榜样。

3月2日，《中国青年》杂志第5、第6期合刊的学习雷锋专辑终于出版了，当时印了800多万册，仍不能满足读者的需要，在人们争相传阅的同时，仍有许多读者没能买到这期《中国青年》。有一位读者向别人借来一本，竟然将6万多字的杂志手抄了一遍，并来信要求《中国青年》扩大发行量，随后编辑们给他寄去两本，手抄本编辑部留作纪念。在同年举行的《中国青年》创刊40周年纪念会上，周恩来总理看到陈列室里陈列的这本手抄的《中国青年》，很感兴趣，并对编辑们说："广大青年包括农村的知识青年这样的欢迎《中国青年》，《中国青年》应该增加发行量，纸张不够，我可以帮助解决，《中国青年》的内容，要照顾农村青年的需要。"

3月5日，新华社向全国发了通稿。这一天，《人民日报》《中国青年报》等全国各大报刊也相继发表了毛泽东等中央领导人倡导学习雷锋的题词，一个学习雷锋活动的高潮，在全国亿万群众中迅速兴起。

毛泽东唯一拿枪的照片

——1964年6月15日毛泽东观看北京、济南军区军事表演的照片

1964年，我军各军区、各军兵种部队开展了轰轰烈烈的群众性大练兵、大比武运动，使我军的训练水平和作战能力有了突飞猛进的发展。作为中央军委主席的毛泽东，对这场空前热烈的大比武给予了深切的关注。

6月15日，北京西郊射击场彩旗招展，北京军区和济南军区的大比武汇报表演就要在这里开始了。毛泽东坐在主席台中央。观看汇报表演的还有刘少奇、周恩来、朱德、董必武、邓小平、彭真、陈毅、贺龙、聂荣臻、李先念等党和国家领导人，以及在北京出席中央工作会议的各中央局、各省市自治区负责人，中央各部委、各群众团体负责人。

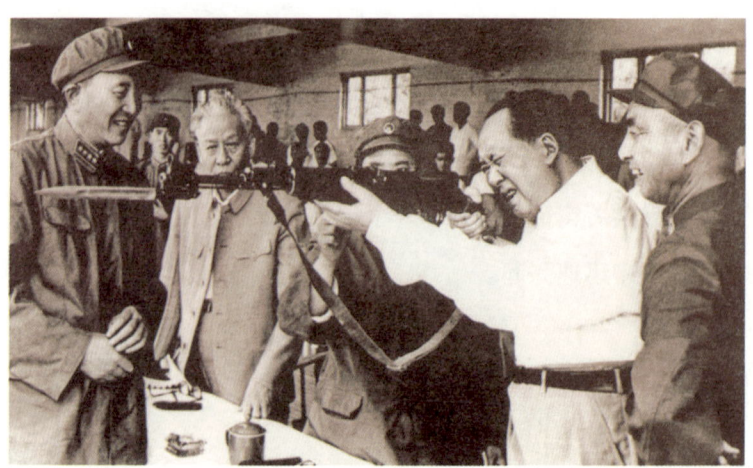

1964年6月，毛泽东观看北京军区、济南军区的军事表演，亲自使用步枪瞄准

首先表演的是济南军区半自动步枪多目标速射。济南军区某团作战参谋宋世哲，某四连班长全祥云，每人在150米远，设置40个钢板胸靶进行速射。两人在不到1分钟之内，都接连发射40发子弹，分别命中40个目标，弹无虚发。毛泽东观看后放下望远镜连连鼓掌，并让工作人员把射手的枪拿来看看。罗瑞卿走下台，把宋世哲的枪拿来让毛泽东看，并介绍说："这是国产的，打得快，打得准，性能好，1963年装备部队。我们打了几十年仗都没有用过这样好的枪。"毛泽东仔细端详枪的各个部位，还兴致勃勃地接过枪举起来。就在他瞄准的那一瞬间，摄影师不失时机地拍下了这一张珍贵的照片。

接着上场的是山东两名神枪手姑娘，一个是烟台地区长山岛海带养殖场副场长刘延凤，一个是临沂地区蒙阴县民兵连副连长沈秀爱。两人表演100米胸环靶射击，用时不到2分钟，每人发射50发，分别命中47发和49发。罗瑞卿把她们射击的靶子拿来请毛泽东看，毛泽东指了指靶上蜂窝一样的弹孔，转身面向观众，带头鼓掌。

民兵在训练

汇报表演继续进行。这时，靶场上的三个人引起了毛泽东的注意。他从椅子上站起来，饶有兴趣地看着这三个扛着当年缴获日寇的三八式步枪入场的民兵。这是来自烟台崆峒岛的一家三代。61岁的老人叫吕其禧，和他一起的是他的儿子吕志玉，还有他的孙子吕永顺。短短2分钟，祖孙三人分别将200米、150米、100米的15个钢靶全部击倒。"了不起，了不起。"毛泽东高兴地鼓掌，还问："给他们照相了没有？"

接下来是两个班的对抗射击表演。卧射300米，跪射250米，立射200米，步枪、冲锋枪无依托射击，胸靶9个，轻机枪手机枪靶1个，子弹140发。在一旁的济南军区司令员杨得志介绍说："这种打法，实战中最过硬，集中火力打一点。"毛泽东说："要多练习，要注意普及。"杨得志说："没有那么多子弹，一颗子弹三个鸡蛋。"毛泽东说："子弹可以多造一些，平时多用一些子弹，打起仗来就省子弹了，打得准了嘛！"

看完这个项目，毛泽东满面笑容地对贺龙说："不错嘛！"

贺龙答道："因为主席来，有的战士太紧张，我看的时候，半自动步枪、冲锋枪，好多都是百发百中。"

"紧张了还是不错。要注意多搞夜战，搞近战。"毛泽东这样叮嘱贺龙。

"今天晚上主席可以看看他们的夜老虎连表演。"贺龙赶紧说。毛泽东忙问："夜老虎？什么叫夜老虎？"

贺龙解释说："就是专搞夜间训练的连队，现在他们每个团都有这样的连队。"

毛泽东非常高兴，赞赏地说："好，就是要搞夜战，搞近战，训练部队晚上行军，晚上打仗。"

毛泽东又来到侦察分队的表演场地。一座高楼，侦察兵攀上滑下，飞檐走壁，如履平地。毛泽东和周恩来同表演的战士握手问好。走到擒拿格斗场地，毛泽东在一个画有蒋介石头像的沙袋前停住了脚步："这不是蒋介石吗？老朋友，久违了，我也打你几拳。"边说边打了三拳。紧张的表演场地响起了一阵笑声。

6月16日，毛泽东等党和国家领导人又在十三陵军事演练地，观看了部队的抗登陆、反空降和设置水陆障碍技术等表演。看完部队的汇报表演后，毛泽东在十三陵水库管理处大楼主持召开会议。他对前来观看表演的各中央局和各省市自治区的主要领导人说：光看表演不行，要抓兵。各级党委都要抓军事工作，只知搞文、不知搞武，只要人、不要枪是不行的。你们不能光议政，不议军啊！

此后的三个月，全国各地全军性的大比武此起彼伏。据不完全统计，全军参加比武的共有3000多个单位，在3700多个项目中角逐，比武人员数以万计。大比武的开展，把群众性练兵运动推向了一个新高潮，对提高人民军队战斗力，加强部队全面建设，起到了巨大的推动作用。

"我们的第一颗原子弹爆炸试验成功了!"

——1964年10月16日毛泽东接见《东方红》全体演职人员的照片

1964年10月16日,毛泽东、刘少奇、周恩来、朱德等中央领导人来到人民大会堂宴会厅,接见参加音乐舞蹈史诗《东方红》创作和演出的全体人员,并合影留念。合影后,周恩来向在场的演职人员宣布了大好消息——新中国第一颗原子弹爆炸试验成功。这张照片由此成为新中国国防科技发展的一个重要历史见证。每当看到它,人们就仿佛回到那无比激动人心的时刻。

第二次世界大战后,国际形势从东西两大阵营的对峙逐渐演变为两个超级大国之间的核军备竞赛,乃至对周边国家

1964年10月16日,毛泽东、刘少奇、周恩来、朱德、彭真等接见参加大型音乐舞蹈史诗《东方红》演出的全体人员

1958年，毛泽东参观中国科学院科研成就展。前排左起为：张劲夫、吴有训、毛泽东、郭沫若

的核讹诈。20世纪50年代，在朝鲜战争及两次台海危机中，美国多次叫嚣要对中国使用原子弹。毛泽东曾深有感触地说："我们不但要有更多的飞机和大炮，而且还要有原子弹。在今天的世界上，我们要不受人家欺负，就不能没有这个东西。"

1955年1月15日，毛泽东在中南海主持召开中央书记处扩大会议专门研究发展原子能事业问题。科学家李四光、钱三强和刘杰受邀参加会议，汇报了中国原子能科学研究和铀矿资源情况。毛泽东听后说："这件事总是要抓的。现在到时候了，该抓了。只要排上日程，认真抓一下，一定可以搞起来。现在苏联对我们援助，我们一定要搞好，我们自己干，也一定能干好。我们只要有人，又有资源，什么奇迹都可以创造出来。"这次会议作出中国要发展原子能事业的战略决策。

苏联是当时唯一拥有核弹和导弹的社会主义国家。中国发展核弹和导弹，希望得到苏联的技术援助。经过商谈，两国签订了苏联援助中国研制原子弹和导弹的多项协议。然而1959年6月20日,苏共中央致电中共中央,借口苏联与美国正在日内瓦谈判关于禁止核试验的协定,打算中断向中国提供有关原子弹研制的一切技术资料。1960年8月,在核工业部系统工作的苏联专家全部撤回国,并把重要的图纸资料全部带走,停止了原料、设备的供应。当时中国正经历着三年自然灾害的困难时期。西方舆论都幸灾乐祸,说中国20年也造不出原子弹。

在这种情况下,中共中央果断决定,自力更生,自己动手搞原子弹。广大科研工作者没有灰心丧气,而是在十分艰苦的条件下热火朝天地继续忙碌着。正是由于1959年6月那封电报,中国的第一颗原子弹有了一个代号"596",以示不忘"国耻"。

到了1961年下半年,原子弹研制到了关键技术的攻关阶段,需要投入越来越大,而国家的经济困难也更为严重。这时出现了"上马"与"下马"的激烈争论。

这年7月,中央军委在北戴河召开国防工业会议。会上有人说,苏联公开宣布停止援助,搞尖端武器我们不仅技术上有很多困难,而且现有的工业基础太过薄弱,不足以保证原材料的供应。国家整个经济形势困难重重,各方面都要钱,而尖端武器花钱太多,如果硬搞,不仅影响常规武器的研制生产,而且会拖累国民经济的发展。最好的办法是暂时下马,等国家经济好转后再上。另外一部分人则是从国防战略上看问题,认为值得为长远的核盾牌多些投入。暂停只会使已经建立的基础废弃,队伍解散,再上马等于从头再来,这并非解决问题的办法。两种意见形成尖锐对峙。

中央政治局会议讨论这个问题时仍然是意见相左,争执不下。会议最后决定先派人下去调查,摸清实际情况。根据会议要求,张爱萍、刘西尧等对西部一些工厂、矿山、研究所进行扎实调研,同核工程专家和技术人员充分交流,很快将一份《关于原子能工业建设的基本情况和亟待解决的问题》上报中央。报告分析认为,这项重大工程,看起来盘子很大,但实际上很多东西都蕴含在国民经济的各个部门之中。所以说,关键不在投入多少,而在于挖掘各部门潜力。

最后,毛泽东一锤定音,决定"对尖端武器的研究试制工作,仍应抓紧进行,不能放松或下马"。

1962年,原子弹的研制工作进入了最紧张的阶段。10月30日,时任解放军总参谋长的罗瑞卿向毛泽东和党中央递交了一份报告,提出力争在1964年爆炸第一颗原子弹,实现这一目标,必须取得全国在人力和物力上的大力支援,建议成立一个专门委员会,以加强对原子能工业的领导。毛泽东于11月3日作出批示:"很好,照办。要

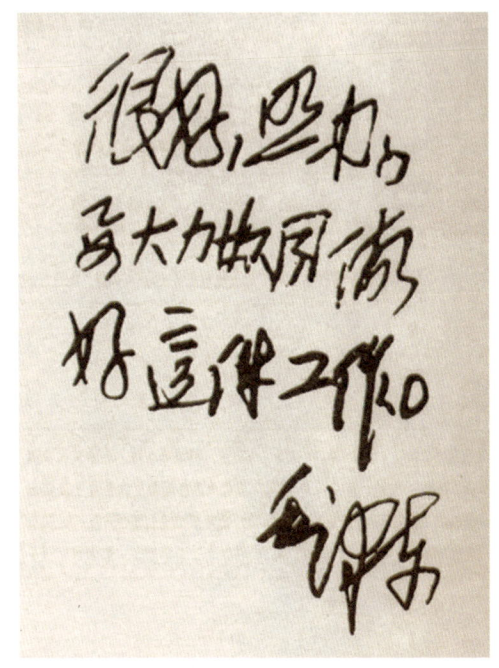

1962年11月3日,毛泽东批准二机部关于争取两年内实现爆炸我国第一颗原子弹的规划,及国防工业办公室建议在中央直属领导下成立一个专门委员会。这是毛泽东的批示手迹

大力协同做好这件工作。"

就在毛泽东批示的当天,中央"专门委员会"成立。从此,原子弹不再由国防科学技术委员会牵头,而成为全国性的大战略。全国20多个省市自治区、26个相关部委、900多家工厂、高校和研究机构,为了原子弹研制紧密协调,形成通力合作的良好局面。

1964年,就在我国的原子弹技术刚刚过关之时,美国霸权主义者扬言,中国若要进行核爆炸,他们就要摧毁中国的核设施。毛泽东和党中央在做了充分的准备后毅然决定,有风险也要立即进行核试验。毛泽东说:原子弹是吓人的,不一定用,既然是吓人的,就早响。

1964年10月16日15时,我国在罗布泊试验场成功爆炸了第一颗原子弹。当周恩来将这一喜讯报告毛泽东时,毛泽东十分冷静地指示说:"是不是真的核爆炸,要查清楚。"毛泽东非常清楚中国第一颗原子弹爆炸的分量,他再次指示:"还要继续观察,要让外国人相信!"经过认真核实,罗布泊核试验基地再一次汇报:"我们的第一颗原子弹确确实实爆炸了!"

当天17时左右,毛

我国第一颗原子弹爆炸后升起的蘑菇状烟云

泽东、刘少奇、周恩来、朱德等党和国家领导人来到人民大会堂宴会厅,接见音乐舞蹈史诗《东方红》3000多名演职人员。

大厅里,人们激动地鼓掌。这使毛泽东的喜悦之情更加高涨。根据他的指示,核试验的对外公布时间已由原定的18时推迟到23时,而试验结果的文字报告要19时以后才能报来,但他等不及了,他很想让眼前这些能歌善舞的青年早点分享胜利的欢乐。坐下来准备合影的时候,他问周恩来:"哎,要不要把那个好消息告诉他们呀?"

周恩来笑了笑说:"告诉他们,一个个都要高兴得蹦起来!"

照完相,党和国家领导人在掌声、欢呼声中挥手离去后,现场主持人大声宣布:"请大家原地休息,队伍不要乱,待会儿周总理要向大家宣布好消息!"

周恩来向大家宣布:"我国在西部地区爆炸了一颗原子弹,成功地进行了第一次核试验!"

得知我国第一颗原子爆炸成功的消息后,人们欣喜若狂,欢呼雀跃

20分钟后,周恩来再次走进宴会厅,挥动双臂示意大家安静,然后激动地说:"告诉大家两个好消息:第一个,赫鲁晓夫下台了;第二个,我们的第一颗原子弹爆炸试验成功了!"

整个大厅顿时沸腾起来。

周恩来风趣地告诫大家:"同志们,你们小心,别把地板蹦塌了!"

历史竟然如此巧合。当初,赫鲁晓夫毁约停援。现在苏联专家撤走仅仅4年,中国人就把原子弹搞出来了。而恰恰在这个时候,赫鲁晓夫被赶下了台。后来毛泽东在回顾这段历史的时候这样说:"导弹、原子弹有很大成绩,这是赫鲁晓夫帮忙的结果,撤走专家逼着我们走自己的路,要给他一吨重的勋章!"

原子弹的冲击波尚未平息,1967年6月17日,中国第一枚氢弹的空中爆炸试验又获得成功,中国成为世界上第四个掌握氢弹技术的国家。1970年4月24日,"东方红一号"卫星由"长征一号"运载火箭发射升空,中国卫星上天的梦想终于实现了。

毛泽东和党中央在国内外非常严峻的形势下,果断地决策发展原子弹、氢弹、洲际导弹等战略核武器和人造卫星的相关技术,并取得了重要成功。这是伟大战略家的远见卓识。这打破了超级大国的核威胁和核垄断,对于维护我国国家安全、提高我国国际地位具有重要的和深远的意义。正如1988年10月邓小平所说:"如果60年代以来中国没有原子弹、氢弹,没有发射卫星,中国就不能叫有重要影响的大国,就没有现在这样的国际地位。这些东西反映一个民族的能力,也是一个民族、一个国家兴旺发达的标志。"

1960年5月,毛泽东在上海参观中国研究制造的第一枚探空火箭

"这个人全面地赢得我的佩服"

——1964年毛泽东与郭沫若亲切交谈的照片

这张照片摄于1964年，照片上的两个人是毛泽东和郭沫若。毛泽东微笑着倾听这位年长自己一岁的老朋友吐露心迹，他的微笑中似乎有着朋友之间的关心、革命者之间的钦佩，以及诗人之间的惺惺相惜。两位古稀老人此刻在交谈些什么，今天我们可能已经难以考索，但两人推心置腹的真诚微笑，却一如他们38年前，在革命的大潮席卷神州大地时初识的那天……

郭沫若出生于1892年，比毛泽东年长一岁。1926年春，郭沫若在瞿秋白的推荐下离开上海来到广州，担任广东大学

1964年，毛泽东与郭沫若亲切交谈

文科学长。这时毛泽东担任第六届农民运动讲习所所长，在革命者圈子里十分活跃。"中山舰事件"不久后的一天，成仿吾陪郭沫若一同来到林伯渠家中，在这里，郭沫若第一次与毛泽东不期而遇。当时郭沫若早已经是名震海内的诗人，他的《女神》《星空》等名篇被推为新诗的奠基之作。见到这位文学家，毛泽东自然非常高兴，他向郭沫若等人详细介绍了"中山舰事件"后广州的形势，指出当时广州戒严令虽然已经取消，但是反共的阴云已经逐渐聚拢，局势颇为紧张。初次见面，郭沫若对毛泽东留下了很深的印象，似乎扭转了作为文人的他对"革命党人"这个标签的一贯看法。1932年6月，郭沫若在自传《创造十年》中回忆起初识毛泽东的情形，写道："……人字形的短发分排在两鬓，目光谦抑而潜沉……在中国人中，尤其在革命党人中，而有低声说话的人，倒是一种奇迹。……"

1927年北伐军占领武汉三镇后不久，广州国民政府迁往武汉，毛泽东在武汉担任全国农民协会总干事，主持中央农讲所工作，而此时郭沫若任北伐军总政治部副主任、代主任。两人不但在工作上有交集，而且个人友谊也在逐步加深。大革命失败后，郭沫若与毛泽东在武昌分别。毛泽东领导秋收起义，逐步开辟了农村包围城市的武装斗争道路，而郭沫若参加了南昌起义，担任起义军总政治部主任兼宣传委员会主任，加入中国共产党，失利后辗转香港和上海，最后于1928年2月东渡日本，开始了长达十年的流亡生涯。直至1944年，毛泽东在给郭沫若的信中还曾经提到"武昌分手"，表达了对那段共同战斗的革命友谊的怀念之情。

右上：1949年，毛泽东在北京西苑机场同郭沫若、李济深等亲切交谈

右下：1949年，毛泽东、朱德等在西苑机场与前来欢迎的各民主党派负责人和无党派民主人士合影。从右至左：马叙伦、林伯渠、毛泽东、黄炎培、郭沫若、陈其瑗、李济深、董必武、朱德、沈钧儒

1944年1月9日，毛泽东在读过郭沫若创作的历史剧《虎符》后深为感动，请董必武转交他写给郭沫若的电报。这封电报称：

收到《虎符》，全篇读过，深为感动。你做了许多十分有益的革命文化工作，我向你表示祝贺。

当天晚上，毛泽东在给中央党校的杨绍萱、齐燕铭的信中再次称赞道，"郭沫若在历史话剧方面做了很好的工作"。

毛泽东为何对久未谋面的郭沫若如此盛赞？原来，全民族抗战爆发后，郭沫若回国并在国民政府军事委员会政治部第三厅担任厅长，还兼任文化工作委员会主任委员，在周恩来的领导下组织国统区的抗战文化运动。其间，他创作了《屈原》《虎符》《棠棣之花》《南冠草》《孔雀胆》《高渐离》等大量话剧剧本，开创了一条精英创作与大众形式相结合的道路，受到了广泛好评。这一时期毛泽东与郭沫若虽未谋面，但郭沫若的文艺创作方向与毛泽东对革命文艺工作的期待显然有着内在的契合。在毛泽东写作这封信的两个月后，郭沫若在重庆《新华日报》发表了著名的《甲申三百年祭》，叙述了明末李自成农民起义军在攻入北京推翻明朝以后，由于首领腐化、内斗而使得起义遭到失败的过程。毛泽东读后对这部作品赞赏有加，马上指示将这篇文章印发党内同志开展学习，"叫同志们引为鉴戒，不要重犯胜利时骄傲的错误"。这年11月，毛泽东还在给郭沫若的回信中写下了一段意义深远的文字：

你的《甲申三百年祭》，我们把它当作整风文件看待。小胜即骄傲，大胜更骄傲，一次又一次吃亏，如何避免此种毛病，实在值得注意。

在毛泽东看来，李自成起义初期摧枯拉朽、势如破竹，而后期则陷入上层人物奢靡腐化、宗派主义和内斗内耗肆虐的可悲境遇，是"其兴也勃焉、其亡也忽焉"的一个典型。要求全党学习郭沫若的文章，从中吸取经验教训，这不仅是毛泽东对中国革命跳出"历史周期率"的忧患意识的生动写照，更是他对郭沫若在革命文艺工作中的贡献和成就的最高褒奖。

两位革命战友久别重逢，是在1945年8月重庆谈判之时。

早在1945年春天，郭沫若就曾经对一位朋友说，毛泽东是他最钦佩的人，这不仅是因为毛泽东已是中国共产党的领袖，而且更因为毛泽东的才华和人格力量令他由衷"崇拜"。郭沫若表示："这个人全面地赢得我的佩服。比如说这个人写的文章，单是语言文字，就远非我郭沫若所能及。你去读读他的文章，例如《论持久战》，真是汪洋恣肆，博大精深，句句是至理名言，而且深入浅出，简洁明了……至于政治、军事的分析论断，当前中国绝无出其右者，所以他堪称中国共产党的杰出领袖，中国现代的非凡政治家……"

抗战胜利后，为了戳穿蒋介石"假和平、真内战"的骗局，毛泽东于1945年8月28日以"弥天大勇"飞临重庆，与国民党谈判。热切期待见到毛泽东的郭沫若与众多期待和平、认同中国共产党救国主张的民主人士一同前往机场迎接。毛泽东与大家握手合影后，前往张治中的官邸桂园稍事休息，而后马上会见了郭沫若和夫人于立群。这是他们自1927年武昌一别后第一次见面。9月3日，郭沫若再次登门拜访，受到毛泽东的热情接待。毛泽东与在座的郭沫若、翦伯赞、周谷城等人开怀畅叙，并再一次谈起了自己读郭沫若作品的印象和体会。交谈中，毛泽东偶然从衣兜里掏出一块旧怀表来看时间，这个细节被郭沫若看到，临别时，他特意将自己的欧米茄手表取下来赠送给毛泽东。而这块手表毛泽东一直用到逝世。今天，这块有故事的手表就珍藏在毛主席纪念堂的展柜里。

毛泽东在重庆谈判期间，将自己的词作《沁园春·雪》书赠柳亚子，这首词后来在1945年11月14日《新民报晚刊》的副刊"西方夜谭"上

1945年8月在重庆谈判时郭沫若送给毛泽东的手表。毛泽东一直用到逝世

发表，引起国统区文坛的轩然大波。当时蒋介石为了消除其影响，组织了一批文人政客对它发起围攻。这时，郭沫若首先挺身而出，创作两首步毛泽东原韵的《沁园春》词作予以反击，1945年12月先后在《新民报晚刊》和《客观》周刊发表。其中一首着重批判了当时一些人对毛泽东诗词的所谓"帝王气"的污蔑，并高度肯定了《沁园春·雪》的艺术价值。这首词的上阕是：

说甚帝王，道甚英雄，皮相轻飘。看古今成败，片言狱折；恭宽信敏，无器民滔。岂等沛风？还殊易水，气度雍容格调高。开生面，是堂堂大雅，谢绝妖娆。

这首词以"纵漫天迷雾，无损晴朝"结尾，驳斥了国民党一班文人对毛泽东及其诗词的非议，一定意义上也可算是毛泽东与郭沫若的第一次唱和。

中华人民共和国成立后，毛泽东与郭沫若的诗词赠答更加频繁。1957年，18首毛泽东诗词在《诗刊》创刊号上发表。不久，郭沫若写了《试和毛主席韵》3首，分别以《念奴娇·小汤山》和《念奴娇·昆仑》，以《浪淘沙·看溜冰》和

毛泽东与郭沫若握手

《浪淘沙·北戴河》，以《水调歌头·归途》和《水调歌头·游泳》。这些和词，表达了对共和国光明前途满怀信心的时代风貌和诗人自己自豪、乐观的豪迈情绪。1959年9月，毛泽东将自己写的《七律·到韶山》和《七律·登庐山》两首诗作，请胡乔木送交郭沫若，"看有什么毛病没有"，并谦虚地说"加以笔削，是为至要"。郭沫若接信后于9月9日、10日连写两封信，提出自己的修改意见。毛泽东看后再写信给胡乔木，表示"沫若同志两信都读，给了我启发。两诗又改了一点字句，请再送陈沫若一观，请他再予审改……"

毛泽东与郭沫若的诗词唱和，最有名的当属1961年10月和1963年1月的两次。毛泽东与郭沫若之间的相互敬重、相互启发，在这两次唱和中得到充分体现。

1961年10月18日，郭沫若在北京民族文化宫观看了浙江省绍剧团演出的《孙悟空三打白骨精》之后，写下了《七

律·看〈孙悟空三打白骨精〉》,对剧中唐僧的敌友不分、混淆是非的所谓"慈悲"愤激地表示要"千刀万剐",爱憎分明:

人妖颠倒是非淆,对敌慈悲对友刁。
咒念金箍闻万遍,精逃白骨累三遭。
千刀万剐唐僧肉,一拔何亏大圣毛。
教育及时堪赞赏,猪犹智慧胜愚曹。

毛泽东读过这首诗后,不久也写了一首和诗,这就是著名的《七律·和郭沫若同志》:

一从大地起风雷,便有精生白骨堆。
僧是愚氓犹可训,妖为鬼蜮必成灾。
金猴奋起千钧棒,玉宇澄清万里埃。
今日欢呼孙大圣,只缘妖雾又重来。

毛泽东的和诗与郭沫若的原诗立意不同,但紧扣郭诗关于唐僧的话题展开。看到这首和诗,郭沫若再和一首。这首诗的颔联写道"僧受折磨知会很,猪期振奋报涓埃"。毛泽东读后立即给予了肯定,表示"和诗好,不要'千刀万剐唐僧肉'了。对中间派采取了统一战线政策,这就好了"。1964年5月,郭沫若在《人民日报》发表了《"玉宇澄清万里埃"——读毛主席有关〈孙悟空三打白骨精〉的一首诗有感》,谈了写作这首和诗的前因后果。同期,郭沫若还发表了另外六篇文章,共同组成了"读毛主席新发表的诗词"系列文章,详细解说了自己对毛泽东诗词的理解。

1963年元旦,郭沫若发表了《满江红——1963年元旦抒怀》，1月9日，毛泽东就发表了《满江红·和郭沫若同志》唱和：

> 小小寰球，有几个苍蝇碰壁。嗡嗡叫，几声凄厉，几声抽泣。蚂蚁缘槐夸大国，蚍蜉撼树谈何易。正西风落叶下长安，飞鸣镝。
>
> 多少事，从来急；天地转，光阴迫。一万年太久，只争朝夕。四海翻腾云水怒，五洲震荡风雷激。要扫除一切害人虫，全无敌。

毛泽东与郭沫若的诗词唱和，可以说从革命年代一直持续到建设时期和"文化大革命"的岁月当中。今天来看，与郭沫若的和诗既是毛泽东诗词的重要部分，是研究毛泽东作为"诗人政治家"和"政治家诗人"的特殊审美趣味和独特表达方式的生动材料，也是透视知识分子命运遭际的一个窗口。

1976年9月，毛泽东逝世。郭沫若在病中写下了挽诗《毛主席永在》，其中一首写道：

> 伟哉领袖万民亲，改天换地等绝伦。
> 三座大山齐扫地，五星红旗高入云。
> 反抗霸修防复辟，发扬马列育新人。
> 盱食宵衣躬尽瘁，英雄儿女泪盈巾。

这首诗所表现的诗人对毛泽东的崇敬是真诚的。毛泽东与郭沫若的诗词唱和与半个世纪的革命友谊，在此刻永远地画上了句号。

难忘的"生日宴"
——1964年12月26日毛泽东和全国劳动模范陈永贵握手的照片

1964年12月26日,毛泽东迎来了自己的71岁生日。

时值第三届全国人民代表大会第一次会议在北京举行。周恩来在《政府工作报告》中宣布:现在我国调整国民经济的任务已经基本完成,整个国民经济已经全面好转,并将进入一个新的发展时期,争取在不太长的历史时期内,把我国建设成为一个具有现代农业、现代工业、现代国防和现代科学技术的社会主义强国。

1964年12月26日,毛泽东和出席第三届全国人民代表大会首次会议的全国劳动模范陈永贵亲切握手

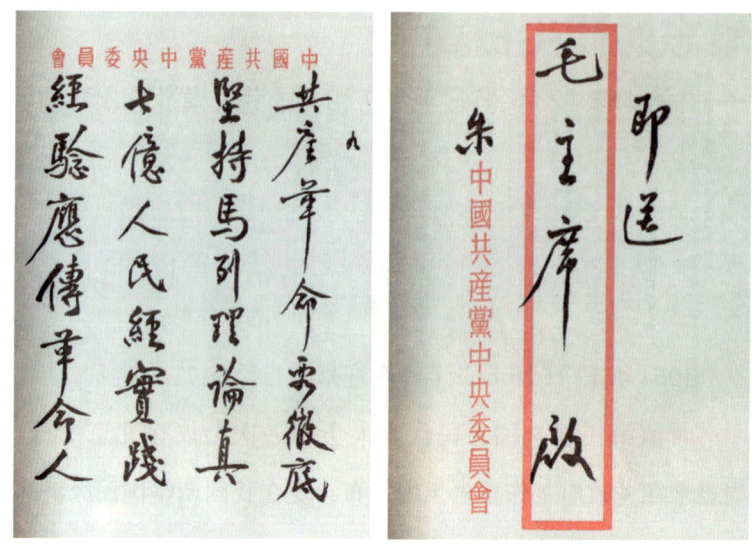

1963年，朱德为祝贺毛泽东七十寿辰为毛泽东写了一组诗，并附上一封信。右图为信封。左为朱德为毛泽东写的祝寿诗的其中一首：共产革命要彻底，坚持马列理论真。七亿人民经实践，经验应传革命人

与会代表们都为国家走出难关、朝着新目标进发而激动振奋。

26日晚上，毛泽东在人民大会堂一一八厅邀请中央领导人、各大区主要负责人及少数部委负责人、劳动模范、科学家和身边工作人员聚会，共进晚餐。被邀请人中有导弹之父钱学森、知识青年上山下乡的带头人邢燕子、江苏劳模董加耕、大寨大队党支部书记陈永贵。

1959年陈永贵就曾经面见过毛泽东，而今天是陈永贵第一次与毛泽东坐在一起共进晚餐。再加上恰逢毛泽东71岁寿辰，陈永贵和其他几位代表一样既激动，又有点不安。看到毛泽东走进客厅，大家一时激动得说不出话来，只是纷纷上前去，紧紧握住毛泽东的一双大手。

看到一身农民打扮的朴实的陈永贵，毛泽东笑道："你是农业专家啰。"陈永贵听不清毛泽东的湖南话，只是一个劲地点头微笑。周恩来在一旁笑着翻译道："主席说你是农业专

家。"陈永贵听到后马上又摇起头来,谦虚道:"不,不,我不是农业专家,不是农业专家。"

毛泽东邀请大家入席就坐,特地安排陈永贵、董加耕、邢燕子等与自己坐在一桌。毛泽东举起酒杯说:今天不是请客,更不是祝寿,有工人,有农民,我拿自己的稿费请大家吃顿饭,也算是实行"四同"吧!我没有叫我的子女们来,因为他们对革命没有做什么工作。

席间毛泽东的真诚和幽默感染了每一位应邀参加生日宴席的人。毛泽东的71岁生日宴,就以这种朴实而有意义的方式成为了在场的人们的珍贵记忆。

毛泽东在自己71岁生日宴会上,特邀一些科学家和劳动模范参加,从一个侧面反映了他始终与人民在一起的伟大情怀。

"我们要造就知识分子"

——1964年12月27日毛泽东和科学家李四光握手的照片

这是1964年12月27日,毛泽东与参加全国政协四届一次会议的代表握手、合影留念。在与著名科学家李四光握手时,摄影师按下了快门。这张照片也成为新中国成立后毛泽东与科学家的许多珍贵合影中的一张。

毛泽东一贯尊重科学,尊重科学家。早在延安时期他就说过:"自然科学是很好的东西,它能解决衣、食、住、行等生活问题,所以每一个人都要赞成它,每一个人都要研究自

1964年12月27日,毛泽东在全国政协四届一次会议上和科学家李四光握手

然科学。"新中国成立后，他一再号召全党干部要学习自然科学、学习技术科学，主张在全国人民中普及科学技术知识，在全国蔚成尊重科学、重视科学、学习科学、发展科学的社会风气。他勉励道："科学技术这一仗，一定要打好，而且必须打好。"

关于当年毛泽东、周恩来等中共中央领导人，作出研制原子弹决策的具体情节，著名科学家钱三强有过生动的回忆。

一九五五年一月十四日，我和地质学家李四光同时被召到周恩来办公室，在座的还有薄一波和地质部副部长刘杰。周恩来先请李四光讲我国铀矿资源勘探情况，接着由我介绍原子核科学技术研究状况。周恩来全神贯注听了我们的每一句话，并且洞察问题的关键，详细询问了原子反应堆、原子弹的基本原理，以及发展这项事业的必要条件等。然后他告诉我们："明天毛主席和中央其他领导要听取这方面的情况，你们做点准备，简明扼要，可以带点铀矿石和简单仪器做点现场演示。"

第二天，我和李四光等按时到达中南海的一间会议室，里边已经围坐许多熟悉的领导人，有毛泽东、刘少奇、周恩来、朱德、陈云、邓小平、彭德怀、彭真、李富春、陈毅、聂荣臻、薄一波等。

这是一次专门研究发展我国原子能的中共中央书记处扩大会议。

毛泽东主席主持会议，开宗明义："今天，我们这些人当小学生，就原子能有关问题，请你们来上一课。"

李四光拿出一小块黄黑色的铀矿标本，说明铀矿资源与发展原子能的密切关系。一九五四年下半年，我国第一次在广西发现了铀矿资源。领导人一个一个传看着铀矿标本，对它那神话般的巨大能量感到新奇。

我汇报了几个主要国家原子能发展的概况和我国近几年做的工作……

毛泽东点燃一支烟，开始做总结性讲话："我们的国家，现在已经知道有铀矿，进一步勘探，一定会找到更多的铀矿来。我们也训练了一些人，科学研究也有了一定的基础，创造了一定条件。过去几年，其他事情很多，还来不及抓这件事。这件事总是要抓的。现在到时候了，该抓了。只要排上日程，认真抓一下，一定可以搞起来。"

"你们看怎么样？"毛泽东看了看大家，接着强调说，"现在苏联对我们援助，我们一定要搞好，我们自己干，也一定能干好。我们只要有人，又有资源，什么奇迹都可以创造出来。"

会议对大力发展原子能表示了极大兴趣和决心。

……

到了吃饭时间，大家从会议室来到餐厅，摆有三桌饭菜，六样普通的菜，多带辣味。我同毛泽东在一桌，坐在他的对面；他左边是彭真，右边是李四光。李四光改用湖北话同毛泽东交谈，无拘无束，十分开心。

……

最后，毛泽东举起酒杯站起来，大声说："为我国原子能事业的发展，大家共同干杯！"

而正是从第二天，也就是 1955 年 1 月 15 日起，中国的核

1956年，毛泽东（左二）、周恩来（左一）、朱德（左四）、邓小平（右一）、陈云（左五）等接见参与拟定全国长期科学规划的科学家

武器研制工作开始了艰巨而伟大的历程。

在众多科技工作者的不懈努力下，一穷二白的新中国不断地在高新科技领域取得重大进展。1955年12月，著名科学家任新民提出中国研制火箭武器和发展火箭技术的建议；1956年2月，著名科学家钱学森提出关于建立中国国防航空工业的意见。他们的建议和意见引起中共中央和中央军委高度重视，并被采纳。中国导弹的研制工作提上了日程。

1956年1月21日，毛泽东和刘少奇、周恩来、陈云、彭真等在中南海怀仁堂听取中国科学院四位科学家的报告。副院长兼物理学数学化学部主任吴有训讲物理学、天文学、数学、力学和化学方面的问题；副院长兼生物学地学部主任竺可桢讲生物学、地学和农学方面的问题；技术科学部主任严济慈讲技术科学的问题；哲学社会科学部副主任潘梓年讲哲学、社会科学的问题。四位科学家共讲四个半小时。毛泽东提议今后每月可组织两次这样的科学报告，对大家都有好处。

1956年9月10日下午，八大预备会议举行第二次全体会议。毛泽东再次发表讲话。他说：

> 搞经济，我们也有了一些经验，现在搞这些新的科学技术我们还没有经验。我们要造就知识分子。现在我们只有很少的知识分子。旧中国留下来的高级知识分子只有十万，我们计划在三个五年计划之内造就一百万到一百五十万高级知识分子（包括大学毕业生和专科毕业生）。到那个时候，我们在这个方面就有了十八年的工作经验，有了很多的科学家和很多的工程师。那时党的中央委员会的成分也会改变，中央委员会中应该有许多工程师，许多科学家。现在的中央委员会，我看还是一个政治中央委员会，还不是一个科学中央委员会。所以，有人怀疑我们党能领导科学工作、能领导卫生工作，也是有一部分道理的，因为你就是不晓得，你就是不懂。现在我们这个中央的确有这个缺点，没有多少科学家，没有多少专家。

毛泽东同许多著名科学家建立了密切联系。毛泽东对李四光创立的地质力学很重视，在1955年指示周恩来大力支持地质部成立了地质力学研究室，后来在这个研究室基础上发展为专门的地质力学研究所。1953年12月，毛泽东在中南海接见李四光，与他亲切地探讨了我国天然石油的远景。1969年5月19日，毛泽东又一次与李四光就地质科学长谈1个多小时，最后说他很想看看李四光写的书，希望李四光给他找几本，并要李四光帮助他收集一些国内外的科学资料。李四光深受鼓舞，把地质学的重要问题整理成简短的提纲性资料，概括进了地质学各学派观点，再加上自己的评论，总名为《天文、地质、古生物资料摘要》，用大字本排印，送给了毛泽东、周恩来等中央领导人。

1964年8月24日,毛泽东在中南海菊香书屋同周培源、于光远谈坂田昌一的文章。毛泽东说:坂田说基本粒子不是不可分的,电子是可分的,他这样说是站在辩证唯物主义立场上的。世界是无限的,世界在时间上、在空间上都是无穷无尽的。因此,我们对世界的认识也是无穷无尽的。宇宙从大的方面看来是无限的,宇宙从小的方面看来也是无限的。不但原子可分,原子核也可分,电子也可以分,而且可以无限地分割下去。《庄子》讲"一尺之棰,日取其半,万世不竭",这是对的。他还说:什么东西都是既守恒又不守恒,这就是既平衡又不平衡,也还有平衡完全破裂的情形。世界上没有绝对不变的东西。变,不变,又变,又不变,这就是宇宙的发展。

1957年,毛泽东和科学家(左起)侯德榜、吴有训、竺可桢交谈

1969年7月17日,毛泽东在中南海游泳池住处会见美籍华人物理学家杨振宁,周恩来、周培源在座。谈到物理学时,毛泽东说:"物质是无限可分的。如果物质分到一个阶段,变成不可分了,那么一万年以后,科学家干什么呢?"会见结束时,毛泽东说:"感谢你这位自然科学家,你对世界是有贡献

的。"杨振宁说："我也要祝毛主席万寿无疆。"毛泽东说："你不要讲，这句话不对，不科学。"

1974年5月30日，毛泽东会见获得诺贝尔奖的著名物理学家、美籍华裔学者李政道，同他进行了一次长谈。谈话涉及哲学、逻辑学、物理学等许多领域。当话题转入李政道所研究的宇宙间"对称"问题时，毛泽东赞赏李政道关于世间一切事物和现象是"相对对称"而不是"绝对对称"的论点，笑着说："我这个肩膀就是这边高，这边低。我的眼睛这边好，这边差。"

李政道后来回忆这次会见时说："我们讨论了粒子和反粒子之间的对称以及它们产生和湮灭的动力学过程。看起来对称所具有的美感简洁性与其含义的深刻普遍性的统一，给毛泽东留下了很深印象。"

毛泽东在1958年6月曾经作出"搞一点原子弹、氢弹，我看有10年工夫完全可能"的预言。实际中，1964年10月16日，我国第一颗原子弹成功爆炸；1967年6月17日，我国第一颗氢弹成功爆炸。原子弹爆炸成功后，毛泽东再次指示："原子弹要有，氢弹也要快！"在这一号召下，参与原子弹研制的科研人员又转到氢弹研究工作上，不分昼夜，连续苦战。毛泽东作为一个党和国家的最高领导人和最高决策人，能够如此重视科技发展问题，提出了那么多的思想，作出那么多的重大决策，确实显示出一个战略家的远见卓识和雄伟气魄。

"这明明是一笔政治账嘛!"
——1965年毛泽东接见李宗仁夫妇的照片

这张照片拍摄于1965年。照片中,毛泽东与刚刚自海外回国的李宗仁、郭德洁夫妇和陪同他们的程思远亲切交谈。李宗仁是原国民党第五战区司令长官,又曾经是中华民国"代总统"。他是如何辗转回到大陆的?他与毛泽东之间又有怎样的交情?

1949年1月,蒋介石宣布"下野",由副总统李宗仁代行其职权。李宗仁深知蒋介石"虚让实控"的政治伎俩,而国共和谈的破裂更显露出蒋介石毫无诚意。1949年11月,由于白崇禧指挥的桂系军队大部被歼灭,在国民党内又得不到信任,李宗仁以就医为名前往香港,后又前往美国,表示与蒋介石政

1965年7月,毛泽东接见李宗仁夫妇

府决裂，开始了寄人篱下的流亡生活。

但是李宗仁毕竟还时时牵挂着中华大地。几年内，李宗仁几次表达了希望回国的愿望。1955年，李宗仁在听到周恩来总理在万隆会议上阐明的关于对台湾的原则立场问题时，表示拥护，并发表了《对台湾问题的具体建议》，明确表示反对"台湾托管""台湾独立"，主张"国共再度和谈，中国问题由中国人自己解决"。这个转变引起了海内外人士的高度重视。1962年，李宗仁针对中印边境自卫反击战发表了《对中印边界问题进一步探讨》一文，驳斥了美国政府颠倒是非的错误言论，并指出西藏是中国领土的一部分。次年，他又对意大利记者坦陈自己作为政治人物是失败了，但作为爱国者则时刻为祖国取得的建设成就而高兴。

这些消息通过不同渠道汇总到周恩来那里，中央很快就确定了接受其回国的方针。

似乎有意试探共产党和人民政府有无诚意，1959年，李宗仁提出愿将自己"花11万美元购得"的名家书画献给国家，试探政府是否愿意接受出价。在周恩来指示下，李宗仁的这批字画由程思远辗转香港运抵北京，交由故宫博物院的有关专家进行鉴定。结果发现，这批字画中相当一部分是赝品，总价最多值三千美元。周恩来闻讯后感到意外：李宗仁不可能不知道这些字画是真是假、价值几何，出这一招是为何故？周恩来反复思量，初步决定向李宗仁拨付三万美元，并将此事向毛泽东做了汇报。

毛泽东认真听了总理的意见，竟然大笑起来，他愉快地对周恩来说："恩来呀，我们的统战工作要讲点策略嘛，他说

"这明明是一笔政治账嘛！" 385

1965年7月20日，前国民党政府代总统李宗仁先生和他的夫人郭德洁女士从海外归来，抵达北京。周恩来亲自到机场迎接

11万，就给他12万，有何不好？投石问路哟，这明明是一笔政治账嘛！"毛泽东亲自批示财政部支付李宗仁12万美元。

消息传到李宗仁那里，他感慨万端，称赞道："共产党到底是识货的呀！"

"投石问路"取得了满意的效果，李宗仁感到欣慰。又经过了几年的波折，1965年初，李宗仁回国的各种条件均已具备。2月3日，毛泽东再次表示："似应欢迎李宗仁回国。"

6月13日，李宗仁不顾身后的跟踪者，离开美国前往欧洲。周恩来立即安排程思远前往欧洲，亲自护送李宗仁回国。7月18日，李宗仁一行终于避开美、蒋的重重阻挠，取道巴基斯坦飞抵上海，周恩来亲赴上海欢迎他归国，并在北京机场安排了隆重的欢迎仪式。

7月20日，海外漂泊多年的李宗仁一下飞机，前来迎接

1966年，毛泽东和前国民党政府代总统李宗仁在天安门城楼上

的周恩来、彭真、贺龙、郭沫若等人和一些前国民党"战友"就迎上前去。久别归国，感慨系之。李宗仁随后在北京机场大厅里激动地宣读了自己的声明，表示："今后自誓有生之日，即是报效祖国之年，耿耿此心，天日可表……亟盼海外友好乘时奋起，拥护祖国，幡然归来，犹为未晚。"在场之人，无不动容。

7月26日，毛泽东在中南海游泳池接见了李宗仁、郭德洁夫妇和程思远。毛泽东兴奋地说："你们回来了，很好，欢迎你们！"两位年逾古稀的老人的手紧紧握在了一起。

毛泽东又不无幽默地说："德邻先生，现在台湾、香港都在骂你们哪，这不要紧。他们骂了我们'共匪'，已经几十年了。你这次归国，也来当'匪'，是误上'贼'船了……"这时程思远说："我们搭上慈航渡登彼岸了。"

一番寒暄后，李宗仁感慨地说："在海外的许多人士都怀念祖国，他们渴望回到祖国来，他们的心是向着祖国的。"

毛泽东立即表示："去海外的人员，凡是愿意回来的，我们都欢迎。他们回来，我们都以礼相待。"

据回忆，当天毛泽东与李宗仁谈了许多问题，涉及经济建设、国际关系等多个方面。最后，在谈到台湾问题的时候，李宗仁表示了一些忧虑。这时，毛泽东坚定地说："德邻先生，不必急，台湾总有一天要回到祖国来的，这是不可逆转的历史潮流！"

李宗仁深受感动，说："主席讲得对！"

1969年1月30日，李宗仁在北京病逝。临终前，他写了一封信给毛泽东、周恩来。信中说：

我在一九六五年毅然从海外回到祖国所走的这一条路是走对了的。……我们祖国的潜力是举世无双的。我们祖国的前途是无限光明的。

在这个伟大的时代，我就深深地感到能成为中国人民的一分子是一个无比的光荣。在我快要离开人世的最后一刻，我还深以留在台湾和海外的国民党人和一切爱国的知识分子的前途为念。他们目前只有一条路，就是同我一样回到祖国怀抱……

"他的思想仍然像闪电一样敏捷"

——1972年2月21日毛泽东会见美国总统尼克松的照片

1972年2月22日,《人民日报》登出的一幅照片在国内外引起不小的震动,让很多人都深感意外,那就是毛泽东此前一天在他的书房会见美国总统尼克松的照片。它记录了中美两国交往的大门在关闭20多年后重新开启的历史性一幕。

照片里的毛泽东,身体虽然已经相当衰弱,但他的微笑和握手还是那么庄重而自信。而这也正是经历了20多年的相对孤立和封闭之后重新站在国际外交舞台中央的中国的姿态。

这幅震动世界的照片背后有哪些故事?毛泽东如何见证

1972年2月21日,毛泽东会见美国总统理查德·尼克松

和经历中美两国关系正常化的开局？故事要从几年前说起。

1967年，正值国内"文化大革命"如火如荼的岁月，此时在大洋彼岸的美国，正在准备竞选美国总统的理查德·尼克松在著名的国际问题杂志《外交季刊》上发表了一篇文章，其中他写了一段耐人寻味的话："从长远来看，我们经不起永远让中国留在国际大家庭之外，来助长它的狂热，增进它的仇恨，威胁它的邻国。"尽管这篇名为《越战之后的亚洲》的文章仍然不免渲染中国对亚洲安全局势的威胁，但却透露出中美关系可能改善的重要信号。时刻关注国际局势的毛泽东读到这篇文章，意识到尼克松如果上台，中美关系将可能发生重大变化。

实际上，彼时中美虽未建立正式的外交关系，但是多年来在国际舞台上并没有中断接触。随着美国深陷越战泥潭、日本和欧洲独立自主性日益增强以及美国世界霸权地位的动摇，改善与中国的关系日益成为美国外交的战略需要。而此时中苏关系的恶化、恢复和扩大国际交往以及更积极地参与国际事务的迫切需求等因素也使得中国需要改善与美国的关系。在这个背景之下，1968年11月25日，尼克松在总统大选中刚刚获胜不久，经毛泽东批准，中国驻波兰临时代办雷阳就致函美国驻波兰大使，建议双方于次年2月重启大使级会谈。这个提议也受到尼克松的重视。

正如毛泽东等人意料到的，尼克松上台后果然在对华政策方面释放出新的信号。1969年1月20日，尼克松在其总统就职演说中再次提出了"开放的世界"等字眼，毛泽东指示《人民日报》和《红旗》等杂志转载和报道，进一步传递出改善中美关系的微妙信息。

毛泽东为打开外交工作的新局面做了多方面的努力。他通过老朋友斯诺传话，欢迎美国总统尼克松访华。图为1970年10月1日毛泽东同斯诺夫妇在天安门城楼上

1970年国庆节，毛泽东特意请美国记者斯诺夫妇上天安门城楼，站在毛泽东身边，检阅国庆游行队伍，两人的合影随即出现在《人民日报》头版，再次释放出中国政府改善中美关系的诚意。同年12月9日，周恩来委托巴基斯坦总统叶海亚·汗将信息传给美国，表示如果尼克松总统真有解决台湾问题的愿望和办法，中国政府欢迎美国总统特使来北京商谈。12月18日，毛泽东会见斯诺时说："如果尼克松愿意来，我愿意和他谈，谈得成也行，谈不成也行。"

机会很快出现了。

1971年4月4日，在日本名古屋参加第31届世界乒乓球锦标赛的美国19岁大学生科恩没能找到自己球队的大巴车，此时中国代表队的班车刚好停下，科恩情急之下上错班车，登上了中国队从居住地开往训练场馆的大巴。坐在第一排右侧的中国乒乓球运动员庄则栋主动和科恩握手，并送给他一幅杭州织锦，表示欢迎，织锦上面绣的是黄山风光。后来据回忆，这

1962年8月，毛泽东会见著名乒乓球运动员和教练。右起：丘钟惠、廖文挺、庄则栋、容国团；左一傅其芳

种织锦其实每个中国乒乓球运动员都有一幅，是专门准备送给外国运动员做纪念的。

这个场景已经广为人知。但科恩和庄则栋所不知道的是，毛泽东对这次世乒赛高度重视、密切关注，似乎早已经料到这将是中国外交一系列"大动作"的开始。比赛正式举办之前，种种迹象表明包括日本右翼分子和蒋介石政府等在内的反华势力将借此机会对中国代表团实施破坏活动，外出参赛可能有危险。但毛泽东经过缜密考虑，还是指示应当派出代表团参赛，同时要做好警戒准备。毛泽东还要求身边工作人员将外国媒体中有关中国代表团的报道收集起来及时向他报告。而且，在国际乒联代表大会上，美国代表十分委婉地向中国代表表示了希望访华的意愿。

种种信息汇集到国内，多数人认为尽管美国代表团提出访华的意愿，但是贸然邀请美国代表团访华还为时尚早。事关重大，外交部和国家体委拟就了一份关于暂不邀请美国代表团访华的报告并报送周恩来，报告认为目前时机尚不成熟，其依据是，首先，在1960年2月中美大使级第96次会谈和之后的几次会谈中，美方多次企图绕开中美之间的核心问题——台湾问题。其次，当时美国还在侵略越南、老挝和柬埔寨，威胁我国安全，中美处于敌对状态。最后，不少人认为，美国人要来应首先派高级人物来，而不是乒乓球队。4月4日，周恩来将报告呈送毛泽东。

就在当天，中美运动员之间的一次偶遇使得历史发生了戏剧性的转折。当天，科恩从中国队的大巴车上下来，被好奇的新闻记者抓个正着，他对记者说："如果他们邀请我，我愿意去中国。"随后将中国同行送的那幅杭州织锦举起来供记者拍照。第二天，科恩还专门回赠了一件运动衫给庄则栋，两人握手的照片出现在各种国际媒体上。

此时此刻，毛泽东还在反复斟酌是否邀请美国代表队来华访问一事。他联系到自1969年8月起尼克松通过巴基斯坦总统叶海亚·汗和罗马尼亚国务委员会主席齐奥塞斯库不断传递过来的信息和美国在对华关系上采取的松动措施，看出了美国是真的想在中美关系上取得突破，以改变在美苏争霸中苏攻美守的被动局面。当时苏联在中苏边境陈兵百万，对中国安全构成危胁，中美现在具有共同的战略利益，形势已不同于1960年会谈。毛泽东头脑中千头万绪，这时又传来庄则栋与科恩的趣闻，他作出了决定。毛泽东立即要身边的工作人员吴旭君赶快通知外交部，同意邀请美国乒乓球队访华。此时的毛泽东已按习惯服用了安眠药，准备就寝。他曾交代身边工作人员，在他服用安眠药后说的话不算数。这让吴旭君十分为难：

左上：1971年毛泽东决定邀请美国乒乓球队访华，被誉为"乒乓外交"，用"小球"转动了"大球"。这是美国乒乓球代表团成员在游览长城

左下：1971年4月14日，周恩来接见应邀来华访问的美国乒乓球代表团全体成员

现在主席说的话算不算数呢？她迟疑着没有动身。毛泽东看见她没有动，催促她："我让你办事怎么不去办？"吴旭君试探着反问："主席……你刚才和我说什么呀？"毛泽东又复述了一遍。吴旭君还不放心，反问他："主席，你都吃过安眠药了，你说的话算数吗？"据回忆，当时毛泽东急得大手一挥："算！赶快办，要不来不及了。"吴旭君这才把毛泽东的决定通知了外交部。这时已经是4月6日深夜11点多了。

4月7日,世乒赛圆满结束。中国运动员赢得了总共7项世界冠军中的4项,并且向国际社会展现了良好的精神风貌。当天上午中国代表团招待了亚非拉部分国家的代表团成员,并举行了一次游园活动。而此时,来自国内的一个重磅消息令中国运动员自己也惊讶不已,这就是邀请美国乒乓球队访华的决定。美国代表团虽然多次表达过访华的意愿,但是乍一接到邀请也有些手足无措,他们马上将此事报告美国总统尼克松。尼克松闻讯立即予以批准。4月10日,美国乒乓球代表团来到北京,周恩来在会见他们时说:"你们这次应邀来访,打开了两国人民友好往来的大门。"这就是后来人们所说的"小球转动了大球"的"乒乓外交"。就在周恩来接见美国乒乓球队的同一天,美国宣布取消已经实行20多年之久的对中国的贸易禁运。中美关系在敌对了20多年后,终于有了缓和的迹象。

1971年4月21日,中国政府通过巴基斯坦总统叶海亚·汗向美国传口信,表示中国政府愿意接待美国总统特使、

1970年11月13日,毛泽东会见巴基斯坦伊斯兰共和国总统阿迦·穆罕默德·叶海亚·汗将军

美国国务卿甚至美国总统本人来华晤谈。尼克松获悉后意识到"迈出更大的步子"的机会已经到来,并且又通过"巴基斯坦渠道"向中国表示,希望派出美国总统特使基辛格博士来华,先行做一些准备工作,得到了中国政府的同意。

这样,1971年7月9日至11日,美国总统国家安全事务助理基辛格先到达巴基斯坦,而后乔装打扮一番,从军用机场登机直飞北京,秘密访华。有关准备工作商妥后,周恩来总理代表中华人民共和国政府邀请尼克松总统于1972年5月以前的适当时间访问中国,尼克松总统愉快地接受了这一邀请。

毫无疑问,这是一次撼动世界格局的会谈。

1972年2月21日,美国总统尼克松的专机降落在北京首都机场。尼克松走下舷梯与前来欢迎的周恩来握手,周恩来意味深长地说:"你的手伸过世界最辽阔的海洋来和我握手——25年没交往了啊!"后来尼克松在回忆录里也说:"当我们的手相握时,一个时代结束了,另一个时代开始了。"

1972年,周恩来在首都机场迎接来我国访问的美国总统尼克松

周恩来和尼克松举杯庆祝中美签署《联合公报》

当天下午,毛泽东在中南海的书房会见了尼克松总统。握手之际,毛泽东说:"我们共同的老朋友蒋介石可不赞成这样啊。"一句话,让在场的人都笑出了声。毛泽东幽默地点出了中美关系正常化的最大障碍——台湾问题。坐在沙发上,毛泽东并没有和尼克松讨论这个具体分歧问题,而是谈起了哲学。他的侃侃而谈,使来访者忘记了主人是一位已经79岁高龄的老人。尼克松曾在他的日记中这样写道:"他伸出手来,我也伸出手去,他握住我的手约一分钟之久,这一动人的时刻在谈话记录里大概没有写进去。他有一种非凡的幽默感。尽管他说话有些困难,但他的思想仍然像闪电一样敏捷。这次谈话本来料想只会进行十分钟或十五分钟,却延续了近一个小时。"正如尼克松所说,毛泽东虽然身体虚弱,但思维敏捷。表面上这是一场轻松的、坐而论道式的会谈,其实谈笑间,毛泽东已经勾画出了后来发表的两国《上海公报》的主要内容。

2月28日,中美两国在上海发表《联合公报》。在这个公报中,关于长期以来影响两国关系的焦点台湾问题,中方声明:中华人民共和国政府是中国唯一的合法政府,台湾是中国的一个省;美方声明:美国认识到,在台湾海峡两边的所有中国人都认为只有一个中国,台湾是中国的一部分。

中美上海《联合公报》的发表,标志着曾经长期尖锐对立的中美两国从此走上实现关系正常化的道路,为以后两国关系的进一步改善和发展打下了基础。中美关系走向正常化,引发了中国与日本、中国与西方资本主义发达国家相继建立外交关系的热潮。中苏关系也趋于缓和。中国的外交格局发生了重大变化,为后来中国实行对外开放政策创造了十分有利的国际环境。

"咱们是第三世界"

——1974年2月22日毛泽东会见赞比亚总统卡翁达的照片

赞比亚开国总统卡翁达生前一直珍藏着一张珍贵的照片，还时常指着照片向客人们讲起当年见到毛泽东的情景。这就是他1974年2月第二次访问中国时毛泽东在中南海接见他的照片。

赞比亚是与中国建交较早的非洲国家之一。赞比亚1964年10月24日正式宣布独立成立共和国后，中国政府就致电祝贺该国独立，祝贺卡翁达就任赞比亚共和国第一任总统，并派中国驻坦桑尼亚大使何英作为中国政府代表参加赞比亚独立庆典，两国于10月29日达成建立外交关系的协议。

1967年6月，卡翁达第一次来到中国访问，毛泽东在人

1974年2月22日，毛泽东会见赞比亚总统肯尼思·戴维·卡翁达

1967年6月21日,周恩来在人民大会堂举行盛大宴会,欢迎赞比亚总统戴维·卡翁达。图为宾主步入宴会大厅

民大会堂会见了他。这次访问双方都很满意,商定中国帮助赞比亚、坦桑尼亚修建坦赞铁路的相关事宜。同年9月5日,中国、坦桑尼亚、赞比亚三国政府在北京签订了《关于修建坦桑尼亚—赞比亚铁路的协定》。协定规定:中国提供无息的、不附带任何条件的贷款9.88亿元人民币,并派专家对这条铁路进行修建、管理、维修,培训技术人员。坦赞铁路后来于1976年5月全线峻工投入使用,为发展中赞两国友谊、扩大中国在非洲乃至整个第三世界的影响奠定了良好基础。

1967年6月21日下午,周恩来陪同赞比亚总统卡翁达乘车接受首都群众的夹道欢迎

1974年2月,卡翁达偕夫人第二次访华。抵达北京第二天,毛泽东就在中南海与他进行了会谈。会谈前,卡翁达总统向毛

泽东赠送了一盘四杯、由红铜制成的茶具。赞比亚素有"红矿国"之称，常把铜制工艺品作为赠送外国领导人的首选礼品。

这次会谈，毛泽东第一次阐述了著名的"三个世界"理论，显示了对非洲朋友的高度信任。他轻松幽默地向卡翁达娓娓道来："希望第三世界团结起来。第三世界人口多啊。我看美国、苏联是第一世界。中间派，日本、欧洲、澳大利亚、加拿大是第二世界。咱们是第三世界。美国、苏联原子弹多，也比较富。第二世界，欧洲、日本、澳大利亚、加拿大，原子弹没有那么多，也没有那么富，但是比较第三世界要富。你看这个解释好不好？"

卡翁达由衷地称赞道："主席先生，你的分析很确切，十分准确。"

毛泽东强调说："第三世界人口很多。亚洲除了日本，都是第三世界。整个非洲都是第三世界，拉丁美洲也是第三世界。"

卡翁达迅即表态："确实如此。"

毛泽东又说："我们是共产党，是要帮助人民的。如果不帮助人民，就是背叛马克思主义。你呢，我们希望也是要帮助人民，我劝你对人民要好啊！没有人民就会垮台。"

卡翁达接着谈起赞比亚支持世界的反帝反殖斗争和在国内反对剥削。

毛泽东说："你现在不能当共产党，你当共产党，人家就都反对你，但是你可以看一点马克思的书。"

谈到正在开展的援赞工程，卡翁达高度称赞中国参加援赞工程的人员。

毛泽东说："我们是共产党啊，应该好一点！我们的人也犯了一些错误呢，要教育。共产党内也有大国沙文主义。有一些人看不起第三世界一些国家的人民，所以应该教育。我委托你教育中国的工程人员，还有尼雷尔总统（坦桑尼亚总统）也应该这样做。在你们那里工作的，世界上的人做了坏事，不管哪个国家的都应该教育、处分或者把他们赶回去。不然那些人就把尾巴翘到天上，帮助你们修了铁路，了不起呀。"

毛泽东的关于"三个世界"划分的理论，是他根据当时国际形势的特点及变化，创造性地运用马克思主义理论的结果。在这之前相当长的一段时间内，一般是把世界按社会性质划分为社会主义阵营、帝国主义阵营、殖民地半殖民地国家。后来，由于殖民地半殖民地国家先后独立与解放，把它们称为民族解放民族独立运动的国家。由于这些国家民族独立解放任务的完成，再用原来的划分方法就不合适了。同时，在社会主义国家中，当时的苏联，在毛泽东看来已变成修正主义统治的国家了。再加上从20世纪70年代起，世界局势已逐渐地向多极化方向发展。毛泽东思考了很长时间后，提出了以生产发展

1974年4月10日，邓小平出席联合国大会第六届特别会议

1974年4月,邓小平率中国政府代表团赴纽约出席联合国大会第六届特别会议,在大会发言中系统阐述了毛泽东关于"三个世界"划分的战略思想和中国的对外政策

水平作为标准的"三个世界"划分的战略思想。毛泽东认为第三世界应该团结起来,反对超级大国的强权政治和霸权主义。

时隔一个多月,毛主席点将时任国务院副总理的邓小平率中国代表团出席联合国大会第六届特别会议。1974年4月10日,邓小平在联合国大会第六届特别会议上系统阐述了毛泽东提出的关于"三个世界"划分的理论。这在世界上引起强烈反响,得到绝大多数国家的支持和拥护。

邓小平后来对毛泽东"三个世界"的理论作了很高的评价。1979年3月30日,在党的理论务虚会议上,邓小平深情地说:

现在可以看得更清楚,毛泽东同志在他晚年为我们制定的关于三个世界的战略,关于中国站在第三世界一边,加强同第三世界的团结,争取第二世界国家共同反霸,并且同美国、日本建立正常外交关系的决策,是多么英明,多么富有远见。这一国际战略原则对于团结世界人民反对霸权主义,改变世界

1980年4月,邓小平会见来访的赞比亚总统卡翁达

政治力量对比,对于打破苏联霸权主义企图在国际上孤立我们的狂妄计划,改善我们的国际环境,提高我国的国际威望,起了不可估量的作用。

毛泽东逝世后,卡翁达发来长长的唁电,盛赞毛泽东作为"伟大的革命领袖""伟大的哲学家和政治家"的"无私地献身于全人类事业"的功绩。

改革开放以后,卡翁达又多次访问中国,还特意访问过毛泽东的故乡韶山。他说,中国是我们的老朋友和好朋友,我们始终将中国当作自己的好邻居。中国平等对待我们,过去支持我们战胜帝国主义和殖民主义,今天支持我们建设国家和发展经济,说话算数,真诚可信。几十年中,卡翁达一直怀念毛泽东,一再赞扬中国是赞比亚"全天候的朋友",直到他2021年6月去世。

卡翁达保存的与毛泽东会见的照片,成为中赞两国历久弥新的友谊的真实记录,也是毛泽东关于"三个世界"划分理论提出、发展的重要历史见证。